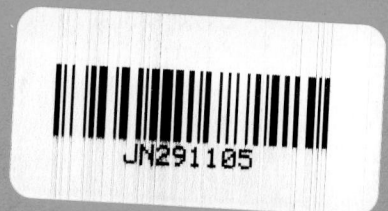

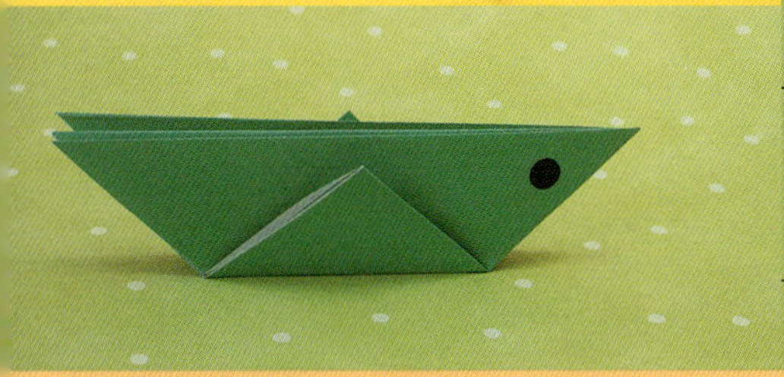

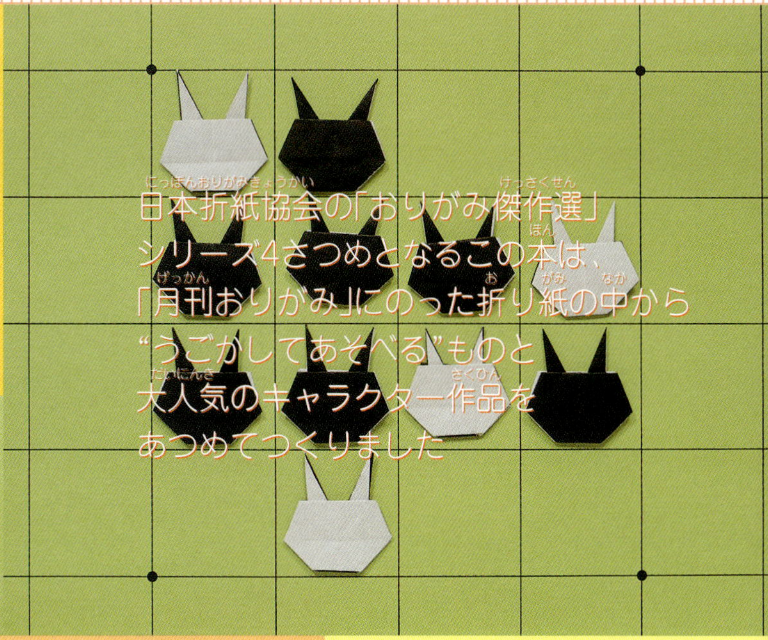

日本折紙協会《にっぽんおりがみきょうかい》の「おりがみ傑作選《けっさくせん》」
シリーズ4さつめとなるこの本《ほん》は、
「月刊《げっかん》おりがみ」にのった折《お》り紙《がみ》の中《なか》から
“うごかしてあそべる”ものと
大人気《だいにんき》のキャラクター作品《さくひん》を
あつめてつくりました

おりがみ傑作選4

おってあそぼう!!編

●Let's Fold and Play!!●

うごく！
とぶ！
まわる！

おってあそぼう！
たのしくあそぼう！
あそべるおりがみ、
大集合《だいしゅうごう》！

かんたん	ふつう	むずかしい
やさしい！ うれしい！	たのしく おれる！	たしかな おりごたえ！

ノアちゃんのグレードマークつき！

そらをとぶ▶

鯉《こい》
（12ページ）

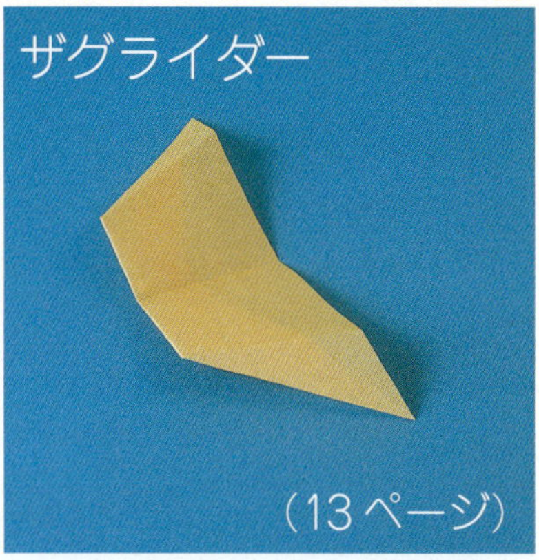
ザグライダー
（13ページ）

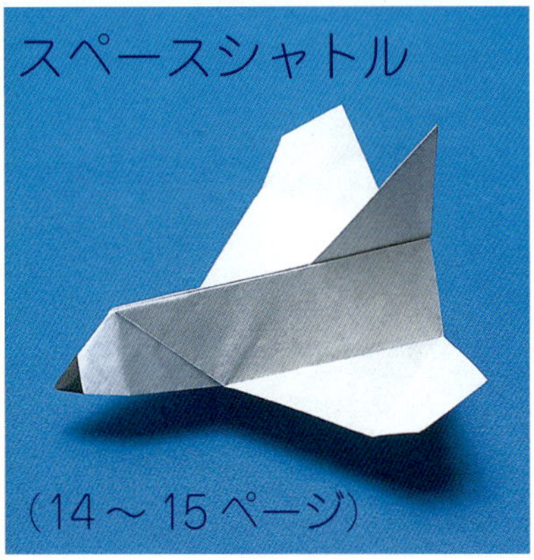
スペースシャトル
（14～15ページ）

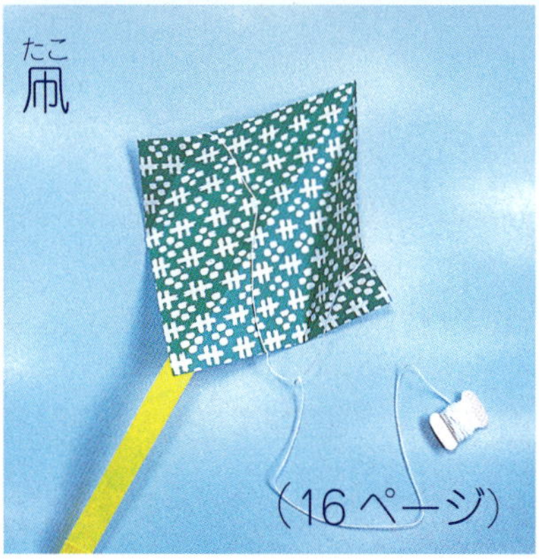
凧《たこ》
（16ページ）

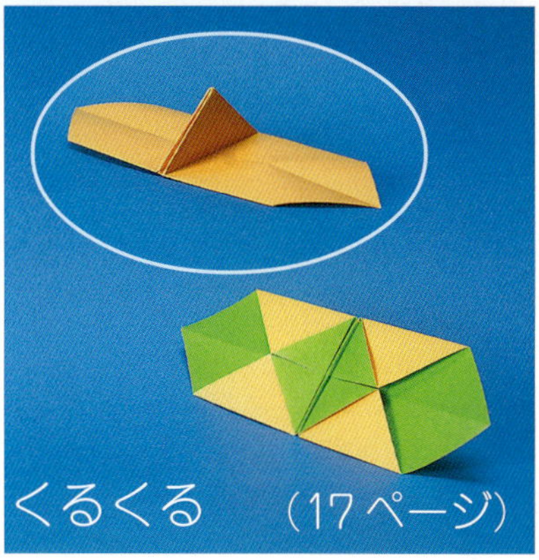
くるくる
（17ページ）

シャトルコック
（18～19ページ）

回転《かいてん》ひこうき
（20ページ）

はしる・まわる▶

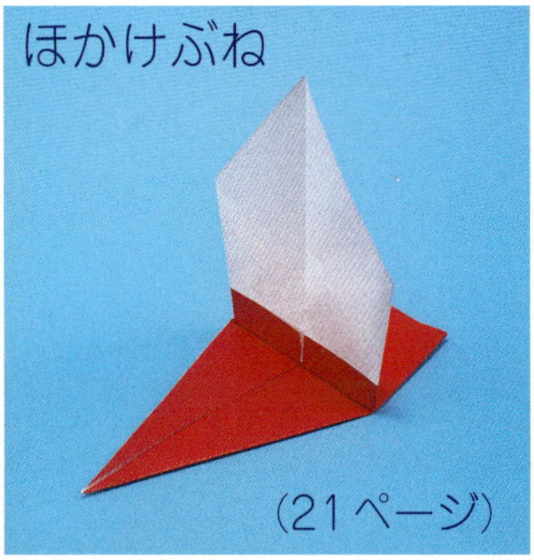
ほかけぶね
（21ページ）

重《かさ》ね吹《ふ》きゴマ
（22～23ページ）

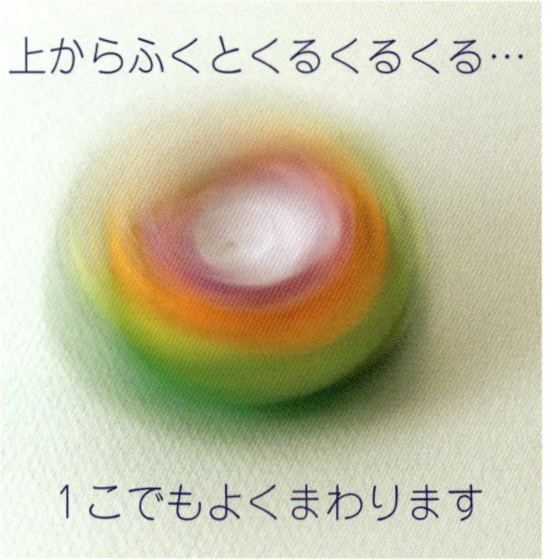
上からふくとくるくるくる…
1こでもよくまわります

コットン・コン
(24ページ)

コットン・コロコロコロ
(25ページ)

風車《かざぐるま》
(26ページ)

おしゃべり▶

おしゃべりからす
(27ページ)

パクパク魚《さかな》
(28～29ページ)

ふりふりわんわん
(よろこぶ犬《いぬ》)
ふりふり
(30～31ページ)

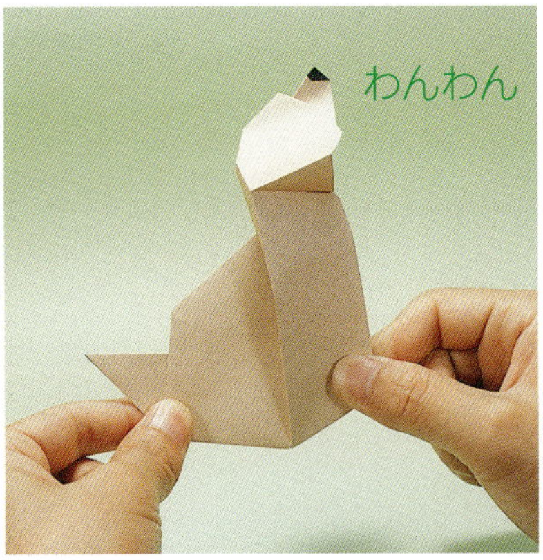
わんわん

おしゃべりパタパタ
ひよこ
ピヨピヨ
(32～33ページ)

パタパタ

ぱくぱく蛙《かえる》
(34～35ページ)

はばたく▶

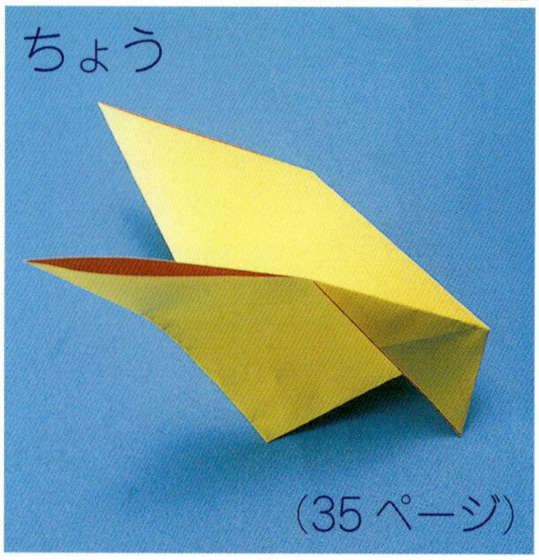

ちょう
（35ページ）

元気《げんき》なアヒル
（36～37ページ）

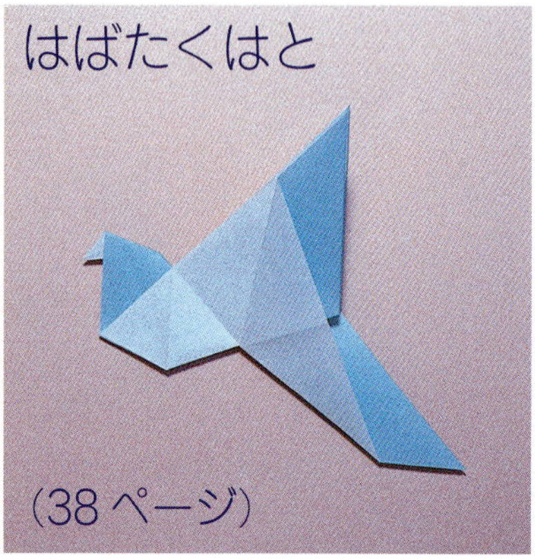

はばたくはと
（38ページ）

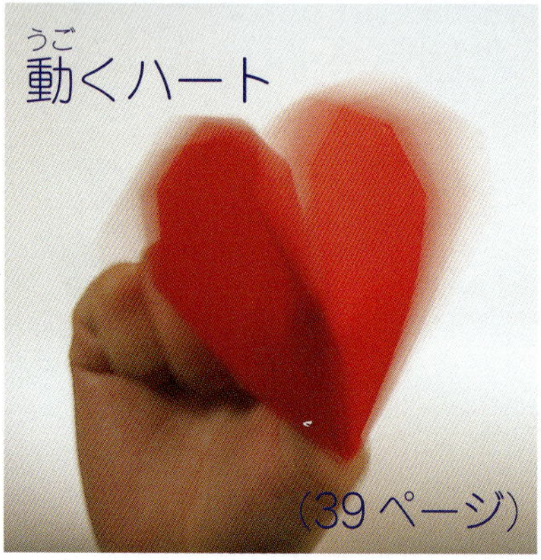

動《うご》くハート
（39ページ）

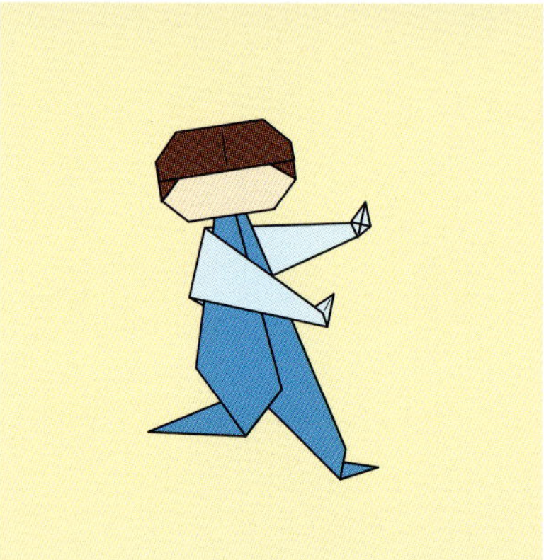

およぐ▶

きんぎょ
（40ページ）

およぐさかな
（41ページ）

ふしぎ▶

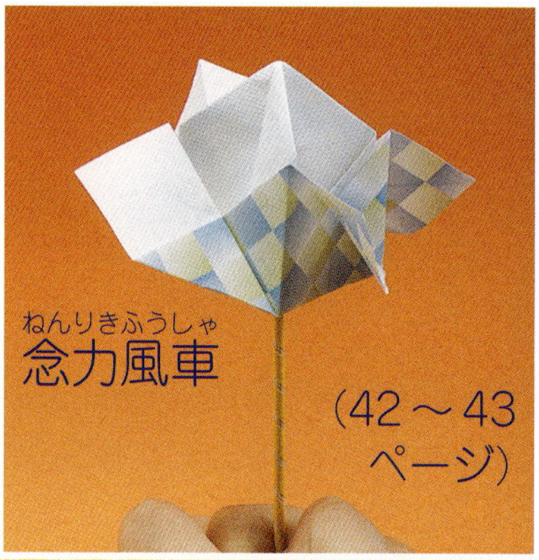

念力風車《ねんりきふうしゃ》
（42～43ページ）

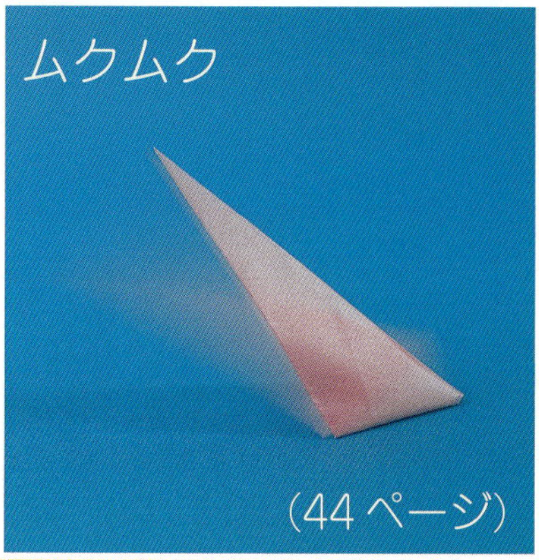

ムクムク
（44ページ）

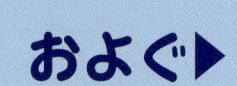

ゆらゆら▶

ゆらゆらインコ

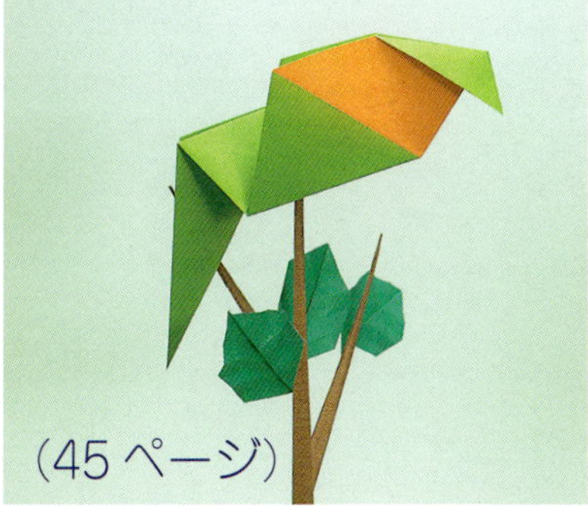

(45ページ)

ゆりかご

(46～47ページ)

ジャンプ▶

バッタ

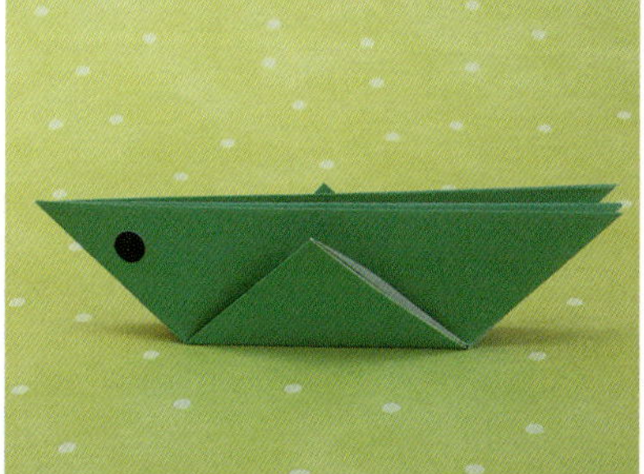

(47ページ)

あかちゃんでんぐりでんぐり

(48ページ)

ぴょんぴょんガエル

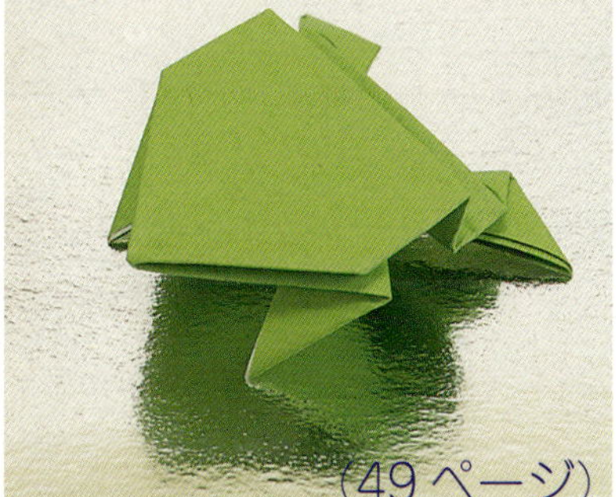

(49ページ)

馬《うま》

(50ページ)

ねずみ

(51ページ)

にんぎょうげき▶

きつね・こぶた・ねこ・たぬき・くま

(52～55ページ)

パンダの帽子《ぼうし》

(56～57ページ)

ペンギンの指人形《ゆびにんぎょう》
(58～59ページ)

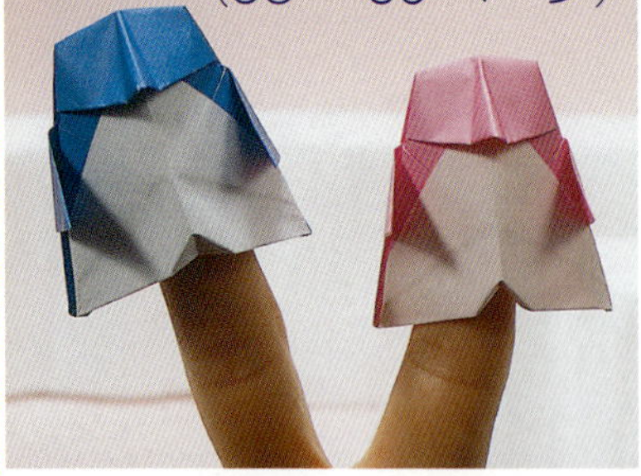

ゲーム▶

オニのオセロゲーム

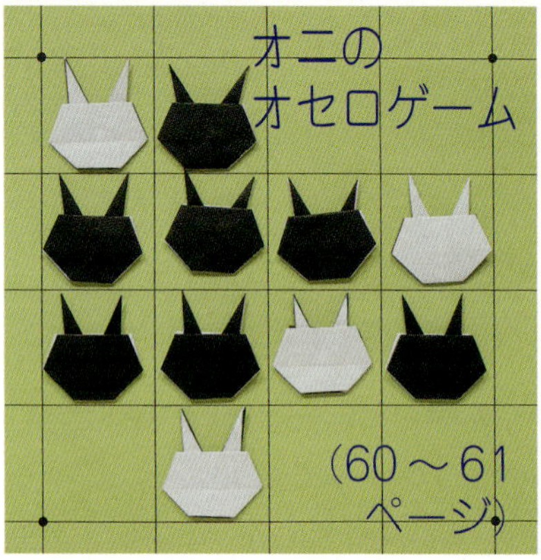

(60～61ページ)

チャップリン

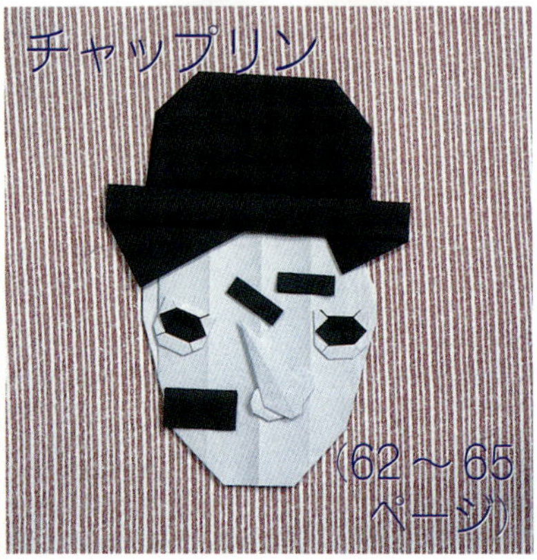

(62～65ページ)

"ふくわらい"をしましょう

ユニット▶

Magic《マジック》 Rose《ローズ》 Cube《キューブ》

(66～68ページ)

くるんくるん

(69ページ)

風車《かざぐるま》ーリングー風車《かざぐるま》

よこにずらすと…

かたちがかわります

(70ページ)

はこが
花ひらきます

くるくるまわすと、
いろんなかたちにかわります

ものがたり▶

物語《ものがたり》おりがみ “少年《しょうねん》のゆめ”

(71ページ)

ふえ▶

PITO《ピト》 QUE《ケ》 PITA《ピタ》（呼《よ》び笛《ぶえ》）

（72～73ページ）

おいしい▶

むきむきバナナ

（74～75ページ）

折り紙のいろをかえると…

とうもろこしにも!

さしてあそべるだんご

（75～76ページ）

にんきもの▶

ピノキオ

（77～79ページ）

うそをつくと…

鼻がのびます

一休《いっきゅう》さん

ナムナム…

（80～81ページ）

鼻《はな》を持《も》ちあげる象《ぞう》
（81～83ページ）

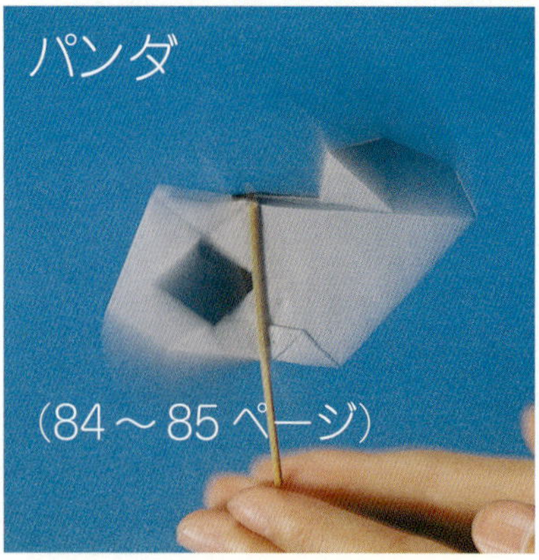

パンダ
（84～85ページ）

まわすと、パンダのかおがみえます

うさこちゃん（ミッフィー）
Illustrations Dick Bruna © copyright Mercis bv, 1953-2005 www.miffy.com
（86～88ページ）

11ぴきのねこ
「11ぴきのねこ」（馬場《ばば》のぼる 著《ちょ》　こぐま社《しゃ》 発行《はっこう》）
（89ページ）

スヌーピーの昼寝《ひるね》
PEANUTS © United Feature Syndicate, Inc.
（90～93ページ）

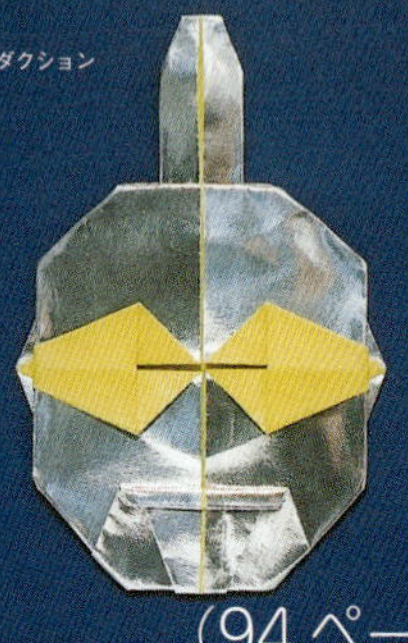

ウルトラマン
©円谷プロ
協力／円谷プロダクション
（94ページ）

ノアちゃん　日本折紙協会《にっぽんおりがみきょうかい》のマスコット
（85ページ）

もっと
おってあそぼう!!

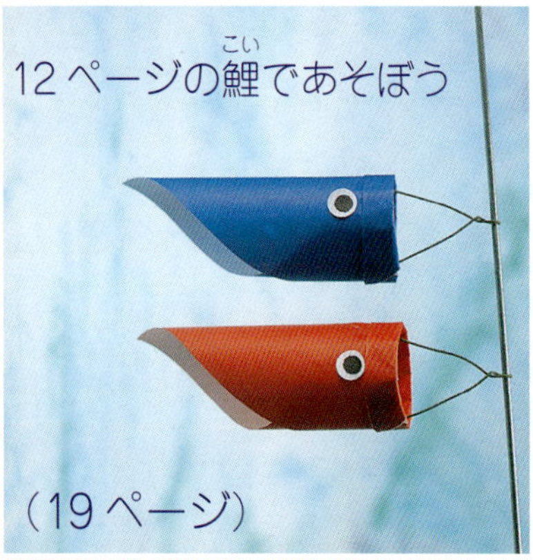

12ページの鯉《こい》であそぼう
（19ページ）

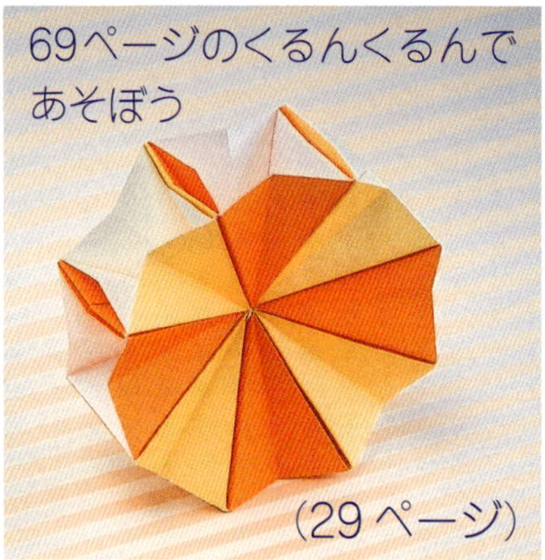

69ページのくるんくるんであそぼう
（29ページ）

40ページのきんぎょであそぼう
（59ページ）

もくじ

折りはじめるまえに

おりがみを折るまえに
記号《きごう》をおぼえましょう

折り方の記号《きごう》　SYMBOLS

谷《たに》折《お》り

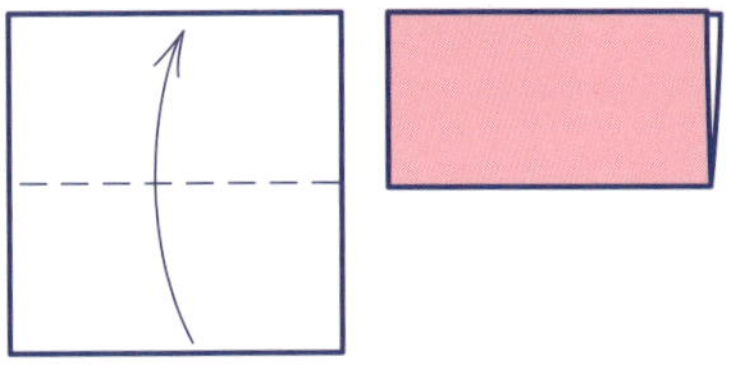

VALLEY FOLD

折《お》りすじをつける

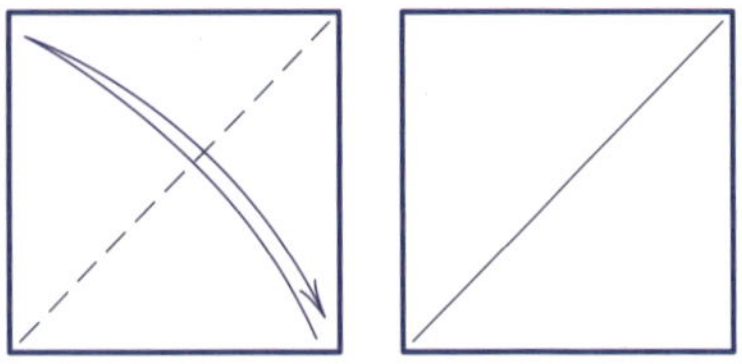

FOLD AND UNFOLD TO CREASE

仮想線《かそうせん》（かくれているところや次《つぎ》の形《かたち》などをあらわす）

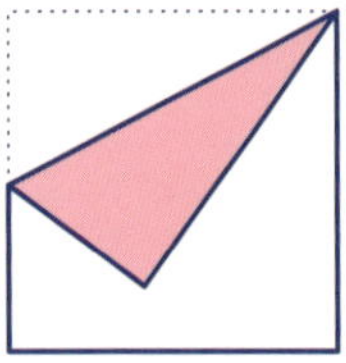

IMAGINARY LINE

山《やま》折り

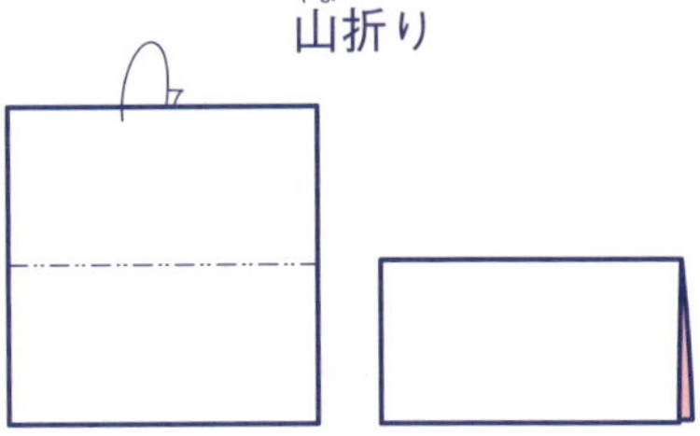

MOUNTAIN FOLD

まくように折る

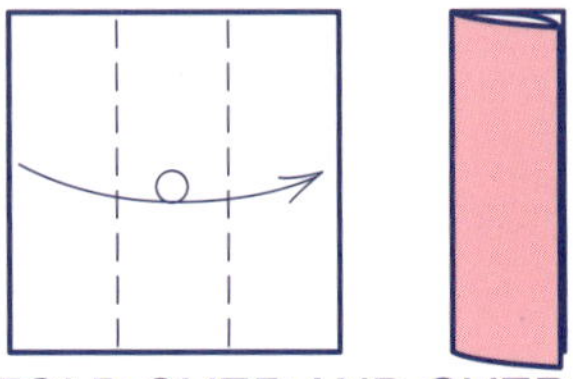

FOLD OVER AND OVER

きりこみをいれる

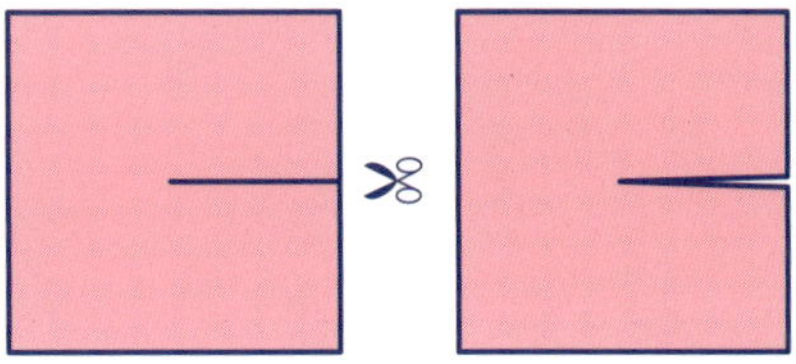

CUT

だん折《お》り

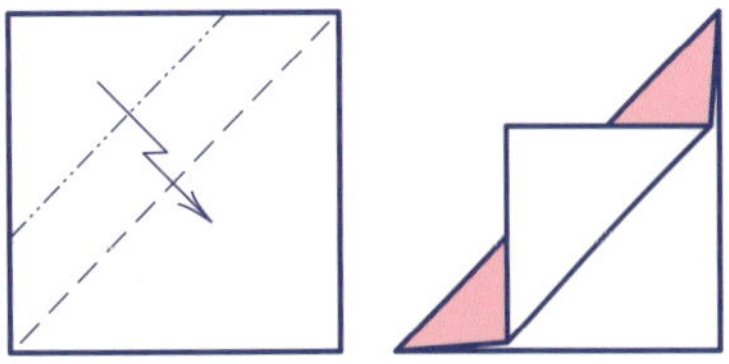

FOLD AND UNFOLD

うらがえす（天地《てんち》はかわりません）

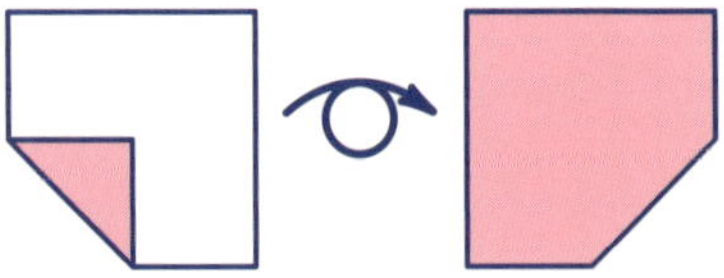

TURN MODEL OVER

中わり折り

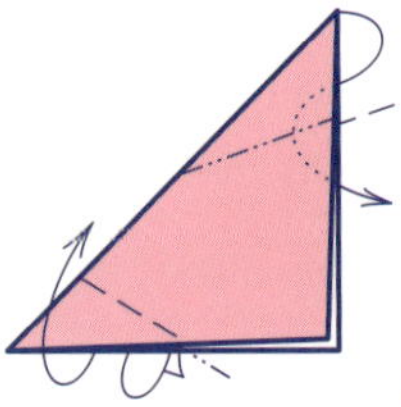

INSIDE
REVERSE
FOLD

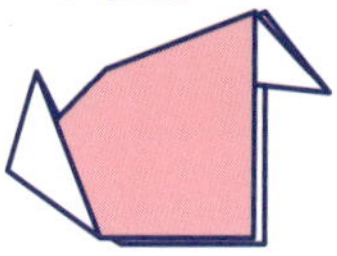

かぶせ折り

OUTSIDE REVERSE FOLD

図を拡大《かくだい》する

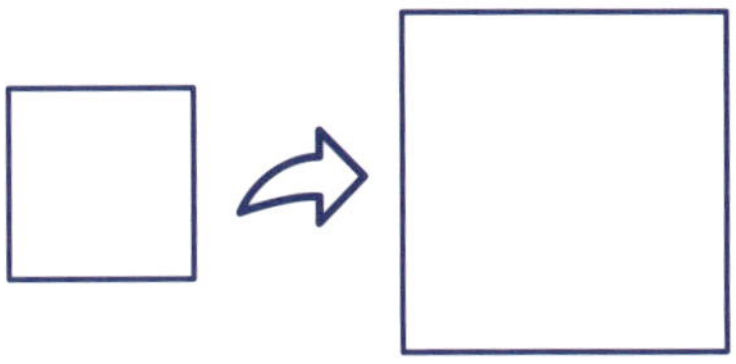

ENLARGE

図を縮小《しゅくしょう》する

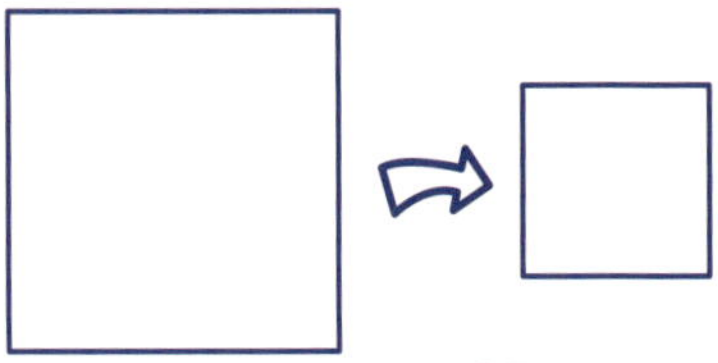

REDUCE

位置《いち》の転換《てんかん》

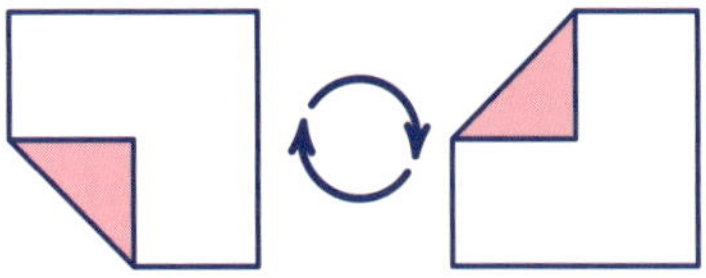

TURN THE MODEL

おもてに折る

FOLD IN FRONT

うしろに折る

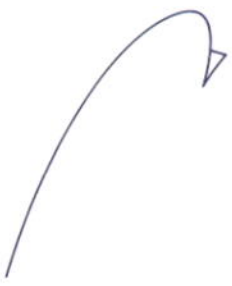

FOLD BEHIND

さしこむ・ひきだす

INSERT・PULL OUT

ひらく

OPEN

つぶす
おしこむ

SQUASH
PUSH IN

ふくらます

BLOW UP

この本では、ここにでている基本形《きほんけい》が
つかわれています

基本形《きほんけい》　BASE

かんのん基本形《きほんけい》　Door Base

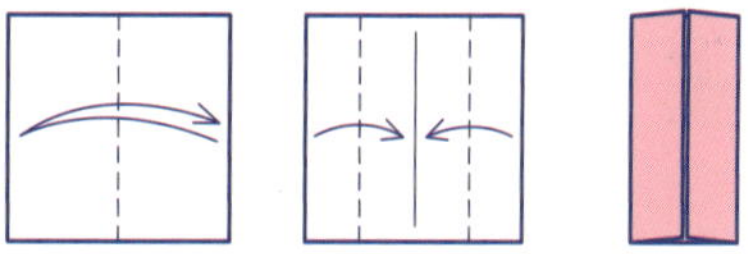

たこの基本形《きほんけい》
Kite Base

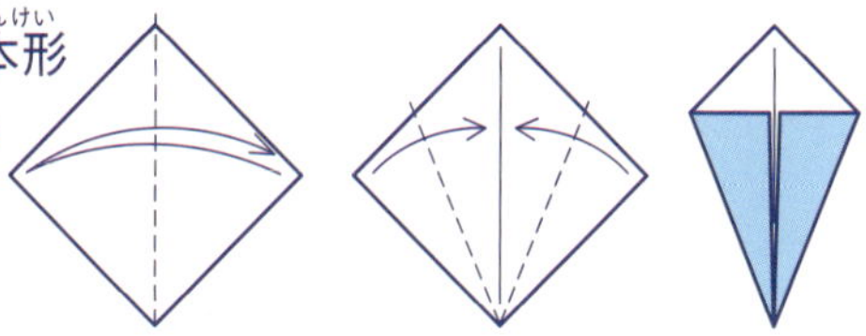

ざぶとん基本形《きほんけい》　Blintz Base

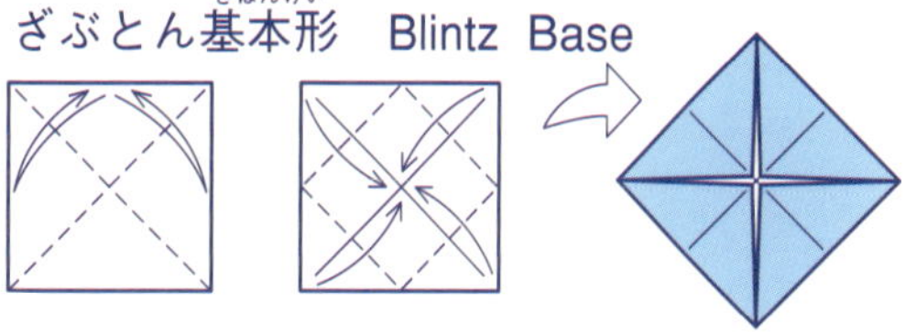

魚《さかな》の基本形《きほんけい》
Fish Base

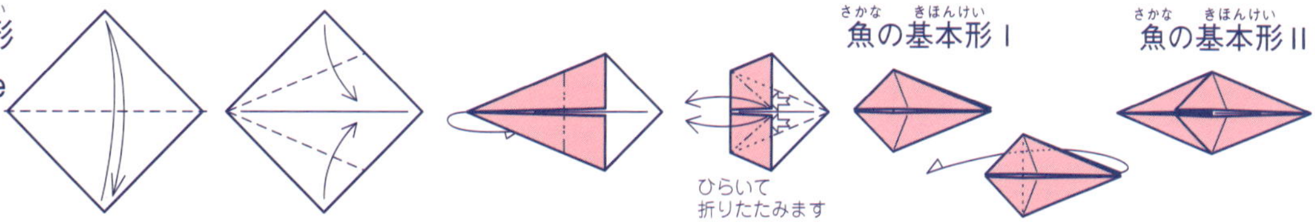
ひらいて
折りたたみます
魚《さかな》の基本形《きほんけい》Ⅰ
魚《さかな》の基本形《きほんけい》Ⅱ

風船《ふうせん》基本形《きほんけい》
Waterbomb Base

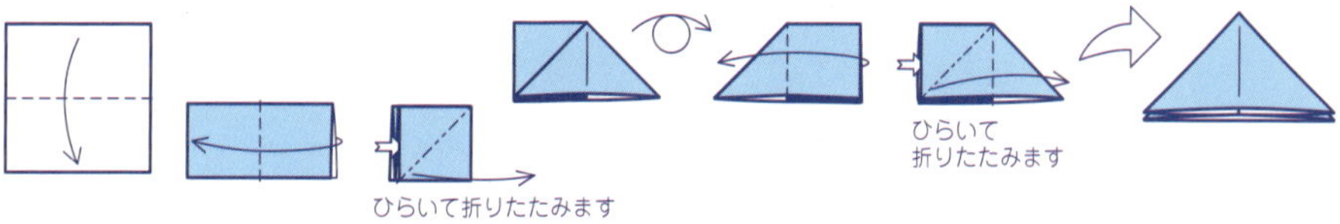
ひらいて折りたたみます
ひらいて
折りたたみます

正方《せいほう》基本形《きほんけい》
Square Base
（Preliminary Base）

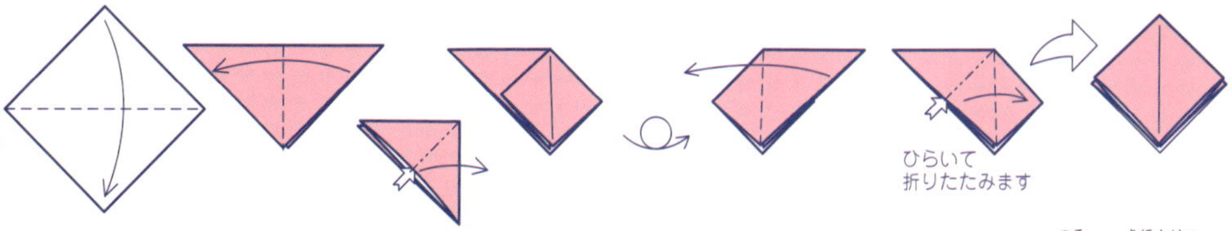
ひらいて
折りたたみます

鶴《つる》の基本形《きほんけい》　Bird Base

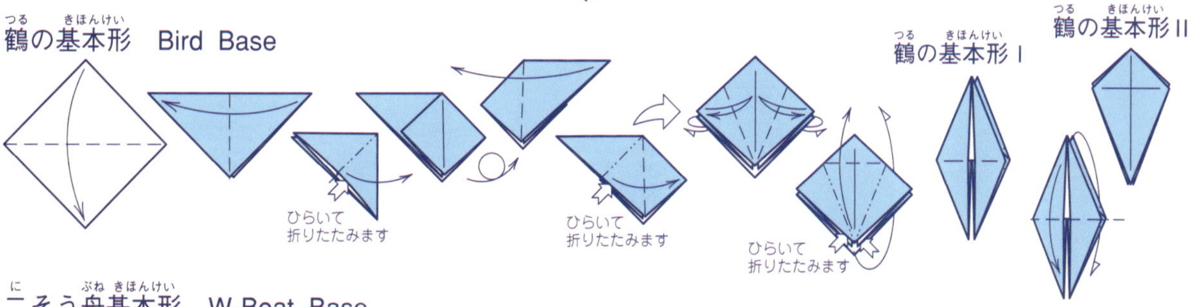
ひらいて
折りたたみます
ひらいて
折りたたみます
ひらいて
折りたたみます
鶴《つる》の基本形《きほんけい》Ⅰ
鶴《つる》の基本形《きほんけい》Ⅱ

二《に》そう舟《ぶね》基本形《きほんけい》　W-Boat Base

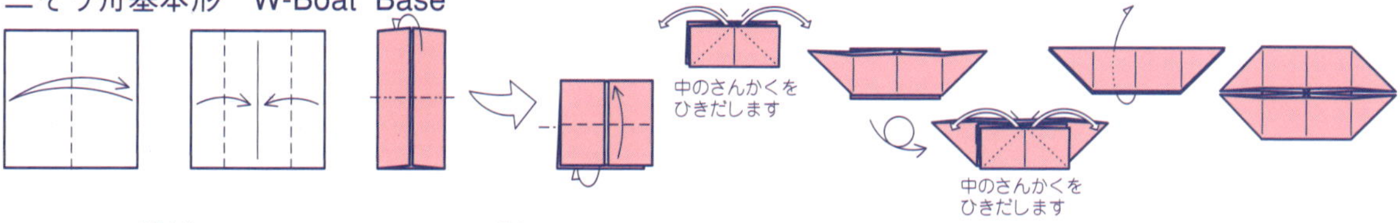
中のさんかくを
ひきだします
中のさんかくを
ひきだします

かえるの基本形《きほんけい》　Frog Base（この本《ほん》ではつかいません）

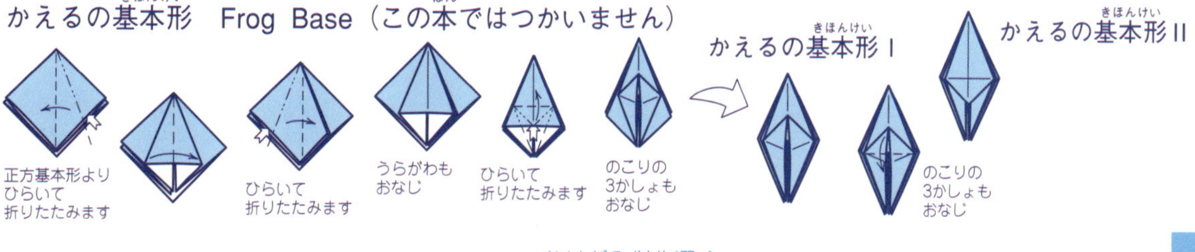
正方基本形より
ひらいて
折りたたみます
ひらいて
折りたたみます
うらがわも
おなじ
ひらいて
折りたたみます
のこりの
3かしょも
おなじ
かえるの基本形《きほんけい》Ⅰ
のこりの
3かしょも
おなじ
かえるの基本形《きほんけい》Ⅱ

かんたん

鯉《こい》

Carp by Mr. Masao Mizuno

水野《みずの》政雄《まさお》

月刊おりがみ「165号」「261号」掲載

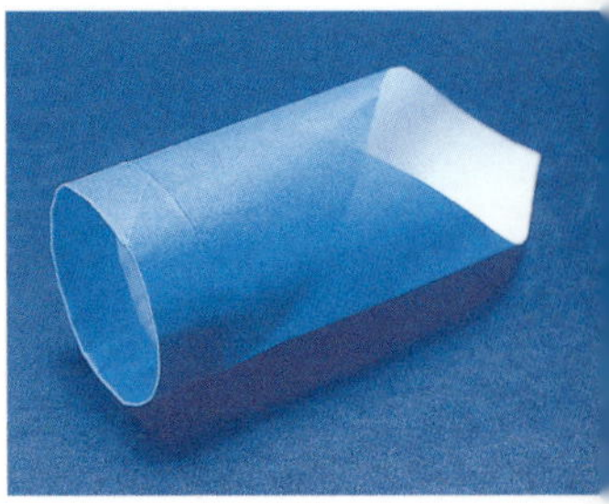

糸をつけて、たこにしてもあそべるし、こいのぼりにもなります。“もっとおってあそぼう!!”（19ページ）をみてみましょう。

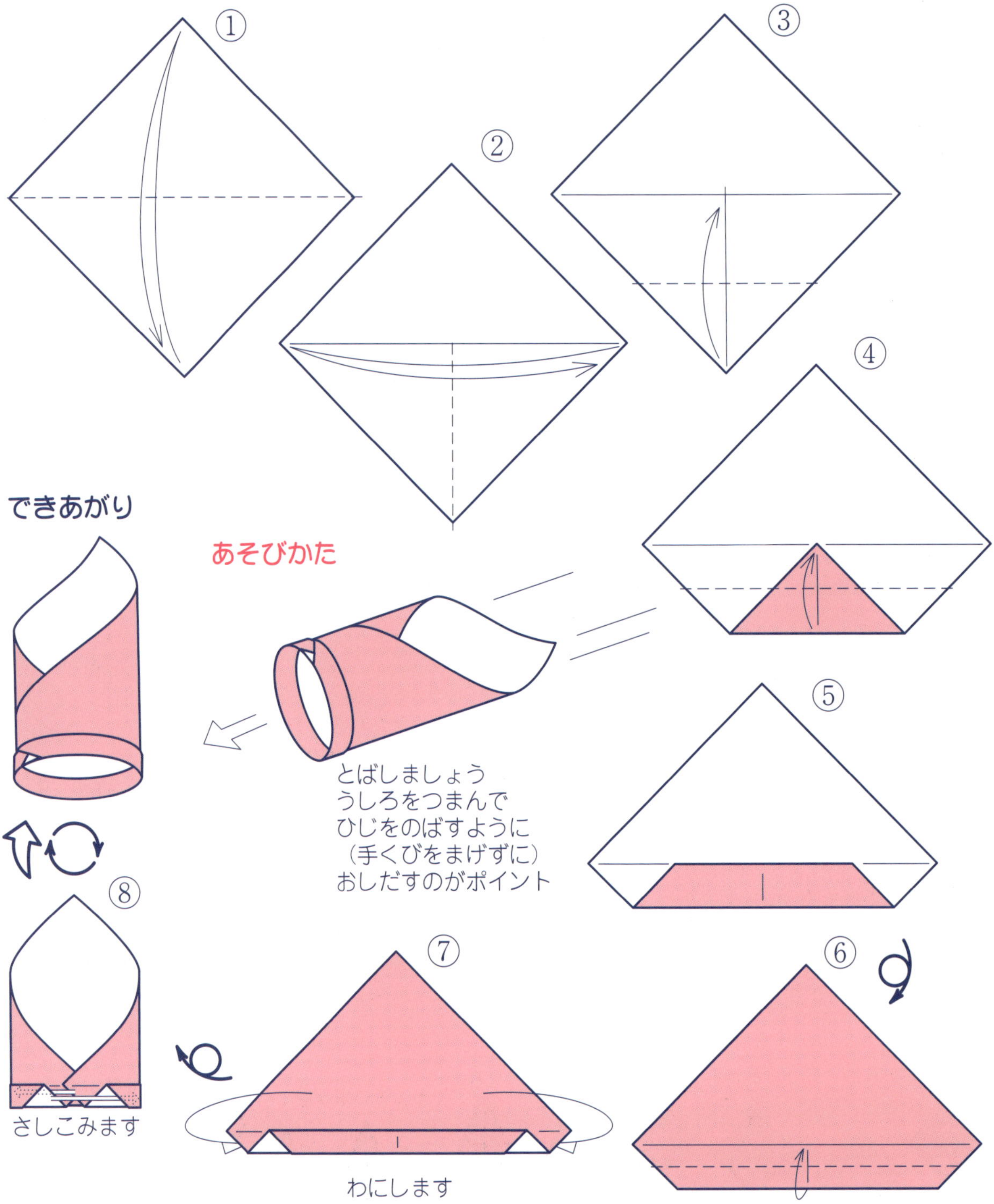

①
②
③
④
⑤
⑥
⑦
わにします
⑧
さしこみます
できあがり
あそびかた
とばしましょう
うしろをつまんで
ひじをのばすように
（手くびをまげずに）
おしだすのがポイント

ZAGlider by Mr. Tatsuo Yoshida

かんたん

ザグライダー

吉田《よしだ》辰男《たつお》

月刊おりがみ「183号」「278号」掲載

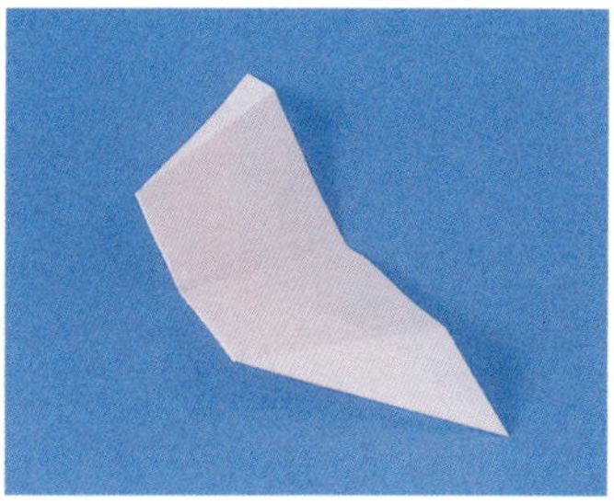

ニューギニアのザノニア（アルソミトラ）マクロカルパという植物《しょくぶつ》の種《たね》がモデルです。白《しろ》いちょうがまいおりるようにとびちるそうです。

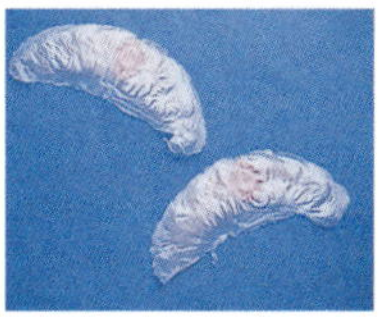

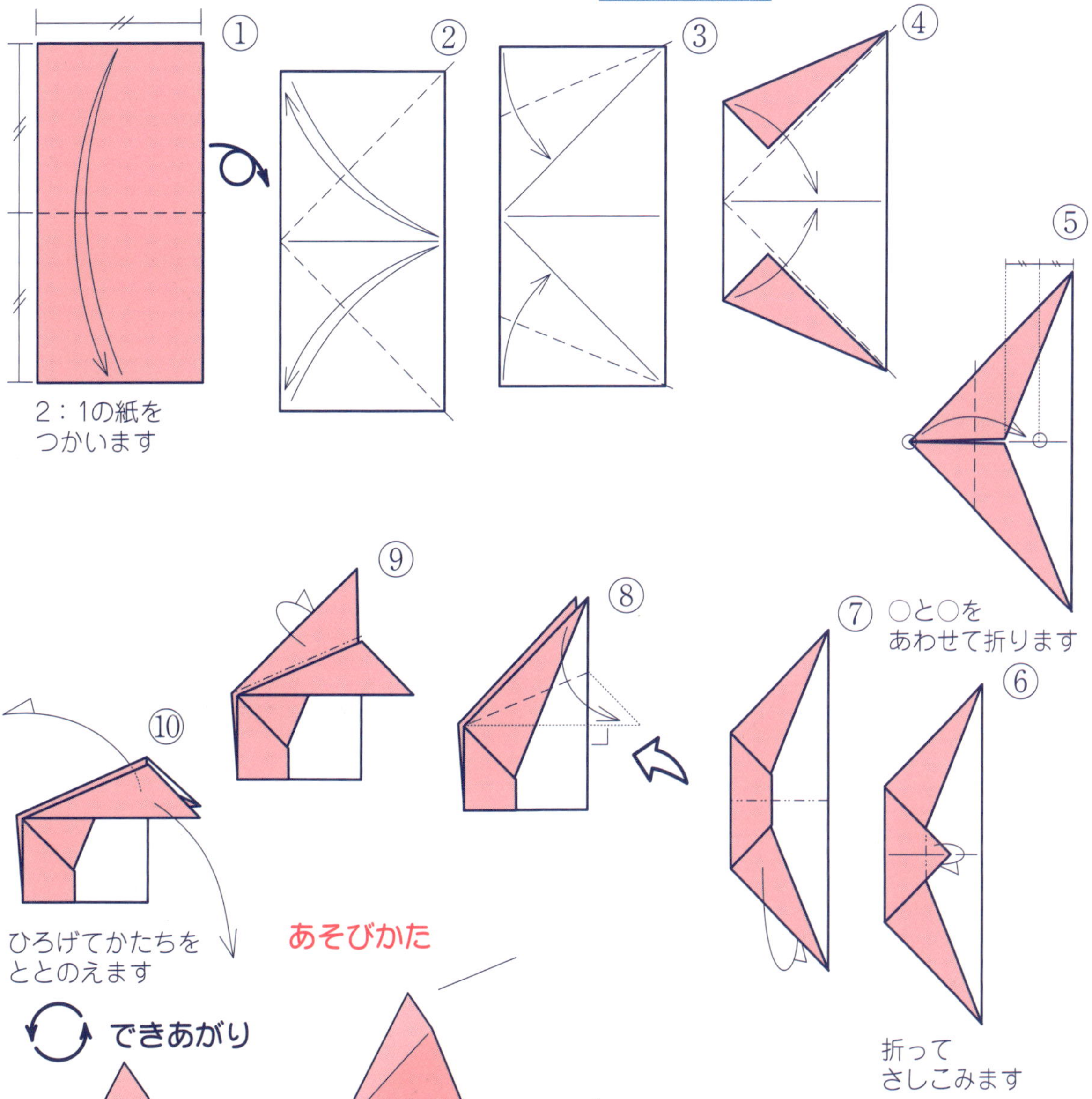

①
2：1の紙を
つかいます
②
③
④
⑤
⑥
折って
さしこみます
⑦
○と○を
あわせて折ります
⑧
⑨
⑩
ひろげてかたちを
ととのえます

あそびかた

できあがり

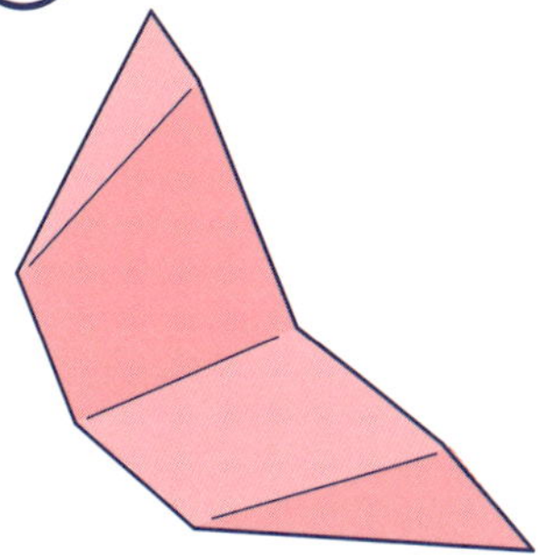

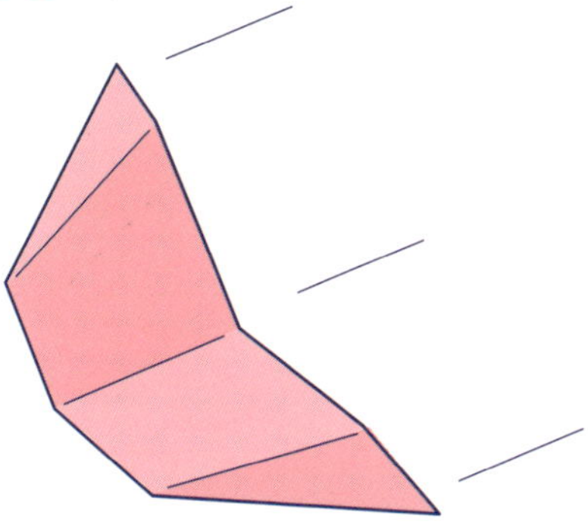

そっと手をはなし
とばします

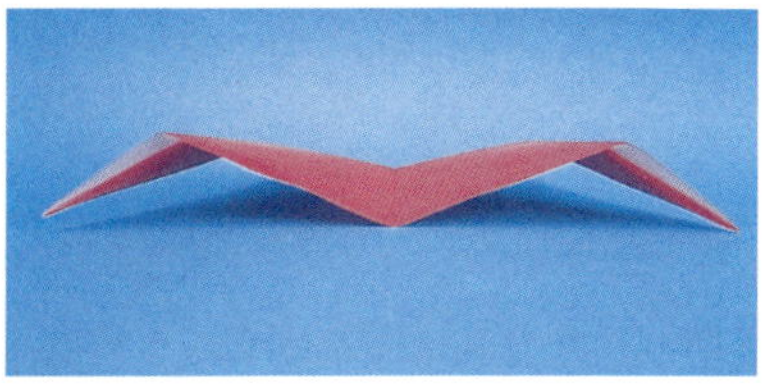

▲うしろからみたところ

Space shuttle by Mr. Yukihiko Matsuno

むずかしい

スペースシャトル

松野《まつの》幸彦《ゆきひこ》

月刊おりがみ「248号」掲載

⑲をしっかりと折って、はねをきれいにととのえると、かっこよくとびます。さあ、宇宙《うちゅう》までとばそう!?

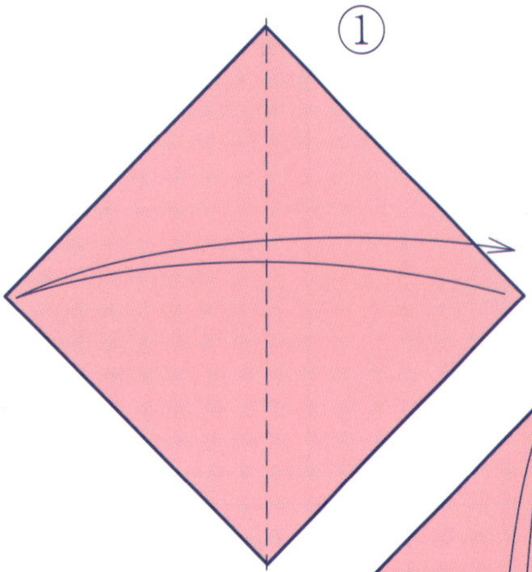

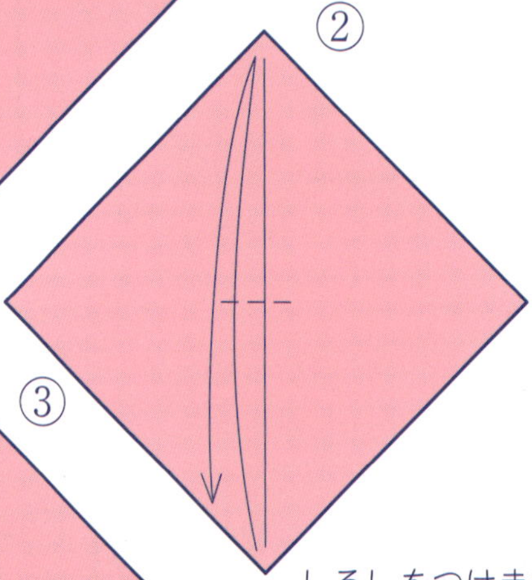

しるしをつけます

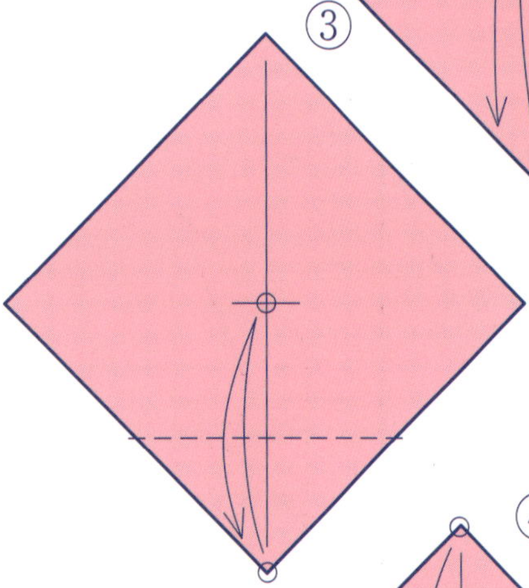

○と○をあわせて
折りすじを
つけます

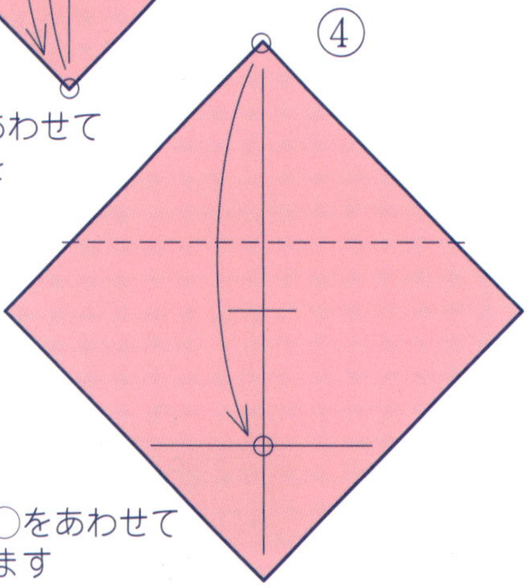

○と○をあわせて
折ります

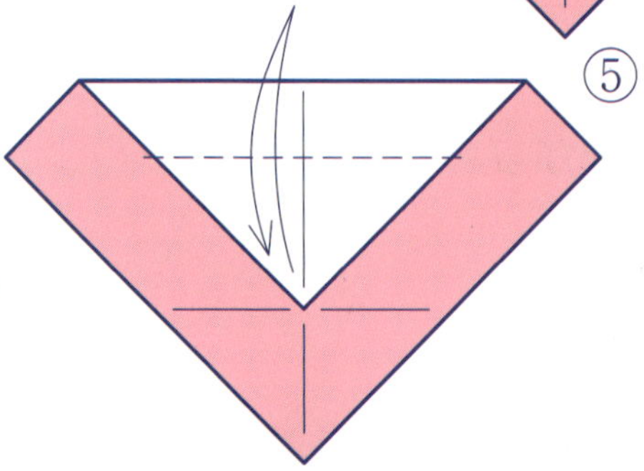

②でつけたすじの上で
折りすじをつけます

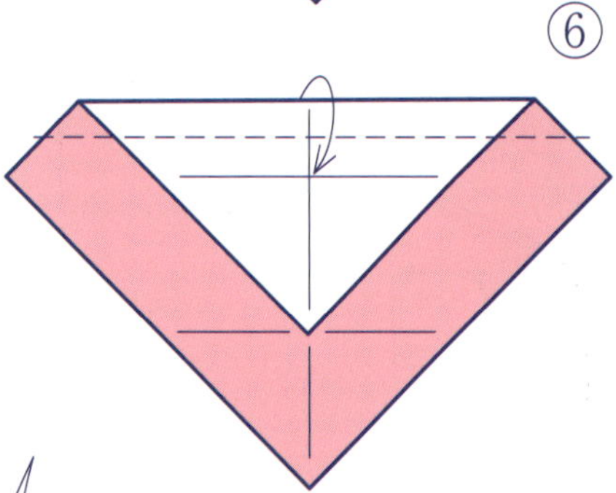

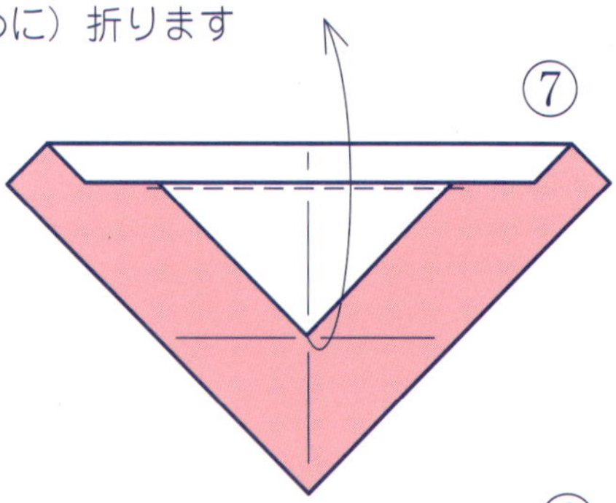

すこし
（Aのながさより
すくなめに）折ります

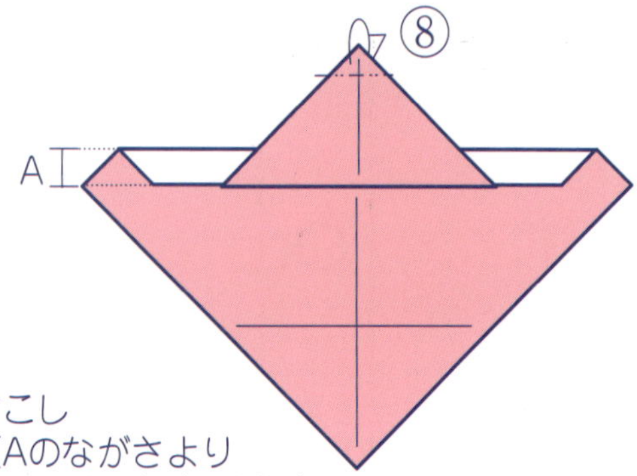

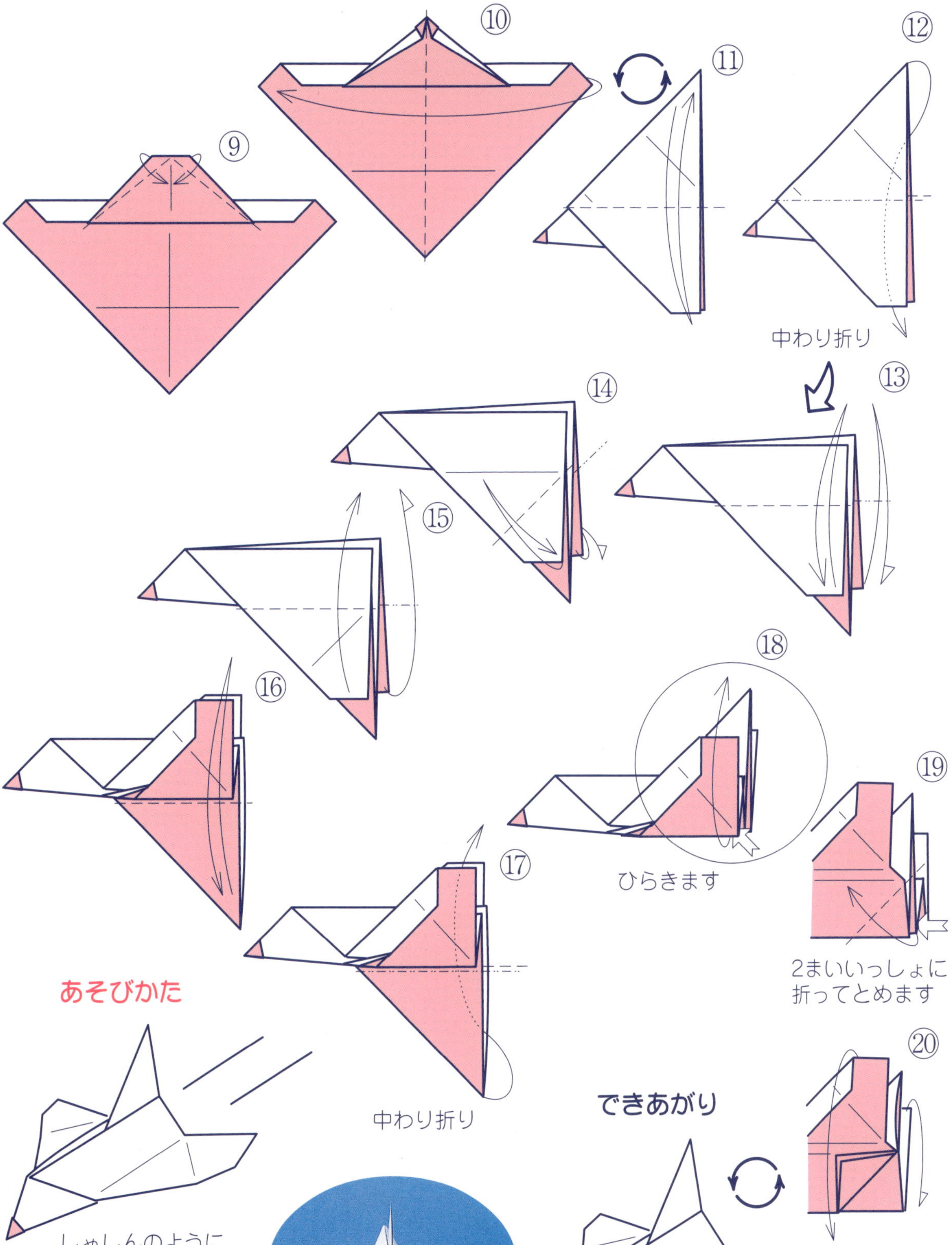

できあがり

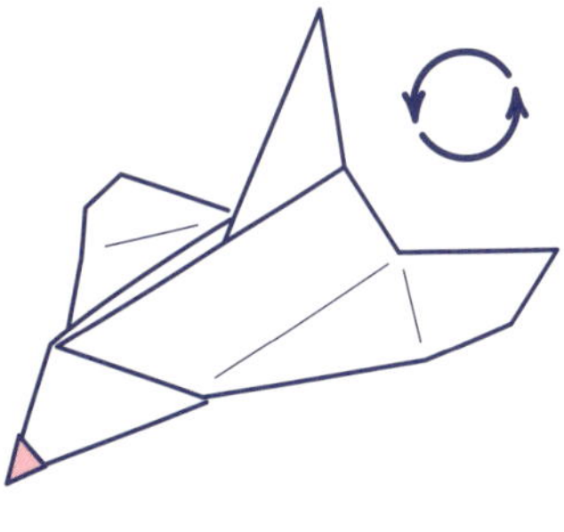

あそびかた

しゃしんのように
もって、とばします
フラップ（⑭で折った
ところ）を上むきに
ととのえます

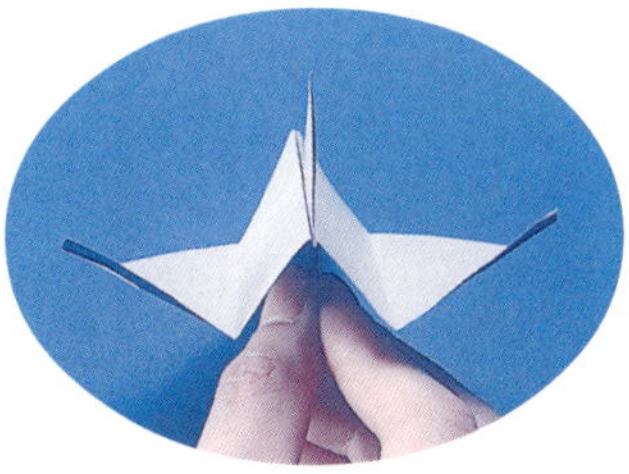

かんたん

凧《たこ》（伝承《でんしょう》）

Kite (traditional model) introduced by Mr. Masatsugu Tsutsumi

紹介《しょうかい》：堤《つつみ》　政継《まさつぐ》

月刊おりがみ「185号」掲載

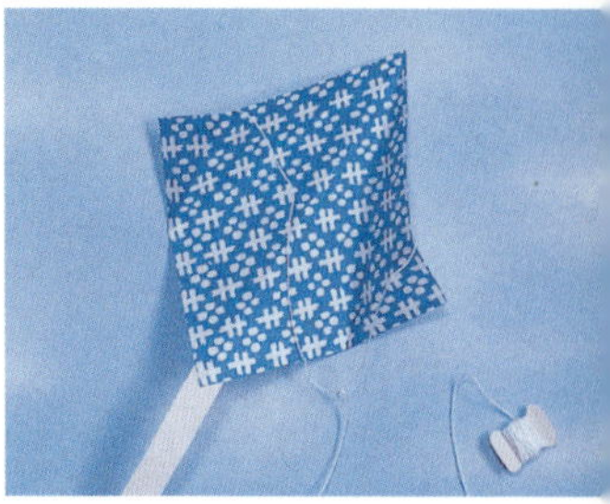

もめん糸、セロテープ、のりをつかいます。しっぽには、紙テープをつかってもよいでしょう。

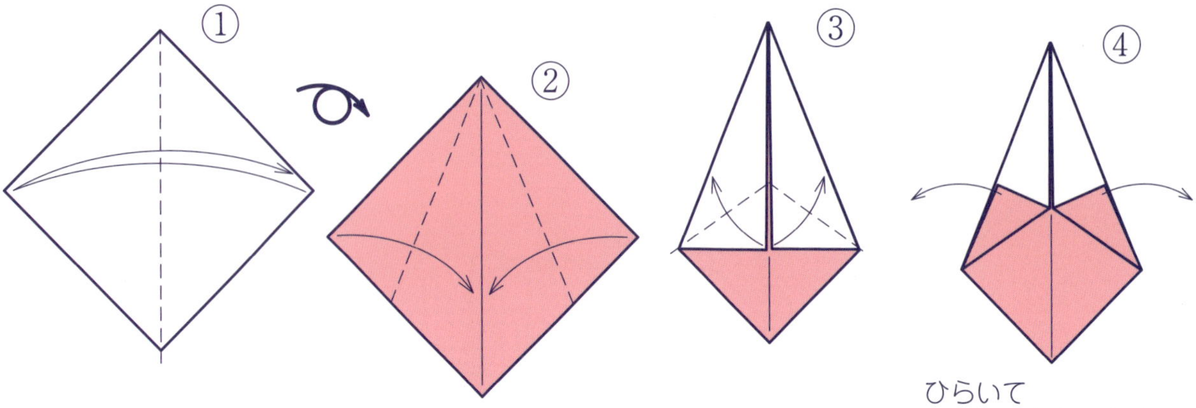

①
②
③
④

ひらいて
かたちをととのえます

●糸のつくりかた●
（15cm角の紙をつかうとき）

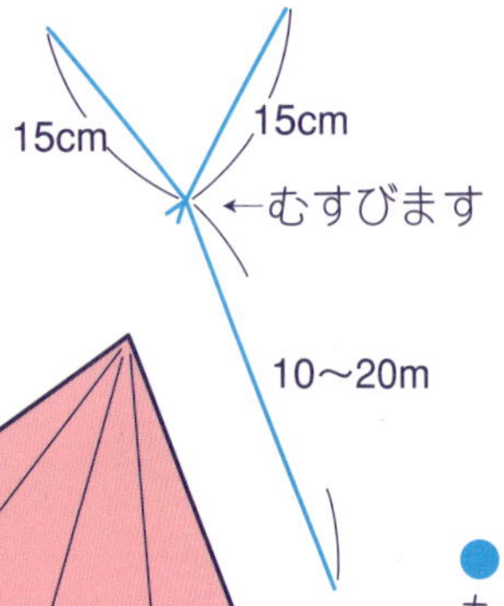

15cm
15cm
←むすびます
10〜20m

つくりかた

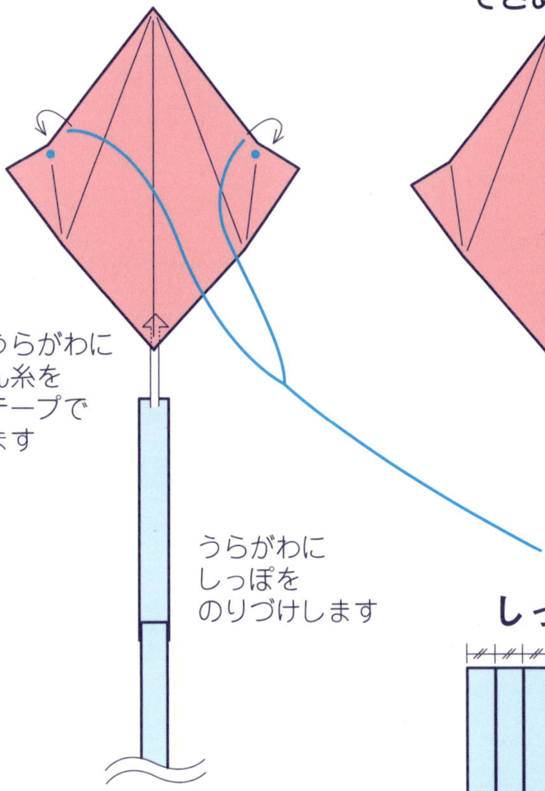

●のうらがわに
もめん糸を
セロテープで
はります
うらがわに
しっぽを
のりづけします

できあがり

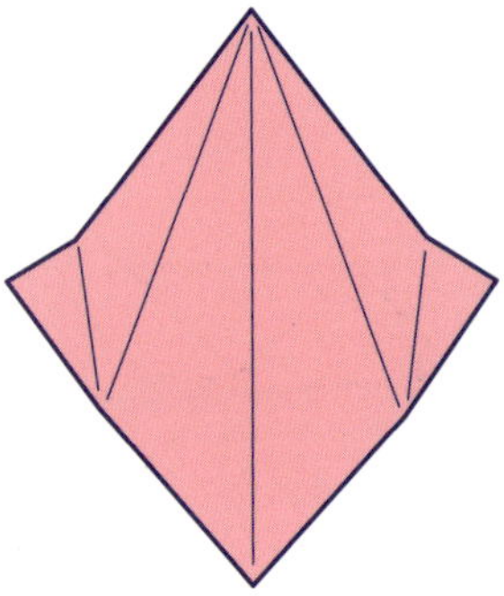

あそびかた

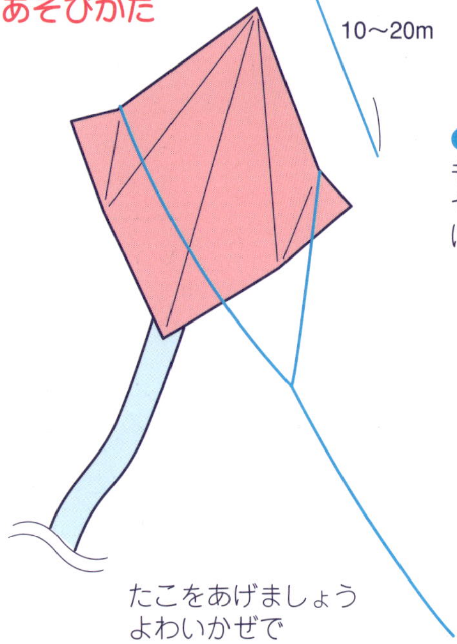

たこをあげましょう
よわいかぜで
とてもよくあがります

しっぽ Tail

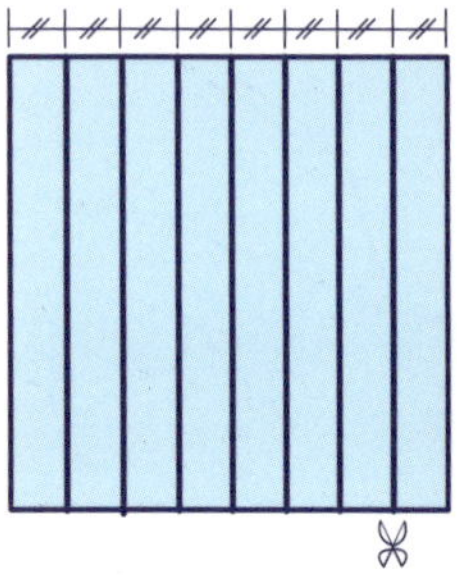

きりとって
のりづけしてながくつなぎます
（紙テープをつかってもよいです）

Kuru-kuru (Round and round) by Mr. Masatsugu Tsutsumi

かんたん

くるくる

堤《つつみ》　政継《まさつぐ》

月刊おりがみ「267号」掲載

木《こ》の葉《は》のようにくるくるとまわっておちていきます。

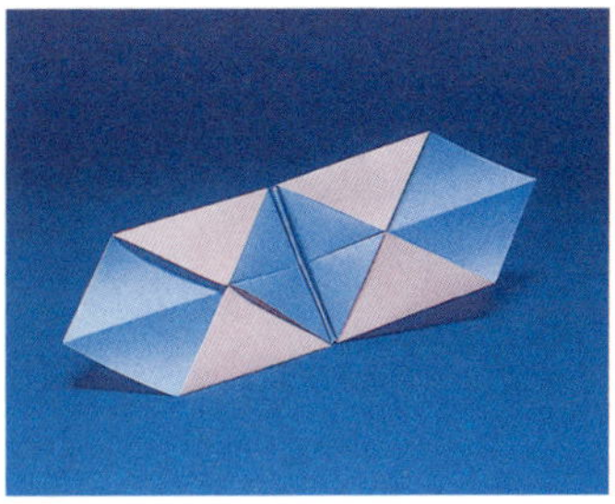

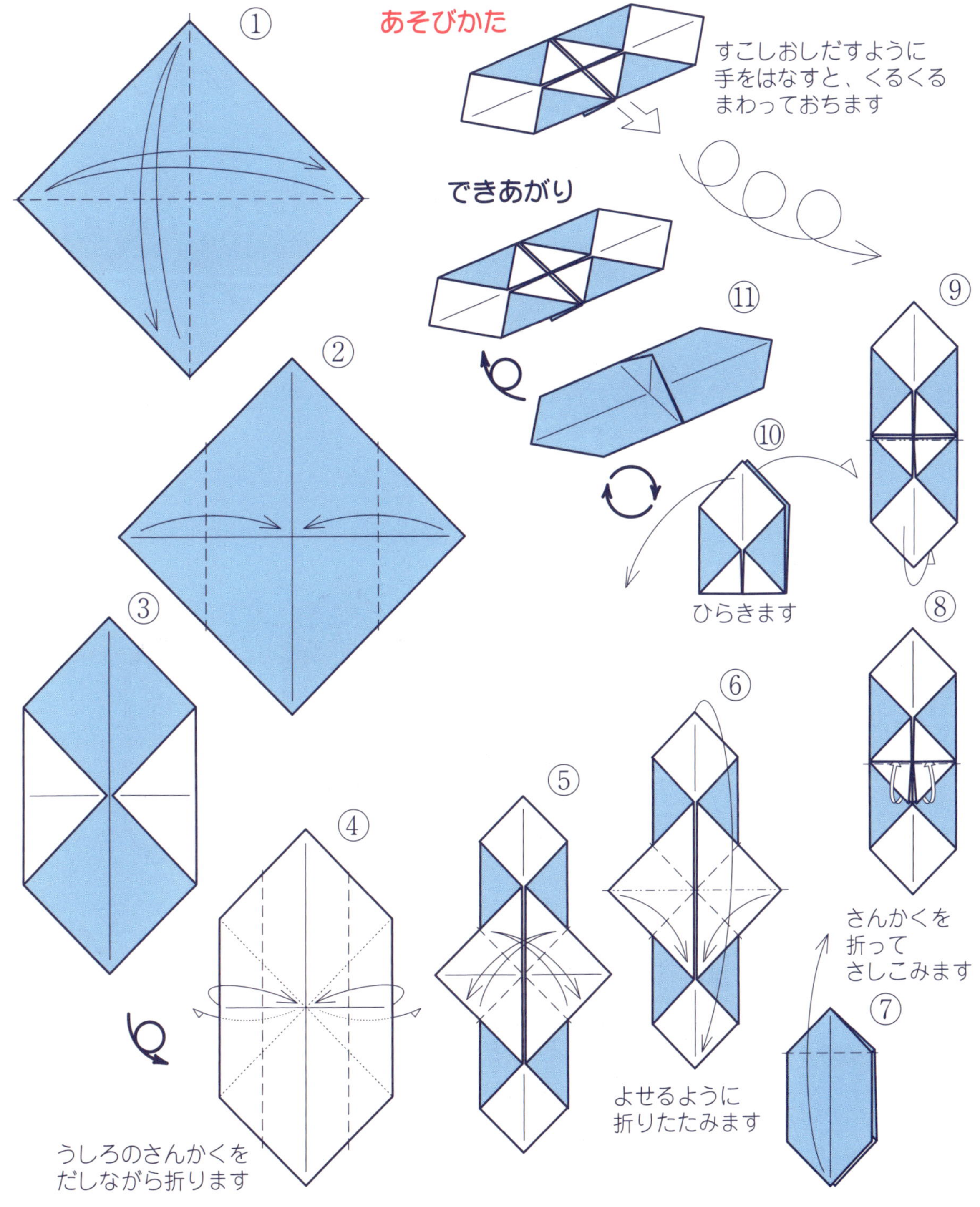
①
②
③
④
うしろのさんかくを
だしながら折ります
⑤
⑥
よせるように
折りたたみます
⑦
さんかくを
折って
さしこみます
⑧
⑨
⑩
ひらきます
⑪
できあがり
あそびかた
すこしおしだすように
手をはなすと、くるくる
まわっておちます

ふつう

シャトルコック

Shuttlecock by Mr. Kōya Ōhashi

おおはし こうや
大橋皓也

月刊おりがみ「160号」「356号」掲載

中にティッシュペーパーなどかるいものをいれると、よくとびます。ビー玉《だま》や石《いし》などおもいものはあぶないので、ぜったいにいれないでください。

はじめに「正方基本形《せいほうきほんけい》」を折ります

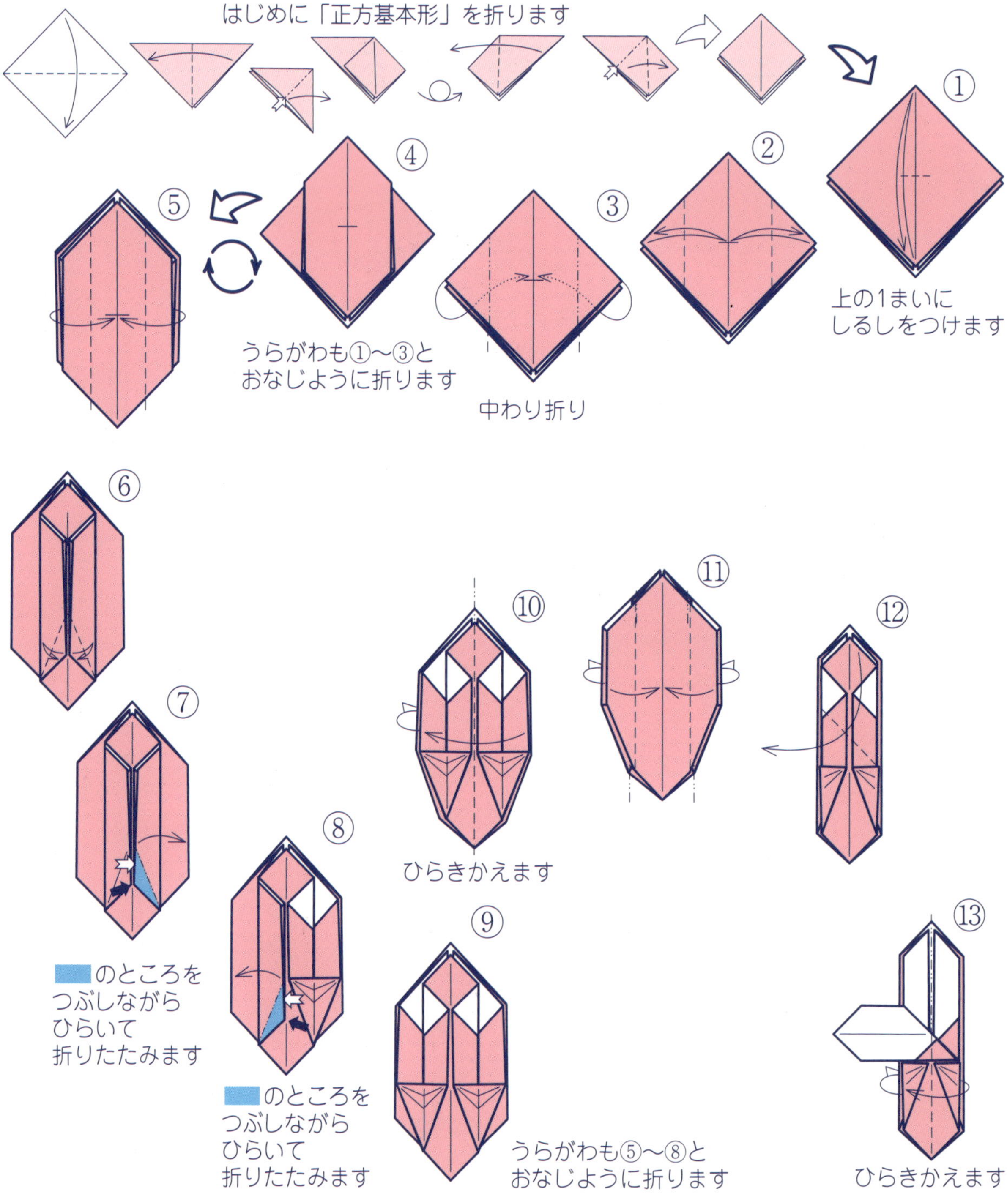

①
上の1まいに
しるしをつけます
②
③
中わり折り
④
うらがわも①〜③と
おなじように折ります
⑤
⑥
⑦
のところを
つぶしながら
ひらいて
折りたたみます
⑧
のところを
つぶしながら
ひらいて
折りたたみます
⑨
うらがわも⑤〜⑧と
おなじように折ります
⑩
ひらきかえます
⑪
⑫
⑬
ひらきかえます

もっとおってあそぼう!!

12ページの鯉《こい》であそびましょう！

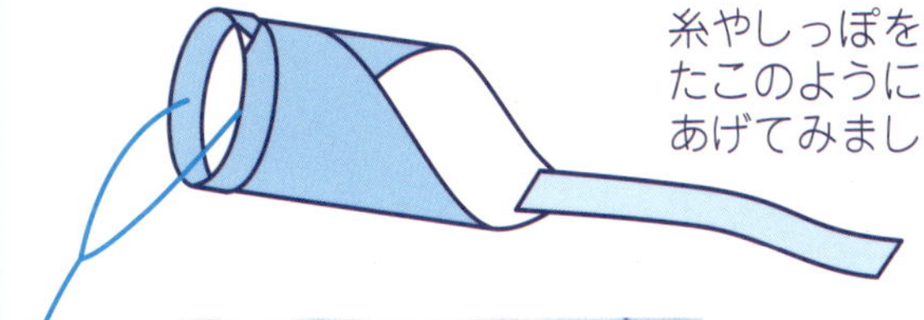

糸やしっぽをつけて、
たこのように
あげてみましょう

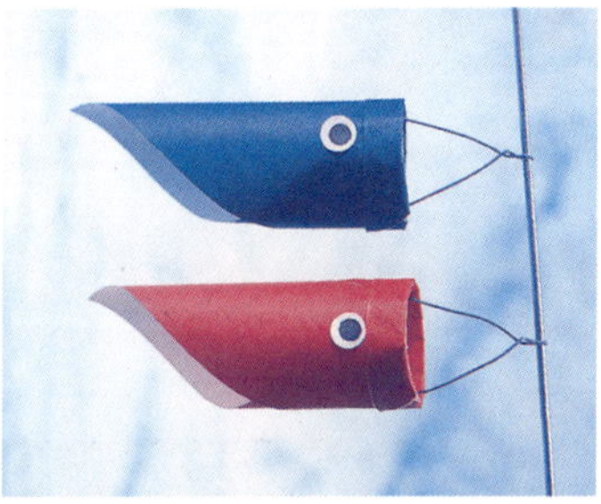

▲こいのぼりをつくりましょう

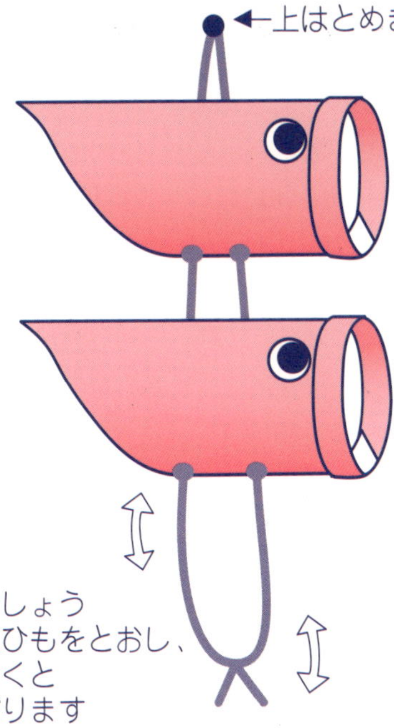

目をかきましょう
図のようにひもをとおし、
こうごにひくと
こいがのぼります

⑮

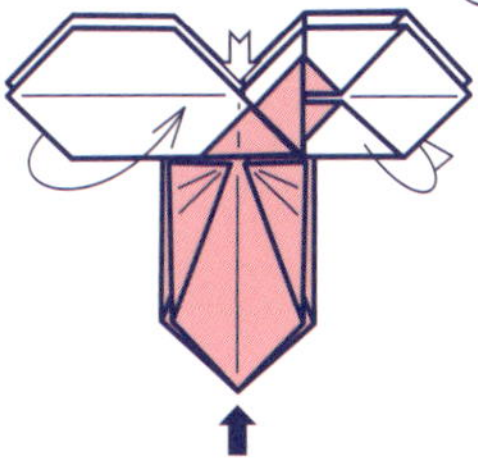

はねをたてながら
中をひらいて
はこのかたちにします

⑭

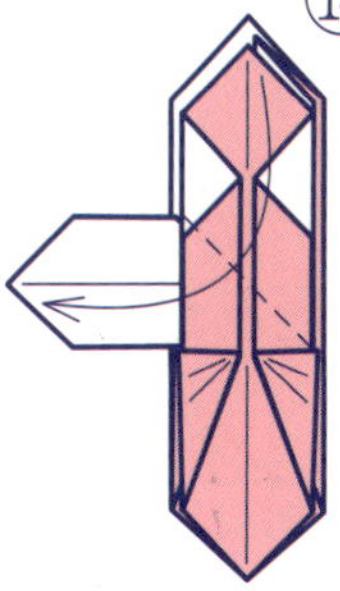

のこりの3か所も
おなじように
折ります

できあがり

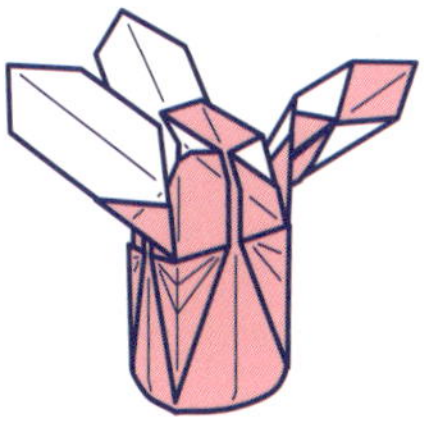

（このままでも
あそべます）

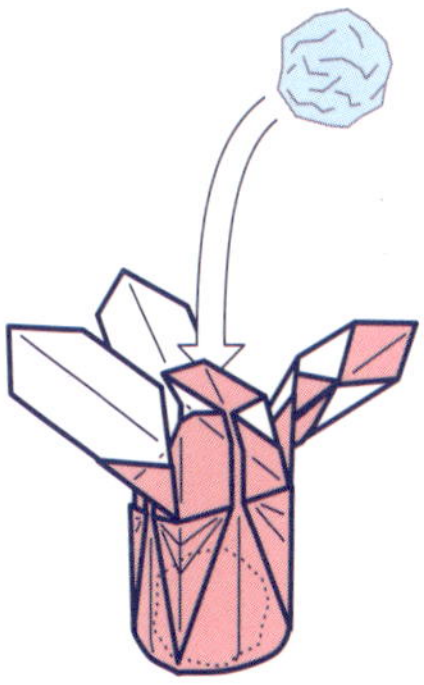

ティッシュペーパーを
まるめて中にいれると
とおくまでとびます

あそびかた

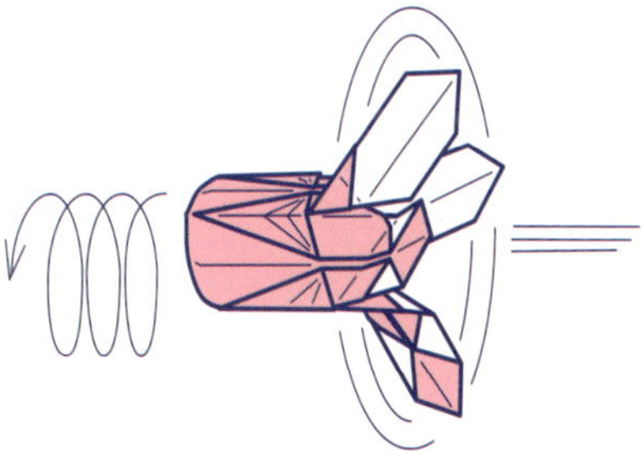

なげると
くるくるまわります

※石やビー玉などおもいものは、
あぶないので、ぜったいに
いれないでください

ふつう

回転《かいてん》ひこうき

Rotating plane by Mr. Nobuyoshi Enomoto

榎本宣吉《えのもとのぶよし》

月刊おりがみ「156号」掲載

くるくると、はやくまわりながらとびます。さきがとがっていてあぶないので、人のいないところでとばしましょう。

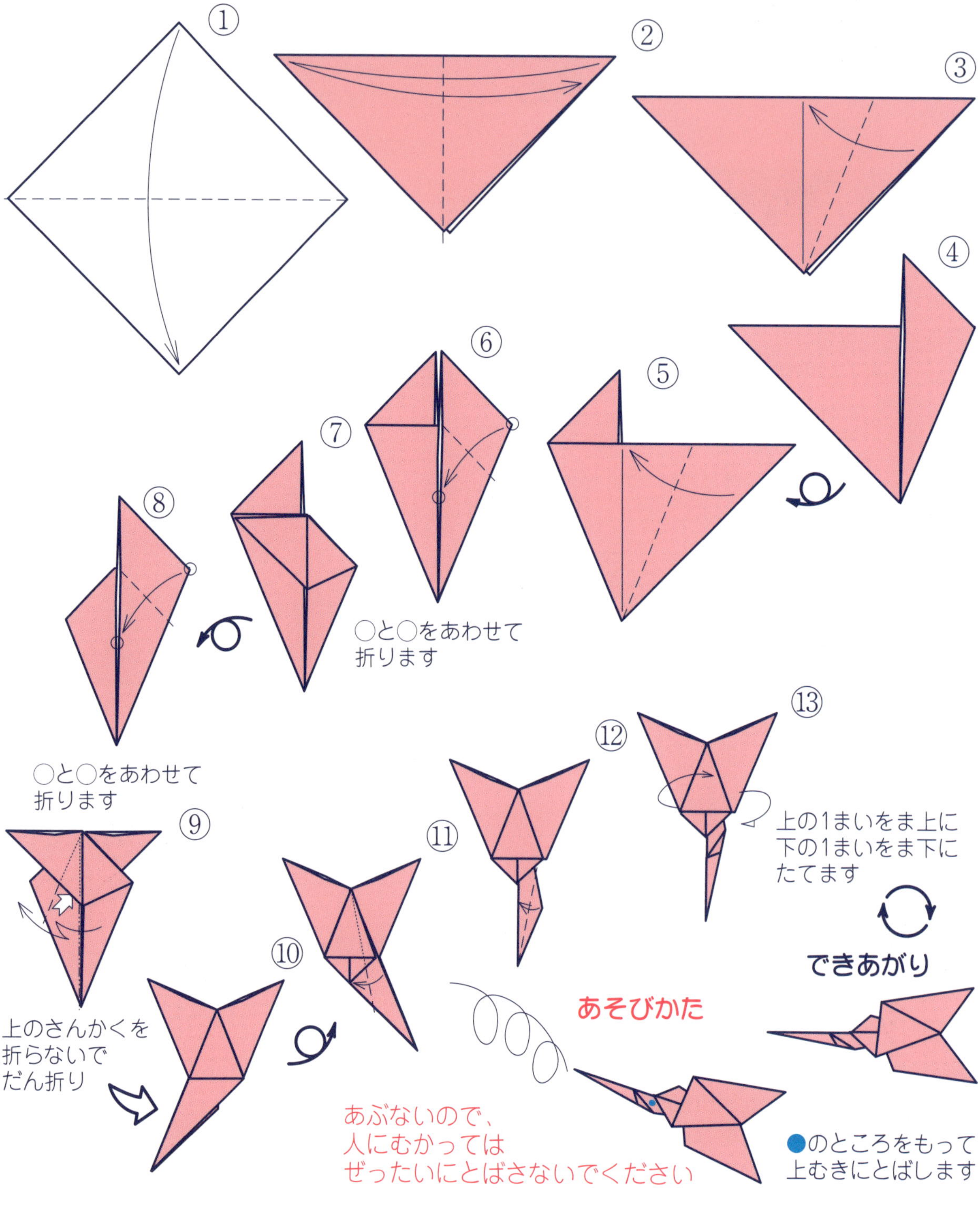
①
②
③
④
⑤
⑥
⑦
○と○をあわせて
折ります
⑧
○と○をあわせて
折ります
⑨
上のさんかくを
折らないで
だん折り
⑩
⑪
⑫
⑬
上の1まいをま上に
下の1まいをま下に
たてます
できあがり
あそびかた
あぶないので、
人にむかっては
ぜったいにとばさないでください
●のところをもって
上むきにとばします

かんたん

ほかけぶね (伝承《でんしょう》)

Sailboat (traditional model)

ふーふーとふいて、まえにすすませるヨットです。

はじめに「たこの基本形《きほんけい》」を折ります

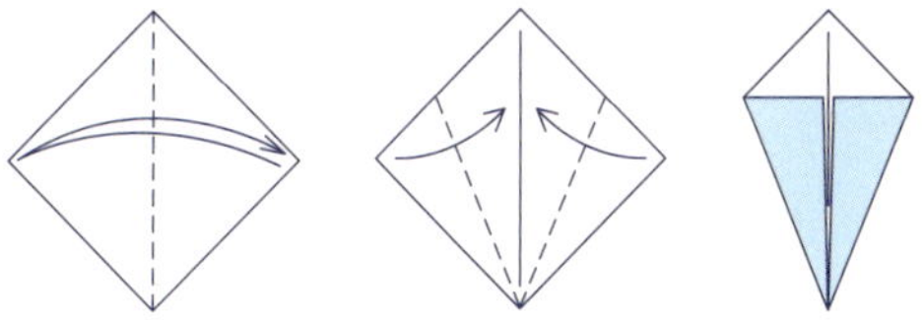

①

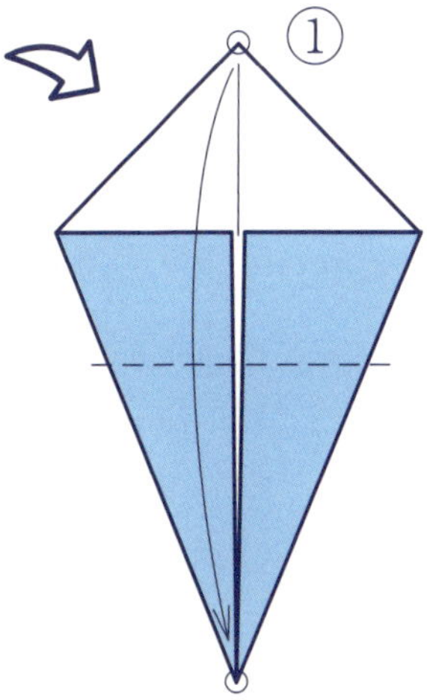

○と○をあわせて折ります

②

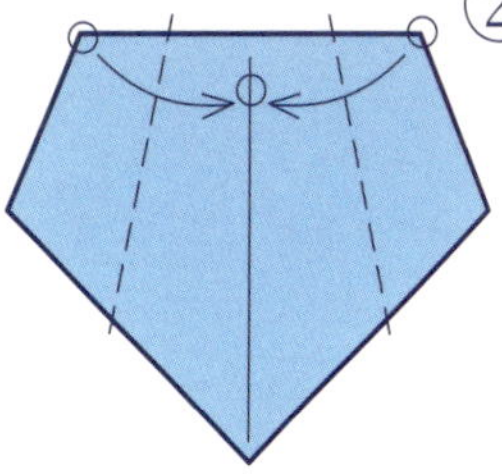

○と○をあわせて折ります

③

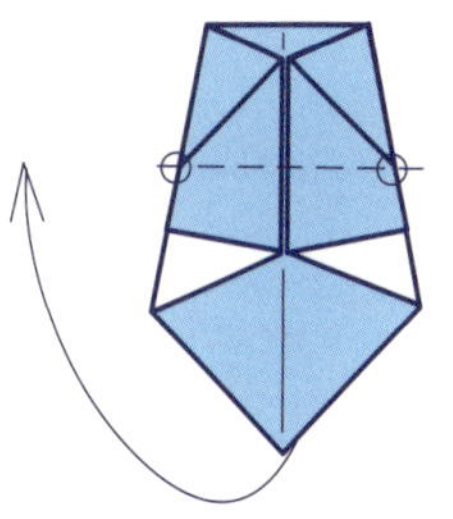

○をとおるせんで折ってたてます

できあがり

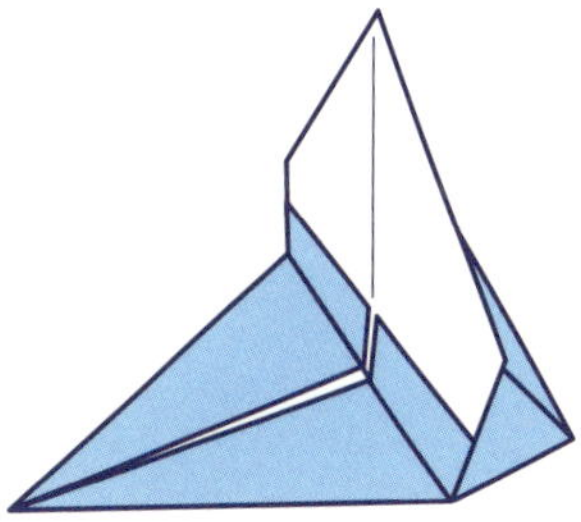

あそびかた

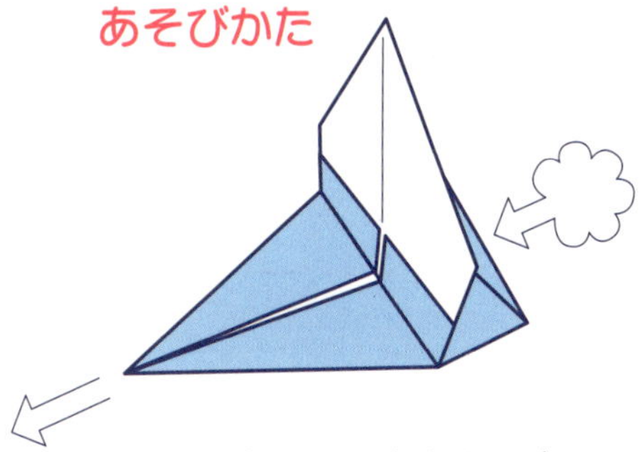

うしろからふうっとふくとまえにすすみます

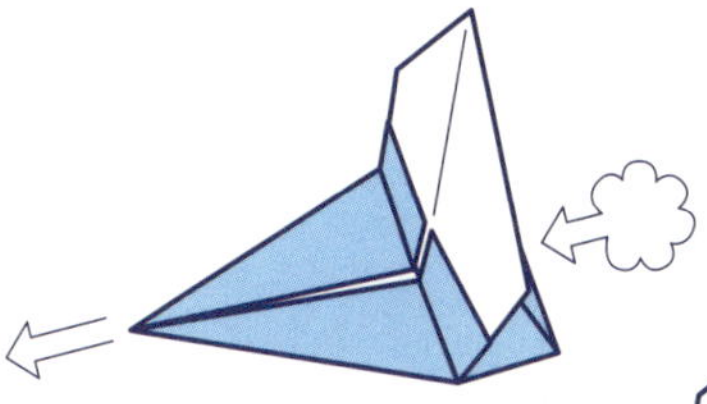

みんなできょうそうしましょう

むずかしい

重《かさ》ね吹《ふ》きゴマ

Piled blowing tops by Ms. Ayako Kawate

川手《かわて》章子《あやこ》

月刊おりがみ「326号」掲載

1つだけでもよくまわります。かさねるときは、15 cm角、13 cm角、10cm角、7.5cm角の4まいをつかっています。

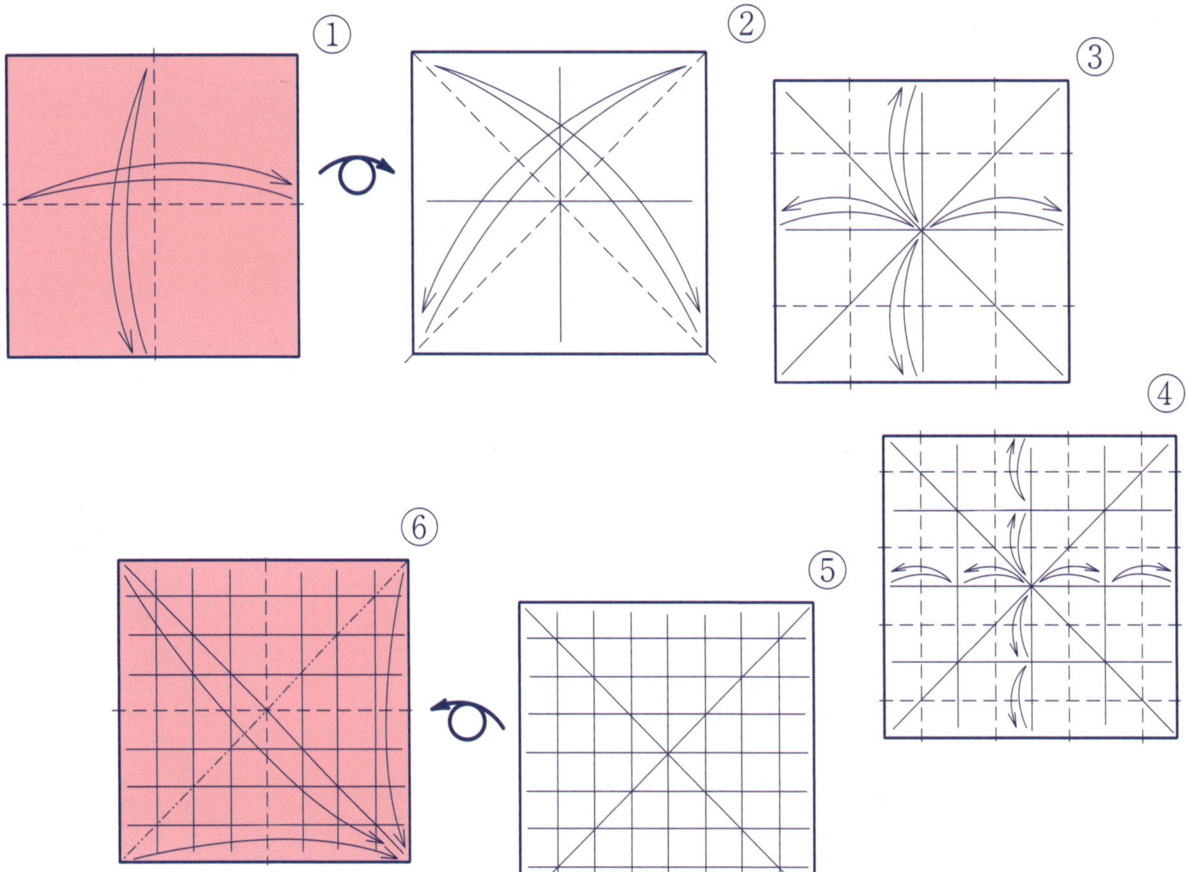

よせるように
折りたたみます

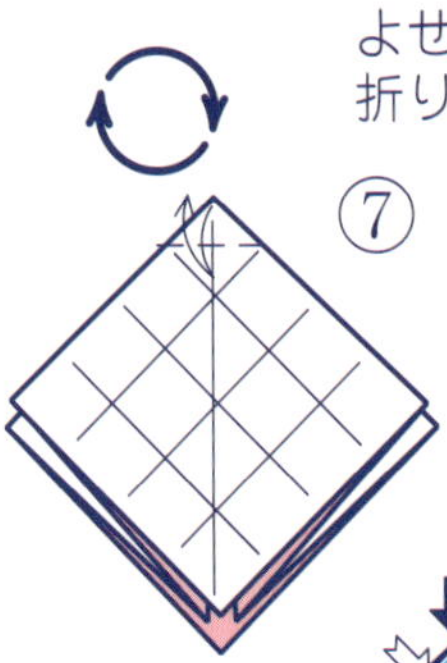

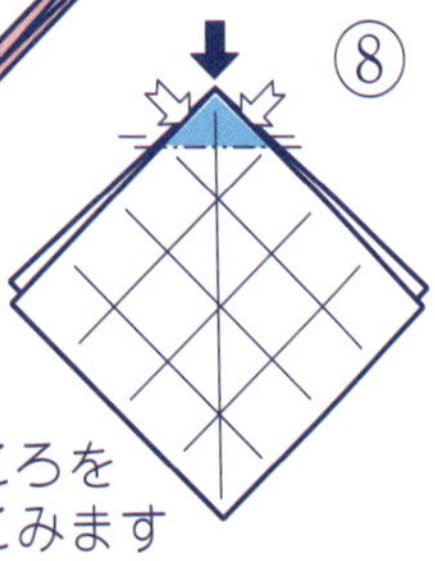

■のところを
中におしこみます

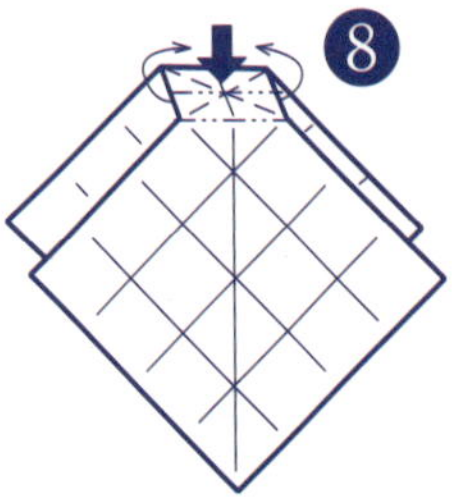

（とちゅうのようす）

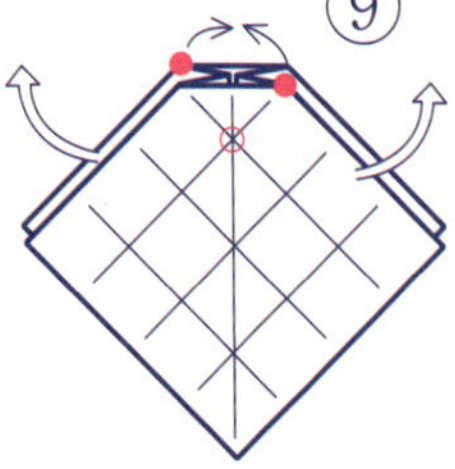

○をまん中にして
●と●をあわせるように
ひき上げます

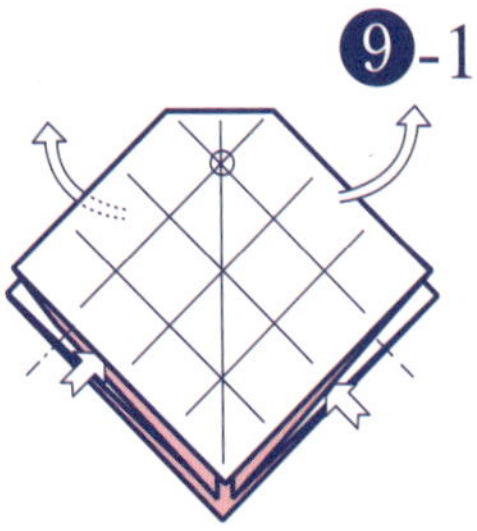

（すこし下から
みたところ）

9-2

（とちゅうのようす）

⑩

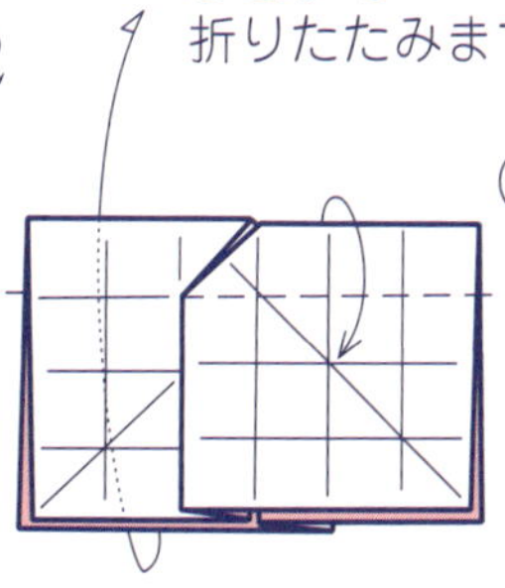

⑪

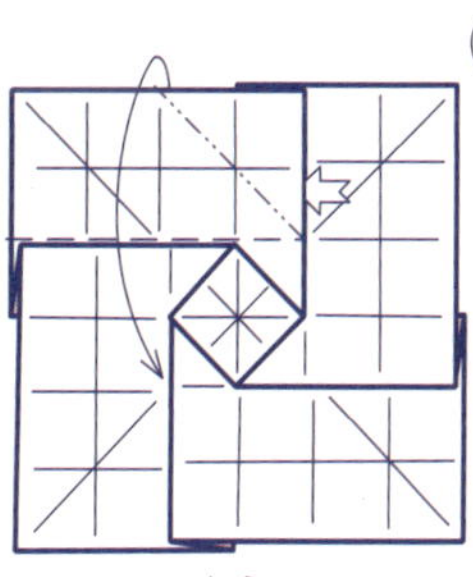

ひらいて
折りたたみます

⑫

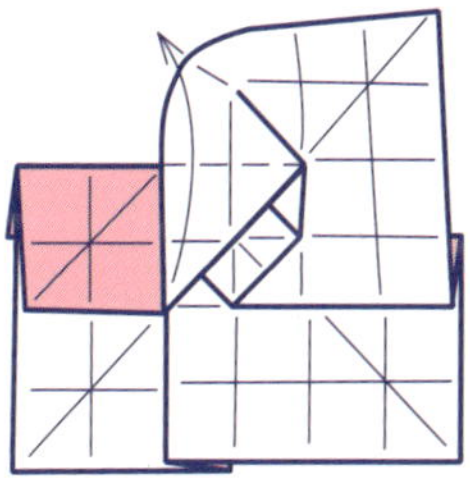

ひらきます

⑬

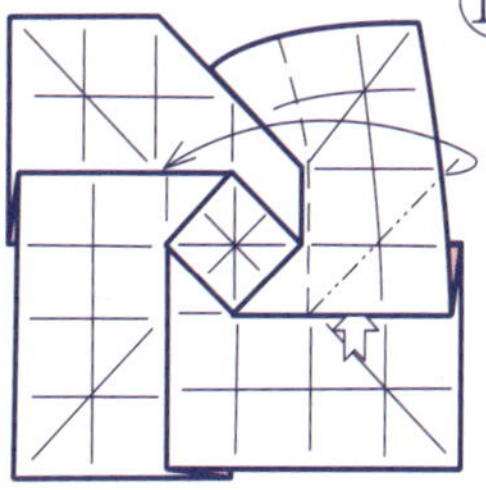

のこりの3かしょも
⑪⑫とおなじように
折ります

⑭

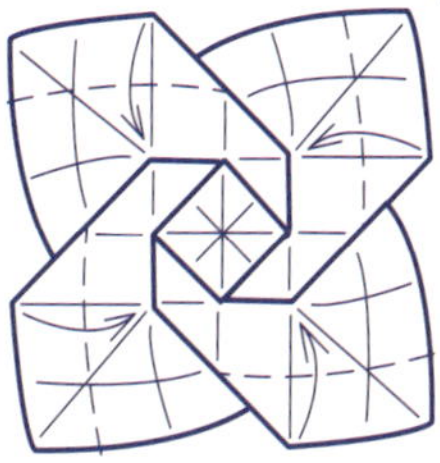

⑮

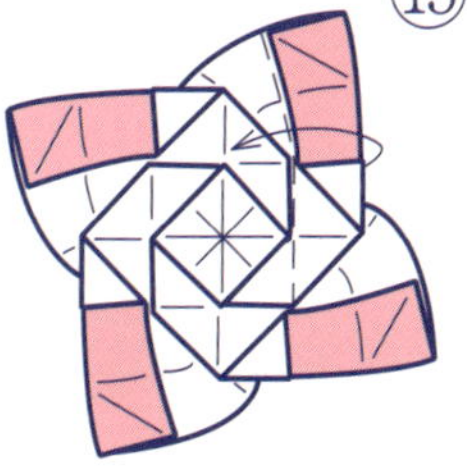

⑯

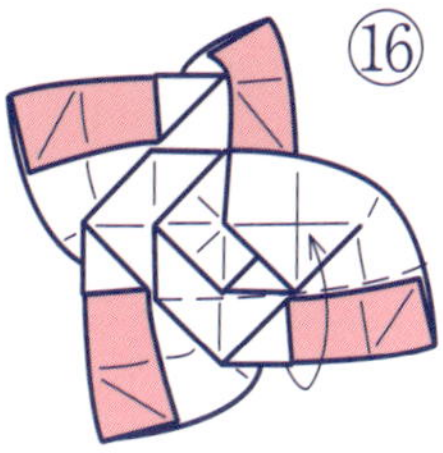

のこりの3かしょも
おなじように折ります

⑰

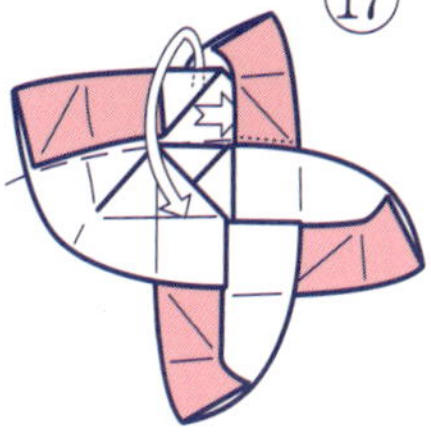

さいごの１かしょは
くぐるように
折ります

⑱

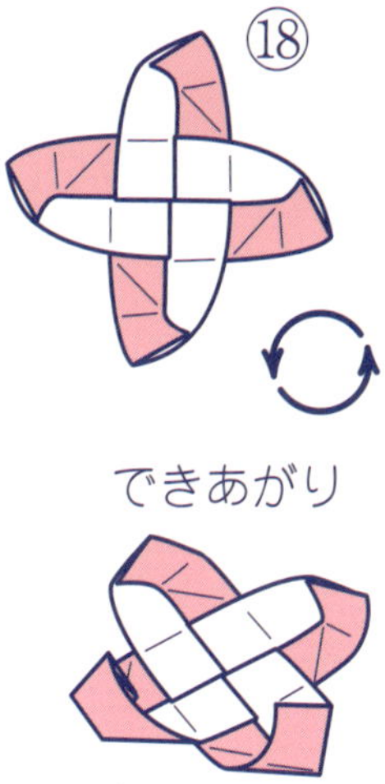

できあがり

●くみあわせかた●

1

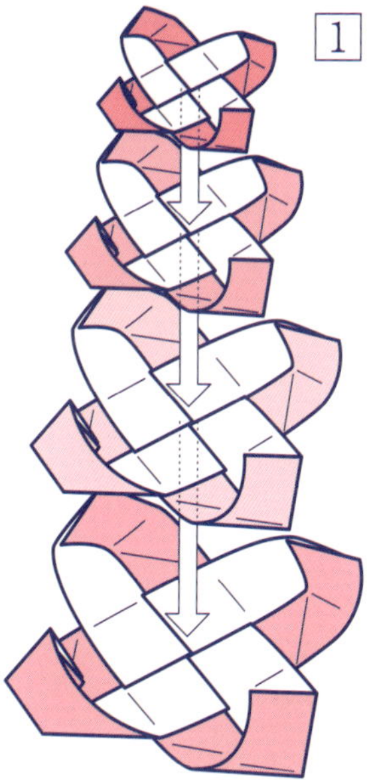

おおきさのちがう紙で
折ってかさねます

2

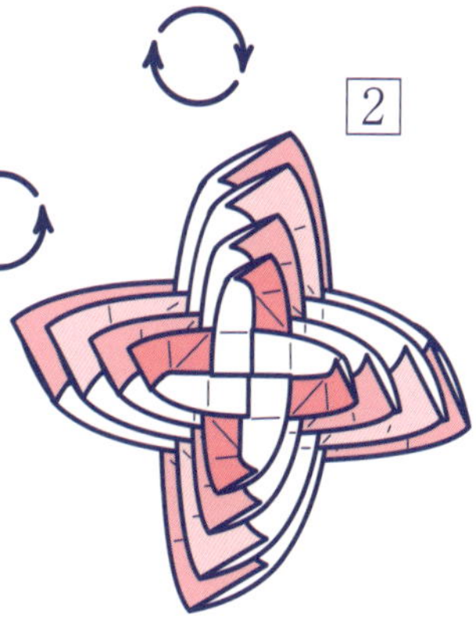

（上からみたところ）

できあがり

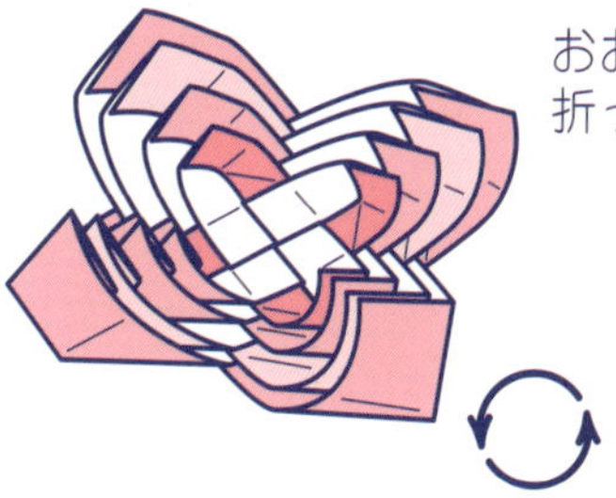

あそびかた

上からふいて
まわしましょう
1こでもくるくると
よくまわります

上からふいて
まわしましょう

かんたん

Cotton-con by Mr. Seiryō Takekawa

コットン・コン

竹川青良《たけかわせいりょう》

月刊おりがみ「74号」掲載

コットン・コンと音《おと》をたてて、でんぐりかえります。

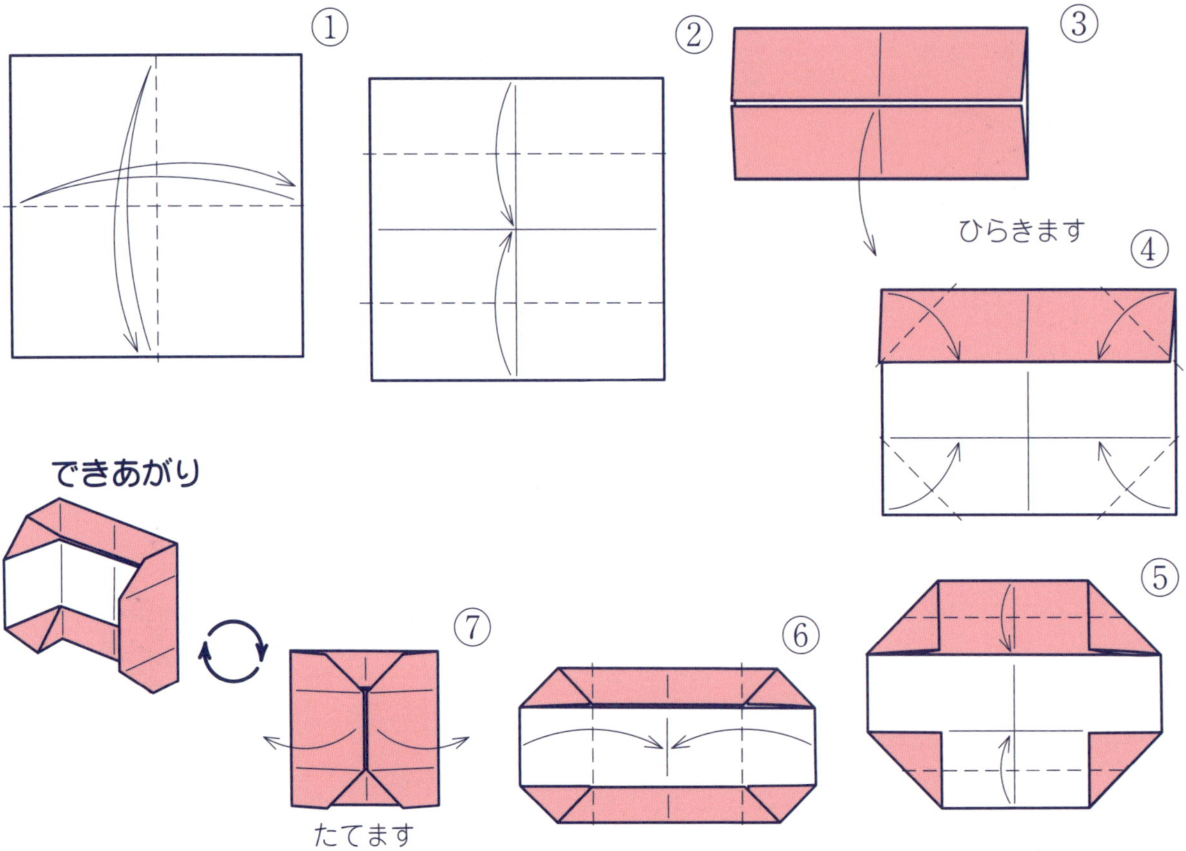

あそびかた

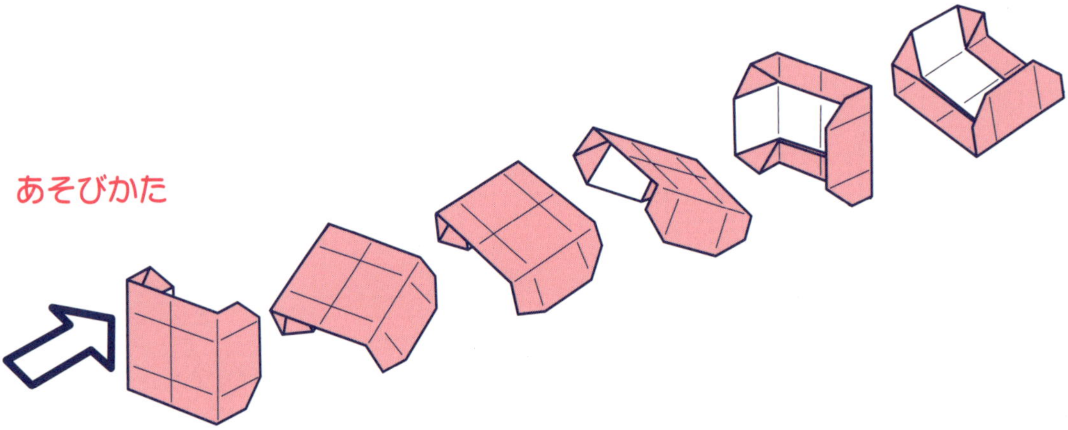

おもいほうを上にしておいて
やじるしのところをそっとおしてみましょう

ものしり ノア

あそべる折り紙作品《さくひん》を
たくさんのこした
竹川《たけかわ》 青良《せいりょう》さん

～“おあそび折り紙”のパイオニア・竹川青良さん～（月刊おりがみ「197号」より）

『私《わたし》の折《お》り紙《がみ》の第一《だいいち》の特徴《とくちょう》は、畳《たた》み方《かた》のわかり易《やす》くやさしい事《こと》であります。やさしいと言《い》う事《こと》は折《お》り方《かた》度数《どすう》の少《すく》ないと言《い》う事《こと》を申《もう》します。又《また》、中途半端《ちゅうとはんぱ》な折《お》り方《かた》は極力避《きょくりょくさ》け、点《てん》でも線《せん》でも何《なに》かに依《よ》って折《お》ってあります。第二番目《だいにばんめ》には出《で》来《き》上《あ》がった折《お》り紙作品《がみさくひん》が動《うご》き、玩具《がんぐ》としてたとえそれが短時間《たんじかん》であっても、もてあそぶ事《こと》が出来《でき》る作品《さくひん》が多くあり、それを「おあそび折《お》り紙《がみ》」と名《な》付《づ》けております。即《すなわ》ち折《お》り上《あ》がったところが出発点《しゅっぱつてん》なのでそれから色々《いろいろ》のモーションを折《お》り紙《がみ》が演《えん》じてくれて、子供《こども》同志《どうし》、又《また》は先生《せんせい》と園児《えんじ》、母《はは》と子等《こなど》の遊《あそ》びに役立《やくだ》つことを目的《もくてき》としております。附言《ふげん》する事《こと》と致《いた》しましては普通《ふつう》の折《お》り紙用紙《がみようし》を使《つか》い、糊鋏《のりはさみ》を使用《しよう》せず、只人物動物等《ただじんぶつどうぶつなど》、目鼻《めはな》のいる時《とき》だけクレパスで一寸《ちょっと》描《か》く位《くらい》です。結論《けつろん》づければ、リアルに色々《いろいろ》の形態《けいたい》を表現《ひょうげん》してもそれは完成《かんせい》したものが、あくまで静止《せいし》したものであり、私《わたし》の「おあそび折《お》り紙《がみ》」は完成《かんせい》を出発点《しゅっぱつてん》として更《さら》にプレーにまで一歩《いっぽ》進《すす》めた点《てん》を特徴《とくちょう》と申《もう》せましょうか』(「おあそび折《お》り紙《がみ》」は後《のち》に「うごく折《お》り紙《がみ》」と名称《めいしょう》を改《あらた》めました。)

竹川青良《たけかわせいりょう》

1907年－1983年。京都府生まれ。旧高等女学院図書教員、各幼稚園美育指導に従事。折り紙作家、日本画家、元日本折紙協会理事。月刊「おりがみ」に作品掲載多数ほかコラム「折紙春秋《おりがみしゅんじゅう》」連載。

コットン・コロコロコロ

考案《こうあん》：小林俊彦《こばやしとしひこ》

Cotton-korokorokoro
idea by Mr. Toshihiko Kobayashi

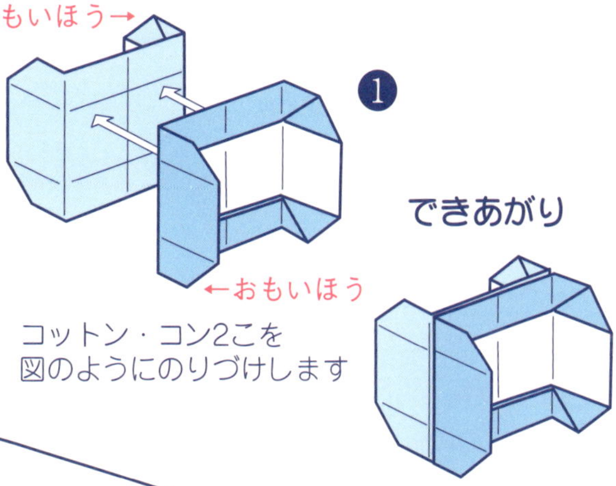

コットン・コン2こを
図のようにのりづけします

あそびかた

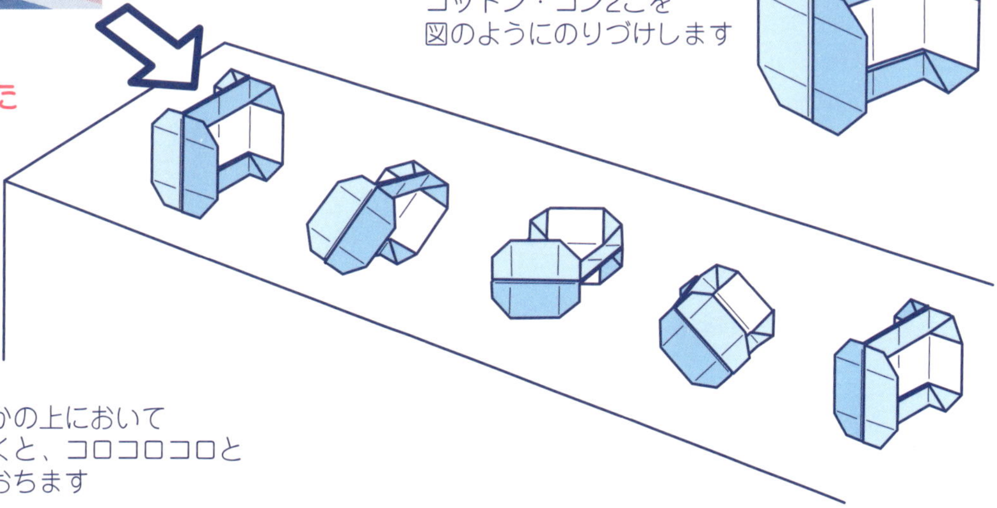

ゆるいさかの上においてトンとつくと、コロコロコロところがりおちます

ふつう

風車《かざぐるま》

Pinwheel arranged by Mr. Yoshinobu Fujioka

アレンジ：藤岡善信《ふじおかよしのぶ》

月刊おりがみ「15号」掲載

伝承《でんしょう》の「はねつきふうせん」のアレンジです。たけぐしなどのほそいぼうをつかいます。

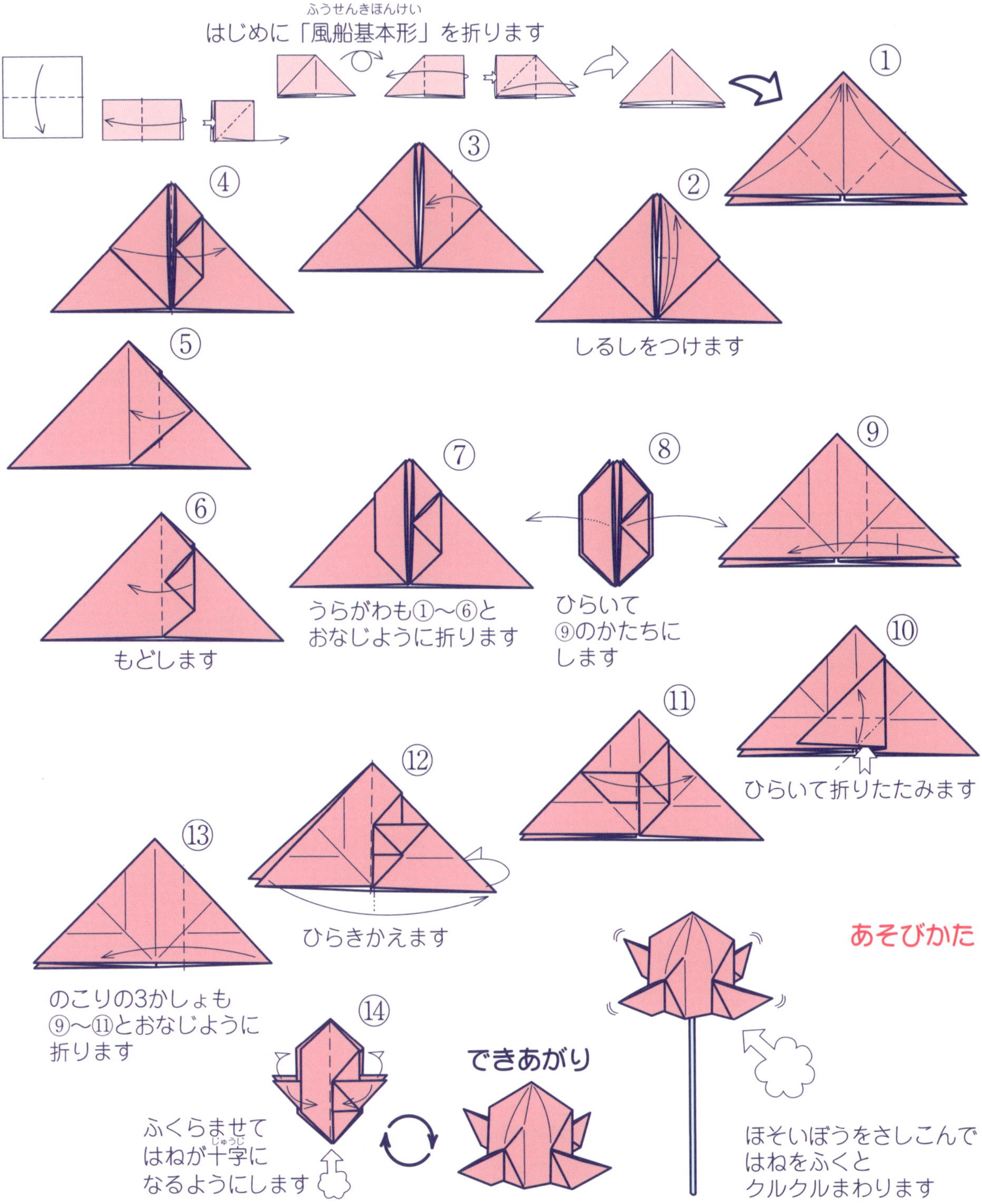
はじめに「風船基本形《ふうせんきほんけい》」を折ります
①
②
しるしをつけます
③
④
⑤
⑥
もどします
⑦
うらがわも①〜⑥と
おなじように折ります
⑧
ひらいて
⑨のかたちに
します
⑨
⑩
ひらいて折りたたみます
⑪
⑫
ひらきかえます
⑬
のこりの3かしょも
⑨〜⑪とおなじように
折ります
⑭
ふくらませて
はねが十字《じゅうじ》に
なるようにします
できあがり
あそびかた
ほそいぼうをさしこんで
はねをふくと
クルクルまわります

Chattering crow by Mr. Kōya Ōhashi

かんたん

おしゃべりからす

大橋《おおはし》晧也《こうや》

月刊おりがみ「159号」「206号」掲載

おしゃべりとおしょくじが、だいすきなからすです。

はじめに「魚《さかな》の基本形《きほんけい》Ⅱ」を折ります

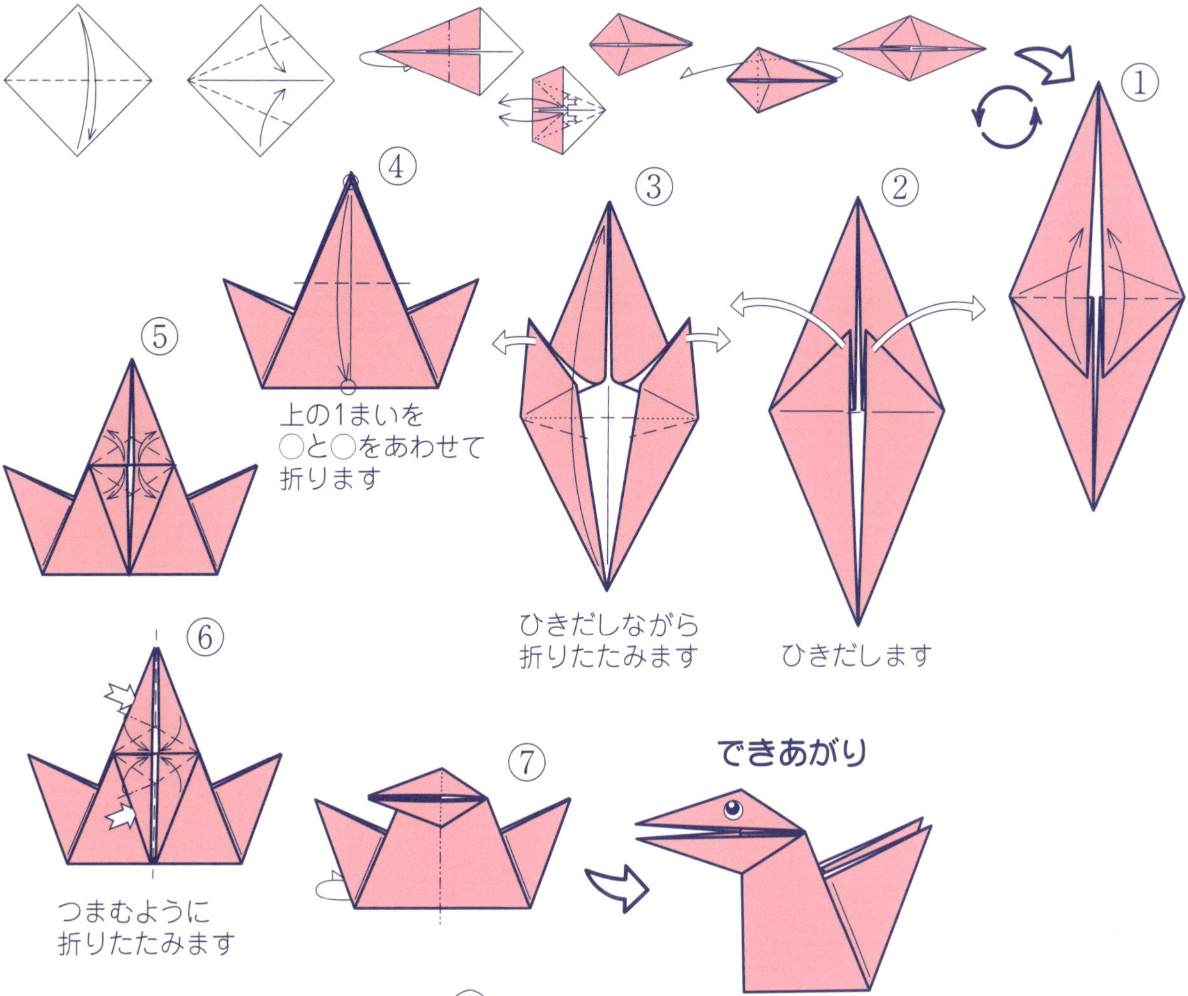

①
②
ひきだします
③
ひきだしながら
折りたたみます
④
上の1まいを
○と○をあわせて
折ります
⑤
⑥
つまむように
折りたたみます
⑦
できあがり
目をかきましょう

あそびかた

紙をまるめたものなど
まるいものを、クチバシで
つまんでみましょう

両手《りょうて》でもって
うごかすとおしゃべりします

おしゃべり

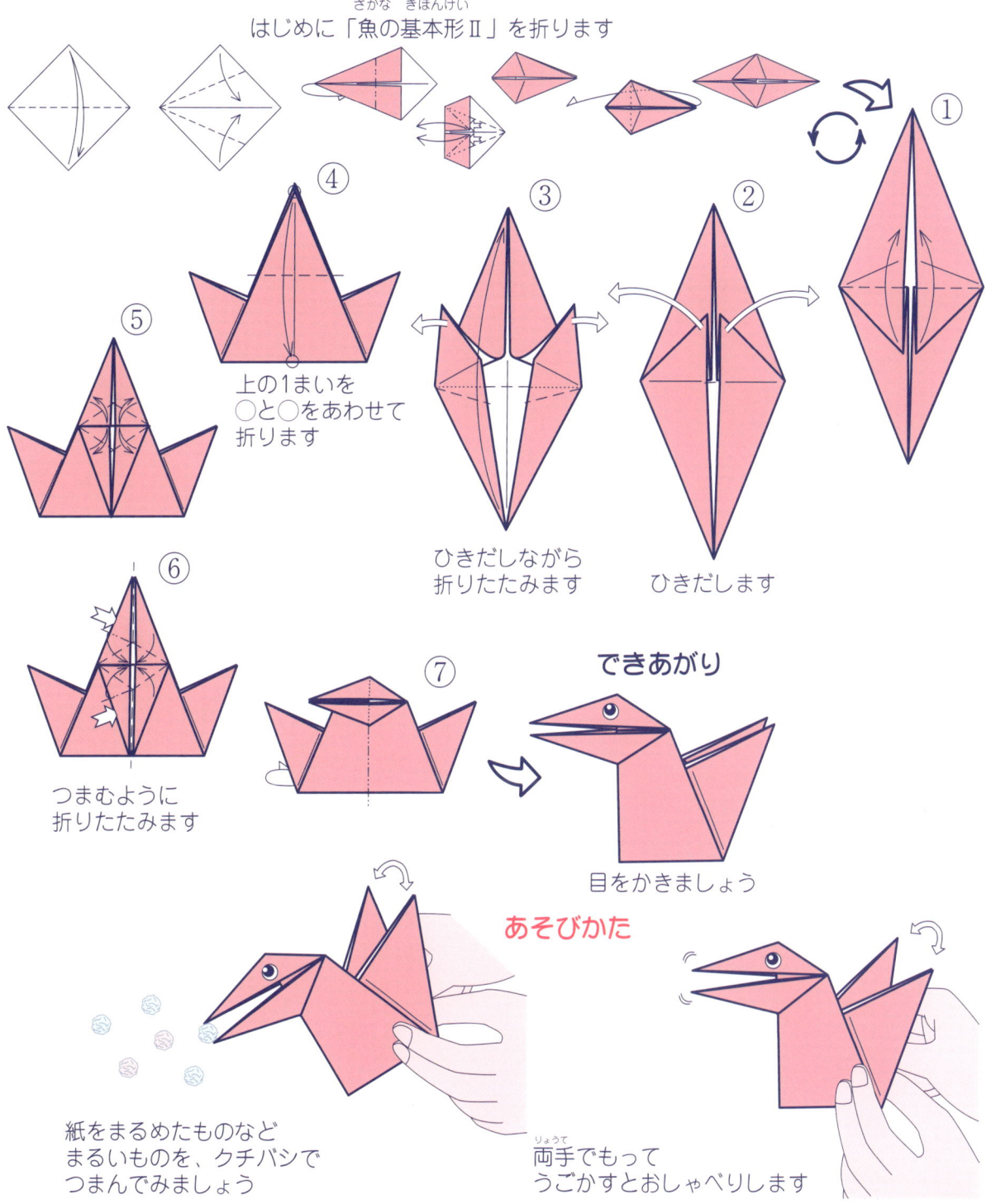

むずかしい

パクパク魚《さかな》

Kissing fish arranged by Mr. Junior Jacquet

アレンジ：ジュニオール・ジャケ
（フランス）

月刊おりがみ「352号」掲載

原作《げんさく》は折り紙作家《さっか》の前川《まえかわ》 淳《じゅん》さんの「ピラニア」です。ピラニアのするどい口を、ユーモラスな「キスをする魚」の口にかえてあります。

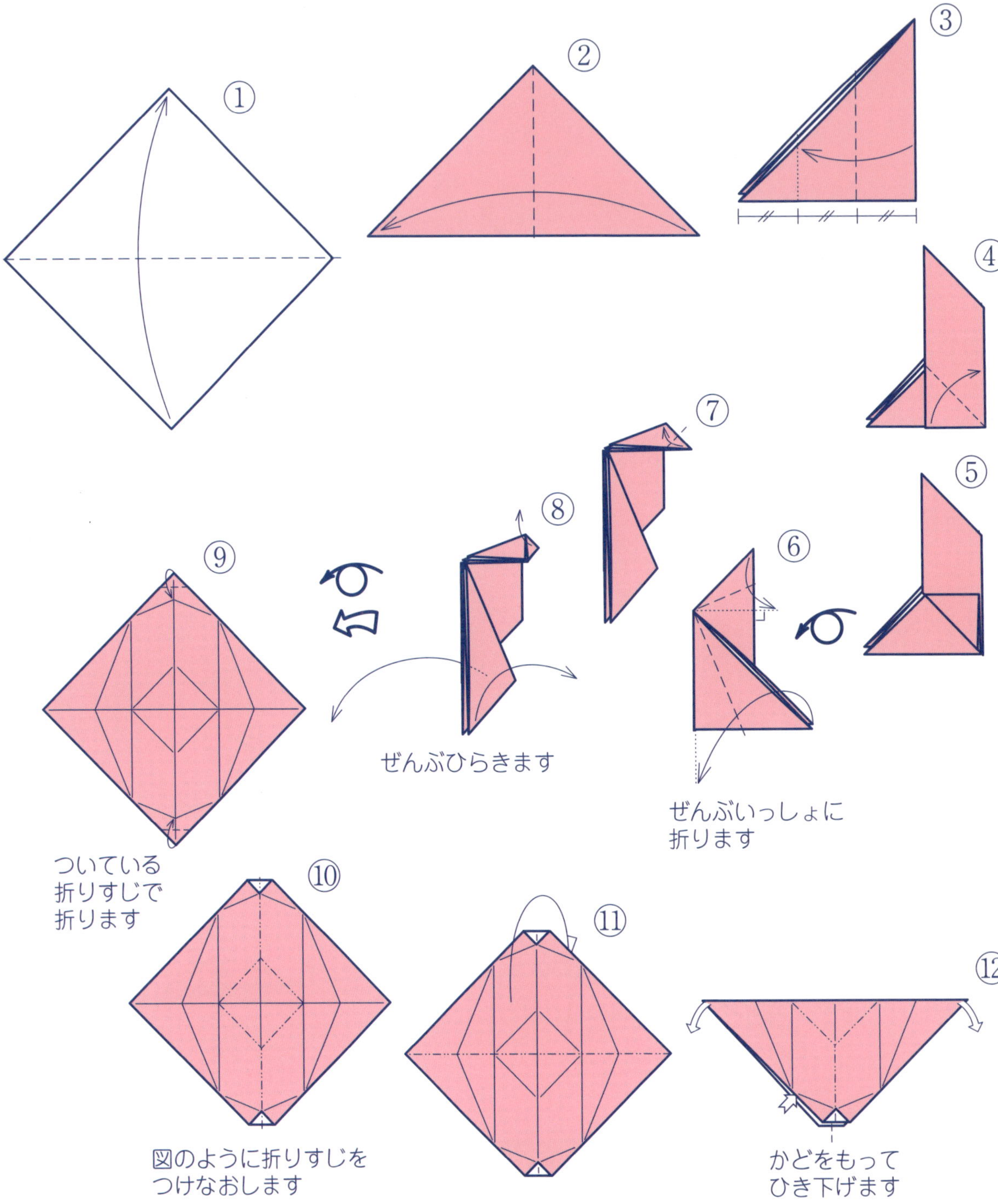

①
②
③
④
⑤
⑥
ぜんぶいっしょに
折ります
⑦
⑧
ぜんぶひらきます
⑨
ついている
折りすじで
折ります
⑩
図のように折りすじを
つけなおします
⑪
⑫
かどをもって
ひき下げます

もっと おって あそぼう!!

69ページのくるんくるんであそびましょう！

くるんくるんまわして、しゃしんのかたちにします
たてると、ころがしてあそべるよ！

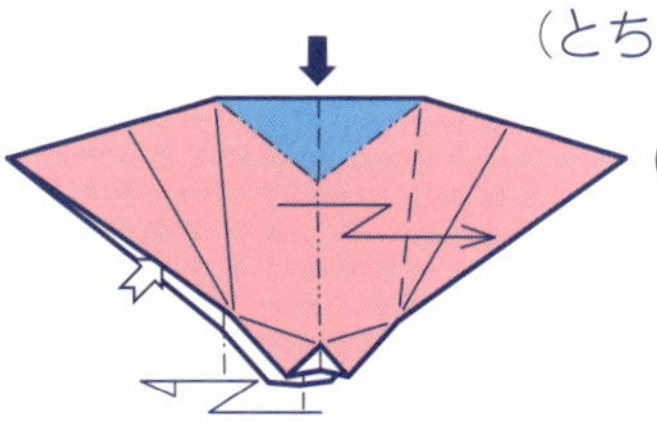

⑬

のところをおしこんで
だん折りしながら折りたたみます

❸

（とちゅうのようす）

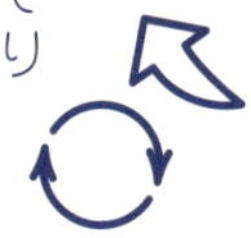

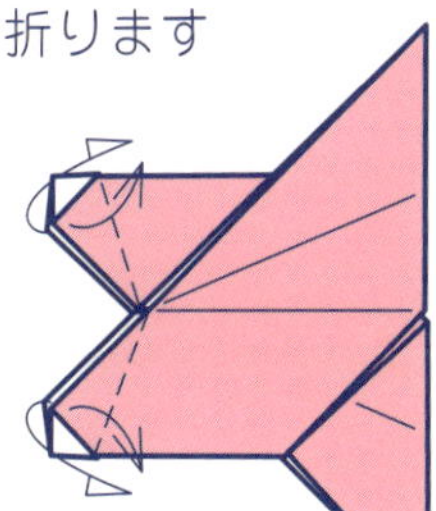

⑭

ついている
折りすじで
かぶせ折り

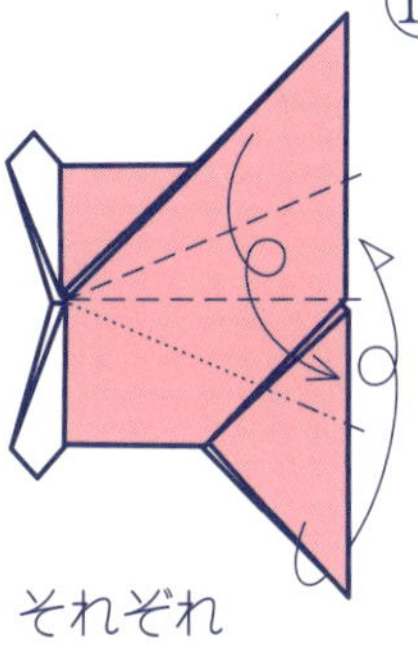

⑮

それぞれ
まくように
折ります

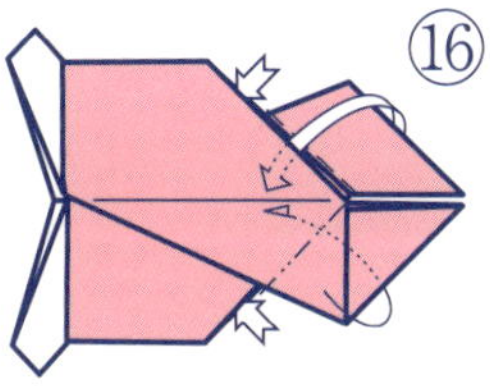

⑯

うちがわに
ひねるように折って
さしこみます

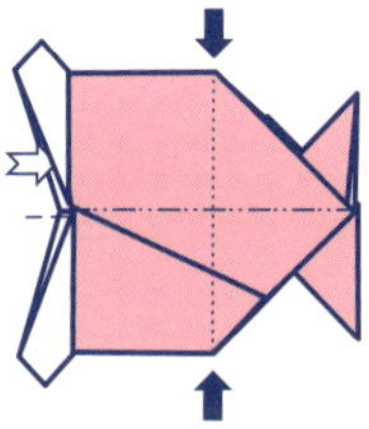

⑰

中をひろげて
ふくらませます

（中をみたところ）❼

中のかさなりを
どちらかによせます

できあがり

目をかきましょう

あそびかた

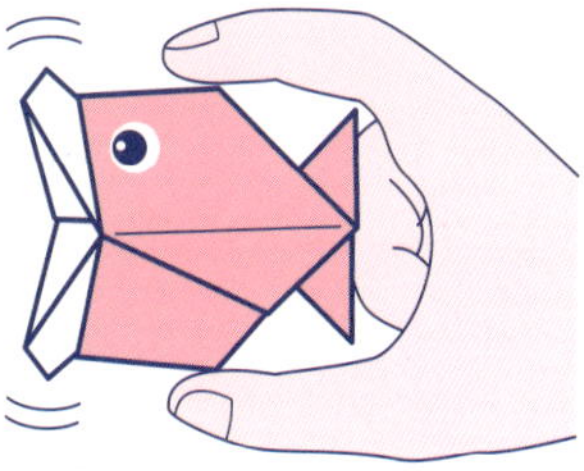

ゆびでおすと、口をぱくぱくします

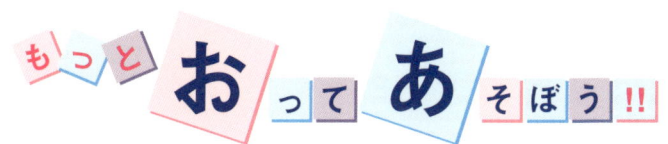

Wagging and bowwow arranged by Mr. Taichirō Hasegawa

むずかしい

ふりふりわんわん（よろこぶ犬《いぬ》）

月刊おりがみ「362号」掲載　アレンジ：長谷川《はせがわ》太市郎《たいちろう》

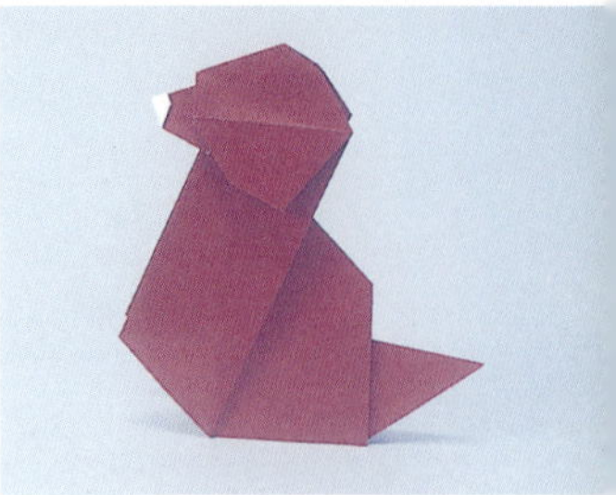

原作《げんさく》はイギリスの折り紙作家《さっか》ポール・ジャクソンさんの「ほえる犬《いぬ》」です。よろこんでしっぽをふる犬になりました。

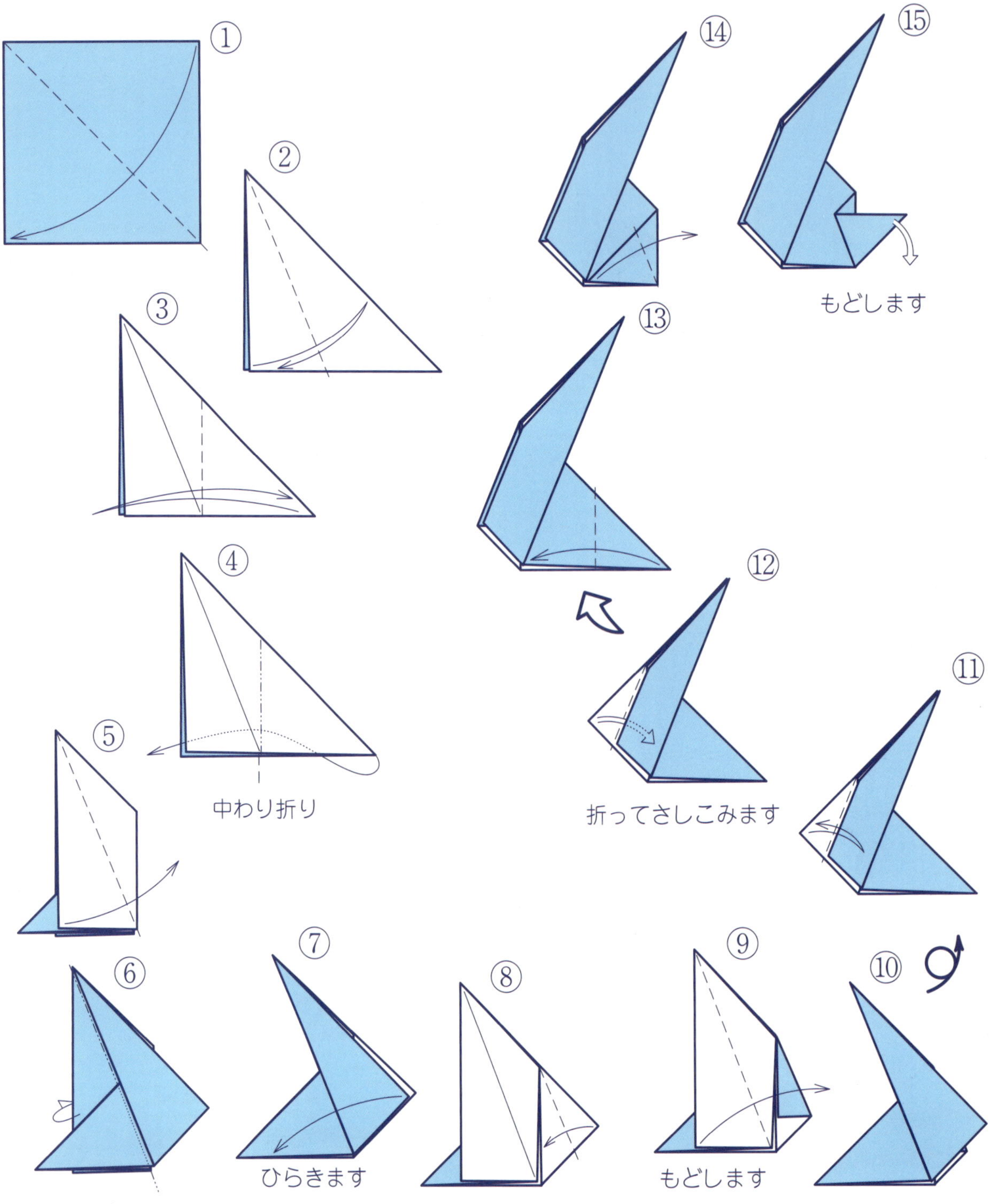

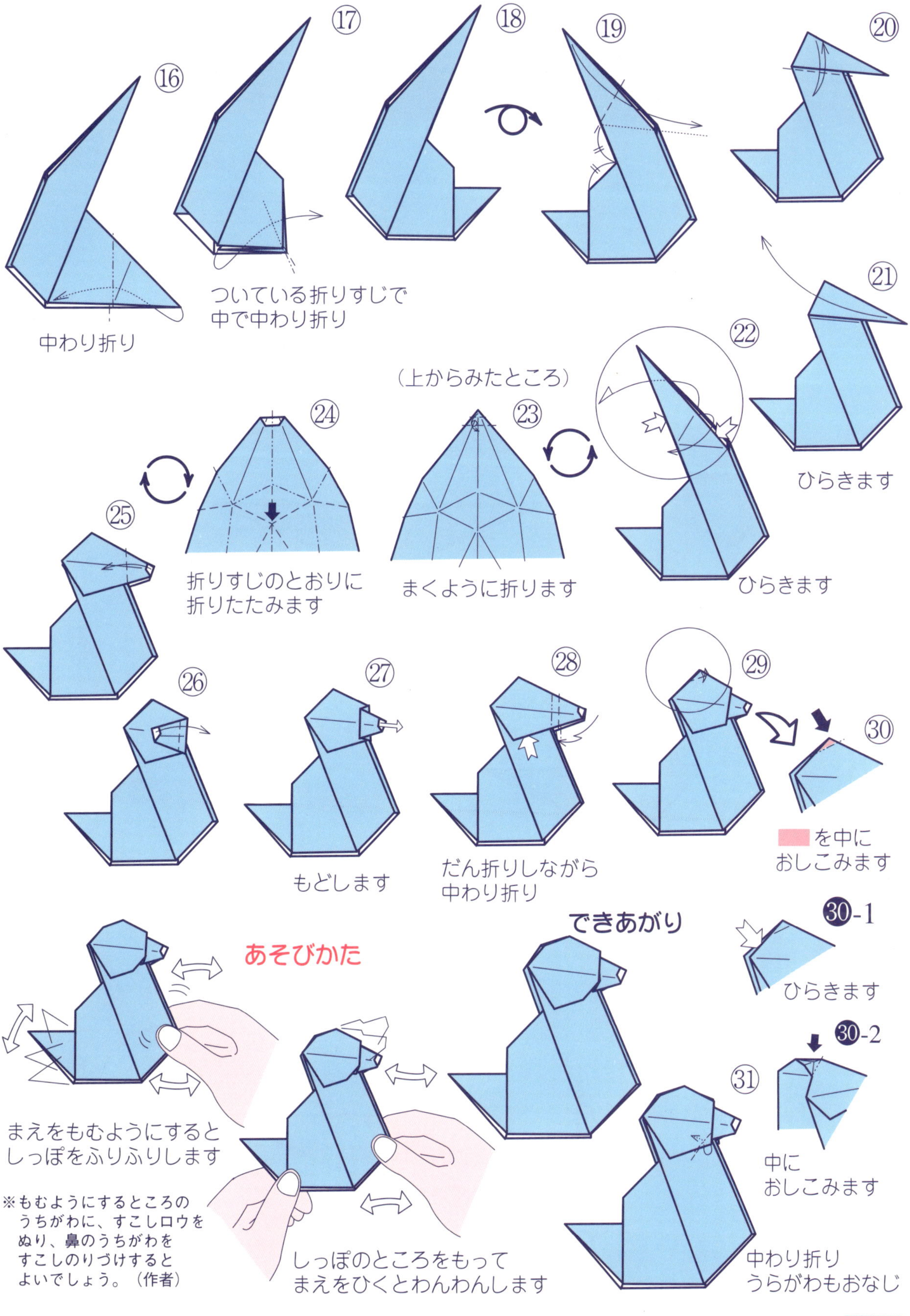
⑯
中わり折り
⑰
ついている折りすじで
中で中わり折り
⑱
⑲
⑳
㉑
ひらきます
㉒
ひらきます
（上からみたところ）
㉓
まくように折ります
㉔
折りすじのとおりに
折りたたみます
㉕
㉖
㉗
もどします
㉘
だん折りしながら
中わり折り
㉙
㉚
を中に
おしこみます
30-1
ひらきます
30-2
中に
おしこみます
㉛
中わり折り
うらがわもおなじ
できあがり
あそびかた
まえをもむようにすると
しっぽをふりふりします
※もむようにするところの
うちがわに、すこしロウを
ぬり、鼻のうちがわを
すこしのりづけすると
よいでしょう。（作者）
しっぽのところをもって
まえをひくとわんわんします

Chatting and flapping chick by Mr. Masatsugu Tsutsumi

むずかしい

おしゃべりパタパタひよこ

堤《つつみ》 政継《まさつぐ》

月刊おりがみ「211号」掲載

はねをパタパタさせながら、ピヨピヨとおしゃべりする元気《げんき》いっぱいのひよこです。

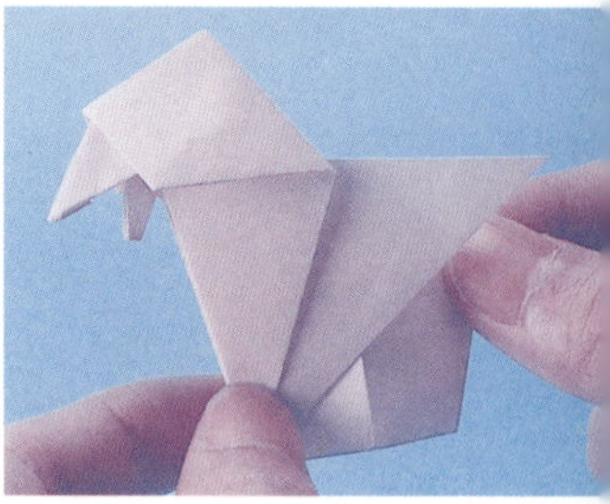

はじめに「魚《さかな》の基本形《きほんけい》Ⅱ」を折ります

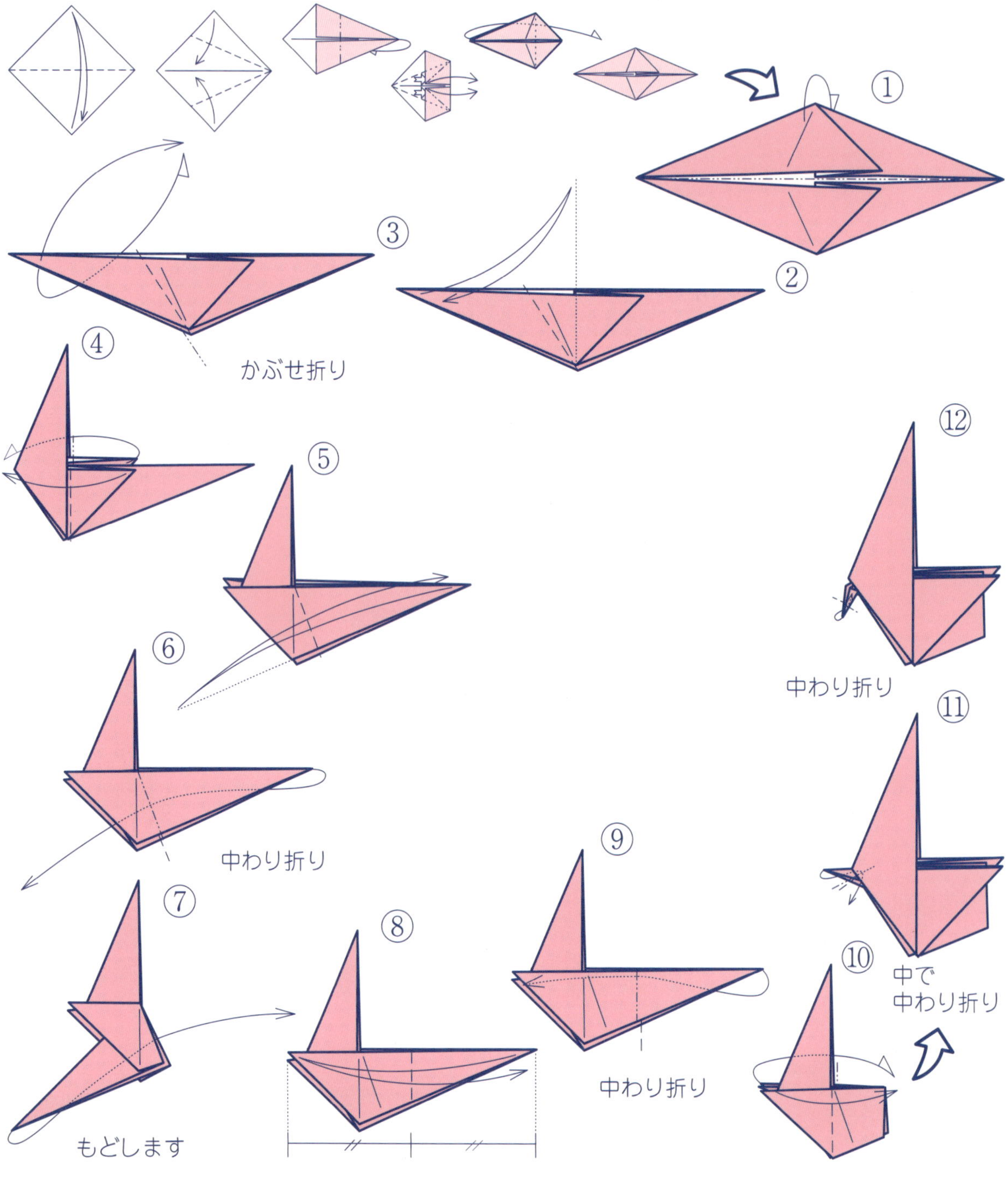
①
②
③
かぶせ折り
④
⑤
⑥
中わり折り
⑦
もどします
⑧
⑨
中わり折り
⑩
⑪
中で
中わり折り
⑫
中わり折り

⑬

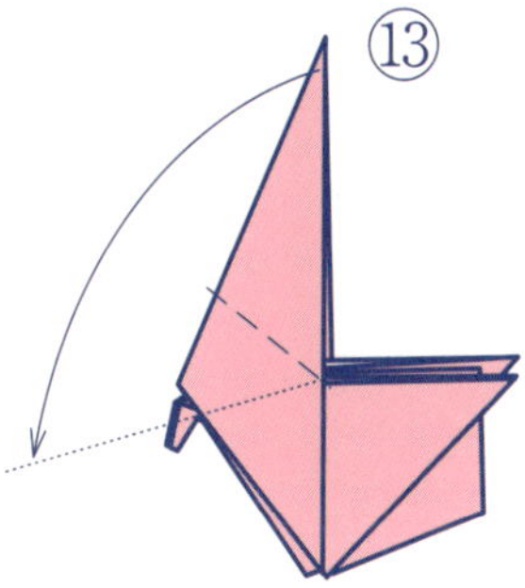

⑭

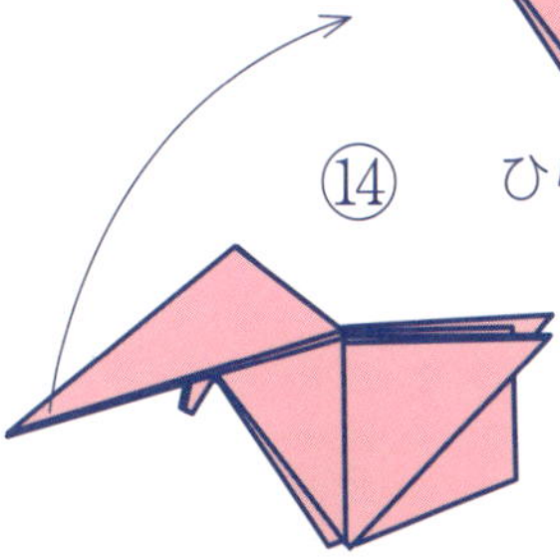

もどします

⑮

ひらきます

⑯

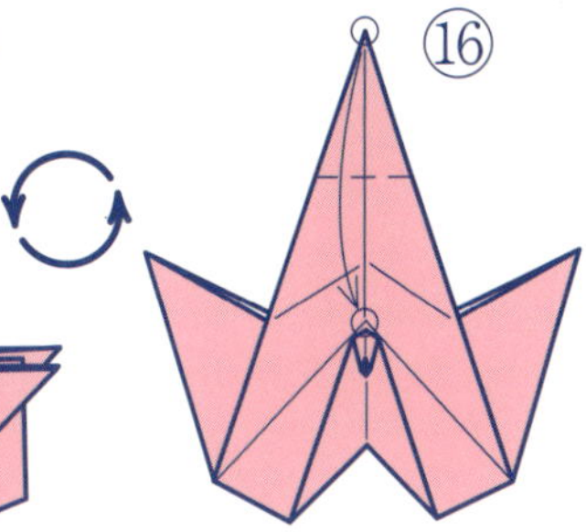

○と○をあわせて
折ります

⑰

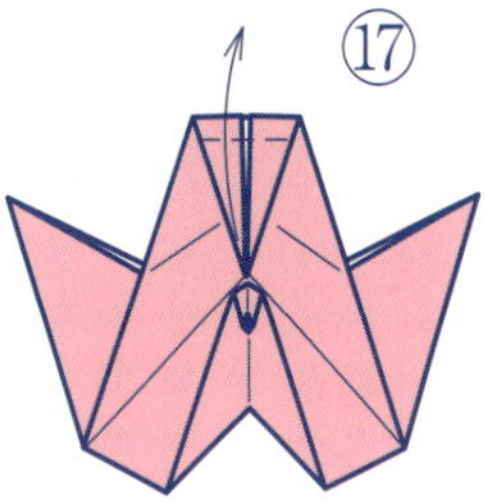

⑱

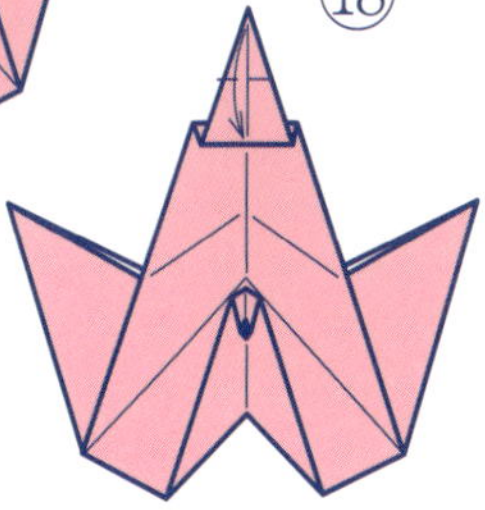

⑲

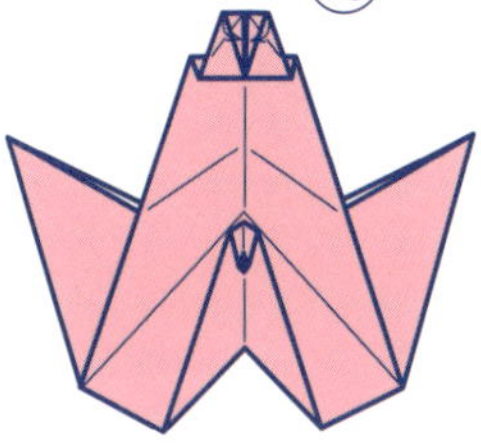

⑳

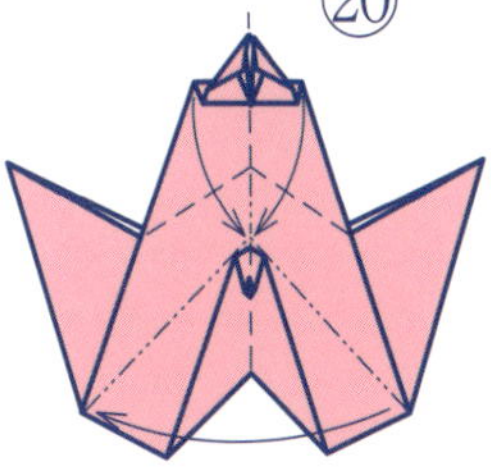

ついている折りすじを
つかって折りたたみます

㉑

すこし下げます

㉒

だん折り
うらがわもおなじ

できあがり

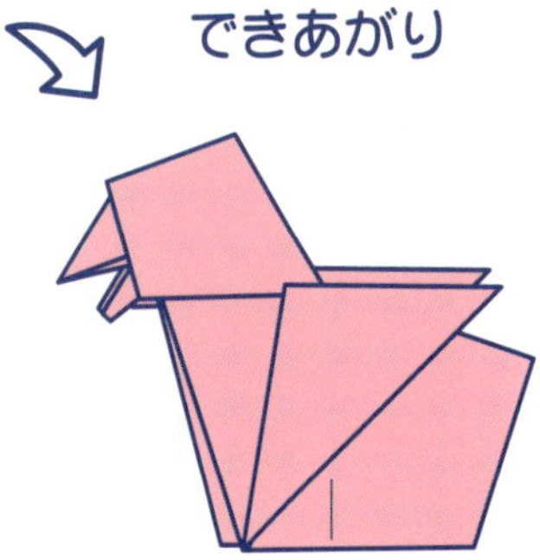

あそびかた

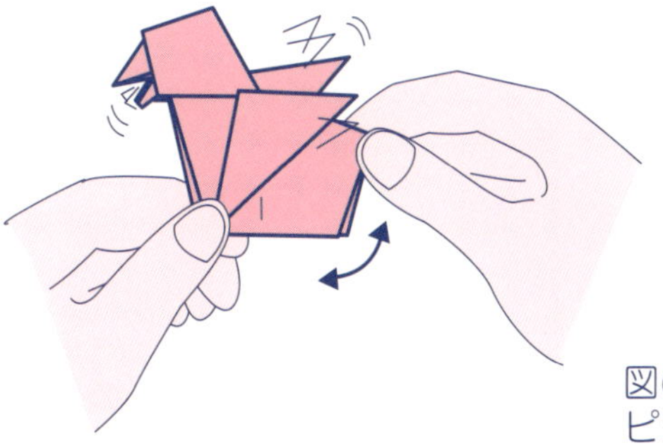

図のようにもってうごかすと
ピヨピヨおしゃべりし、
はねがパタパタします

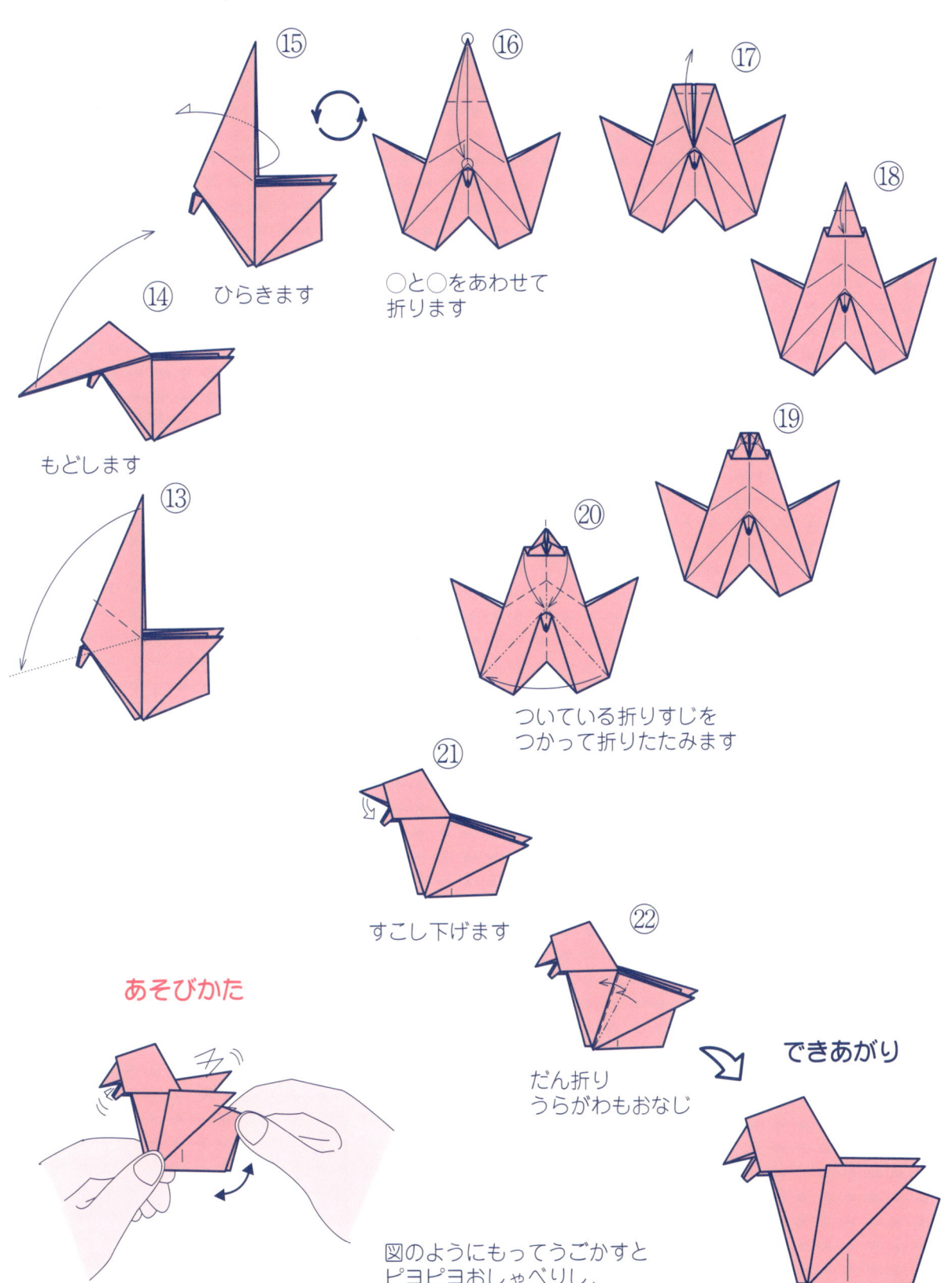

ふつう

ぱくぱく蛙《かえる》

Talking frog by Mr. Teruo Tsuji

辻《つじ》 昭雄《てるお》

月刊おりがみ「211号」掲載

たくさんならべて、かえるの合唱団《がっしょうだん》をつくっても、たのしいでしょう。

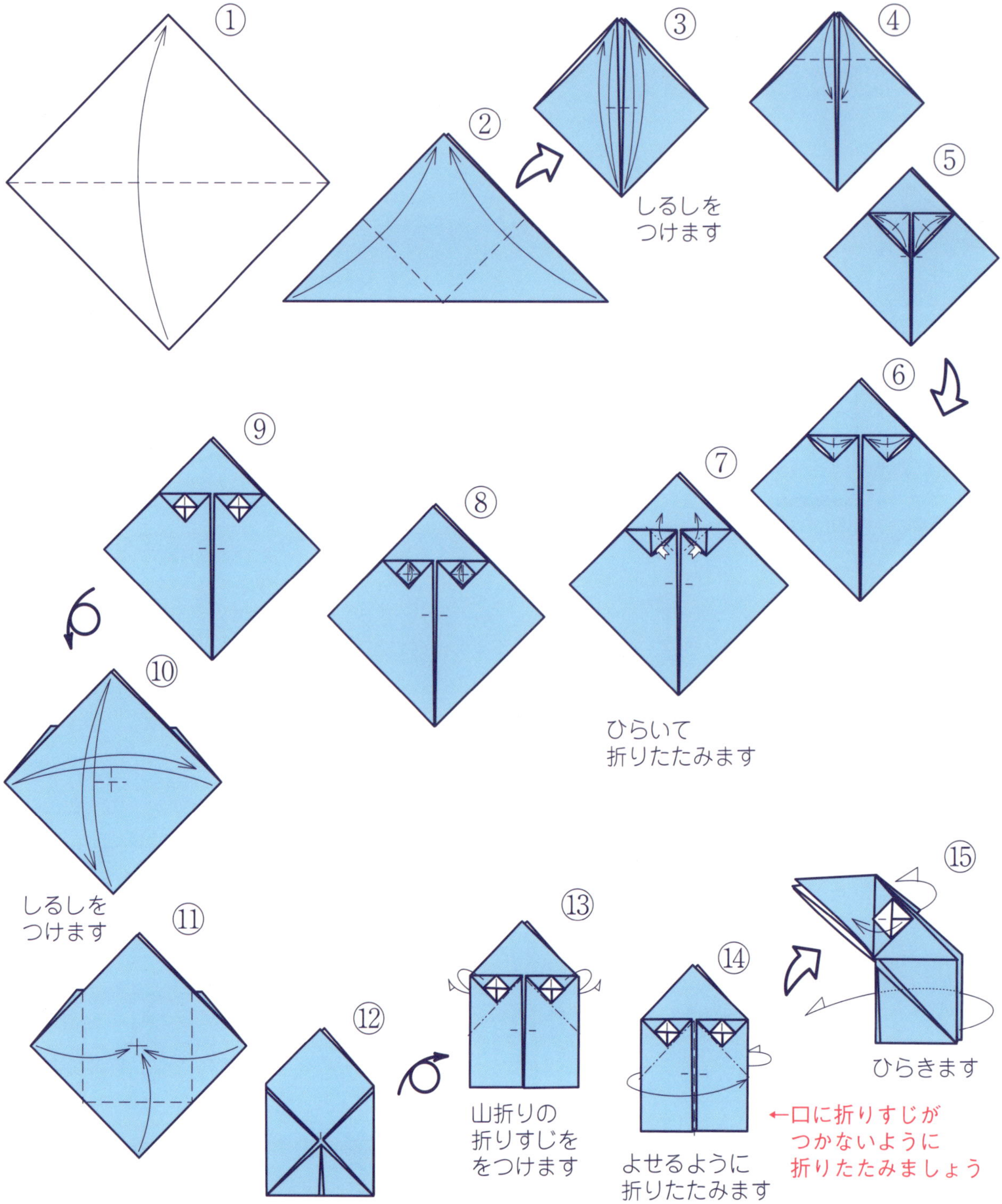
①
②
③
しるしを
つけます
④
⑤
⑥
⑦
ひらいて
折りたたみます
⑧
⑨
⑩
しるしを
つけます
⑪
⑫
⑬
山折りの
折りすじを
をつけます
⑭
よせるように
折りたたみます
←口に折りすじが
つかないように
折りたたみましょう
⑮
ひらきます

かんたん

ちょう

Butterfly by Mr. Saburō Kase

加瀬《かせ》三郎《さぶろう》

月刊おりがみ「259号」掲載

4ステップで折れるちょうです。

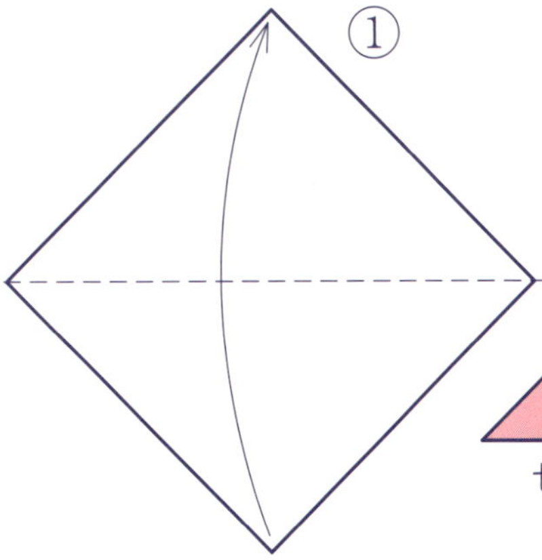

①

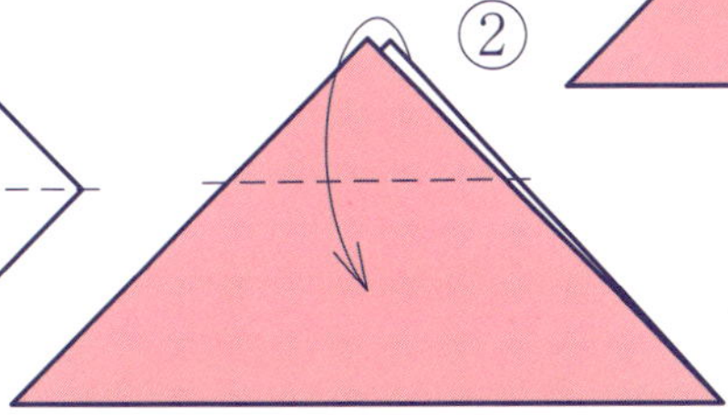

②

ぜんぶいっしょに折ります

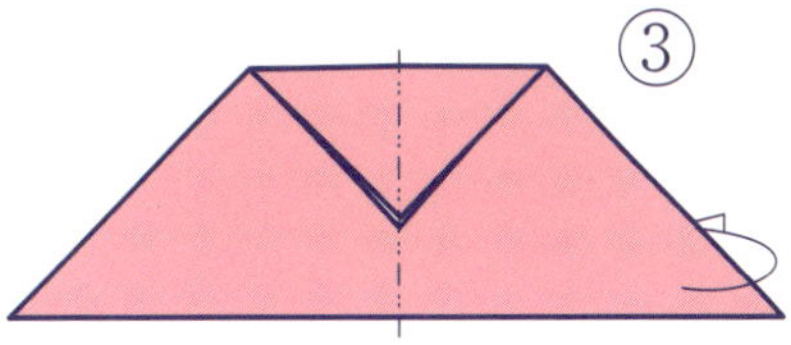

③

④

つまんでずらすように
折ります

あそびかた

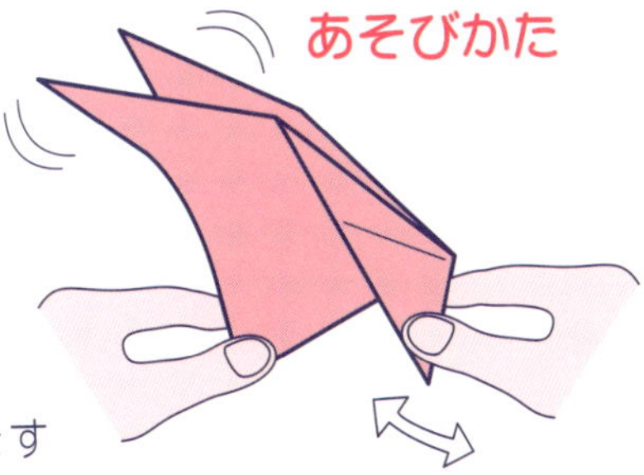

図のようにもって
右手を上下に
ひくと、ひらひらします

できあがり

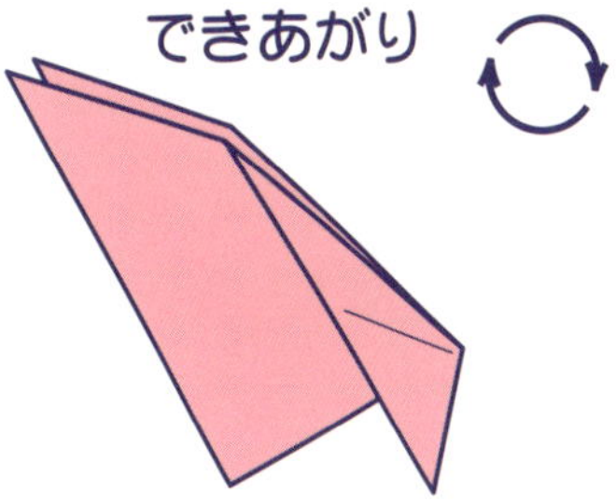

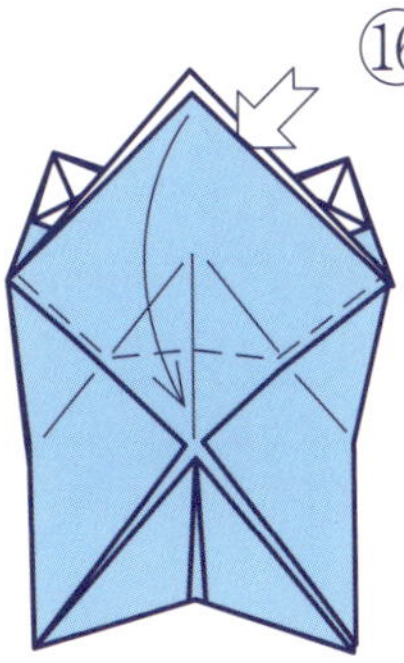

⑯

折って
ひらきます

⑰

かぶせるように
折ります

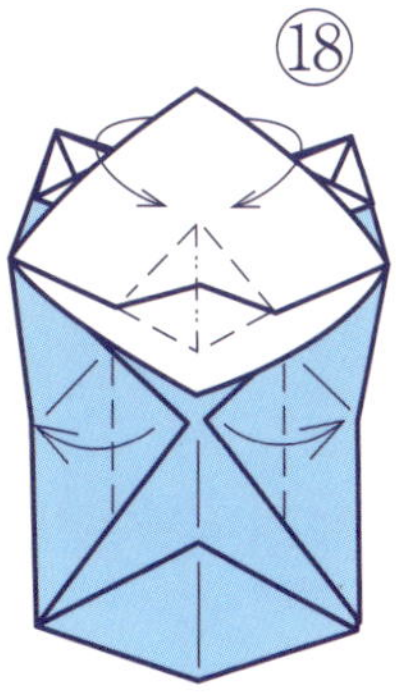

⑱

折ってかたちを
ととのえます

できあがり

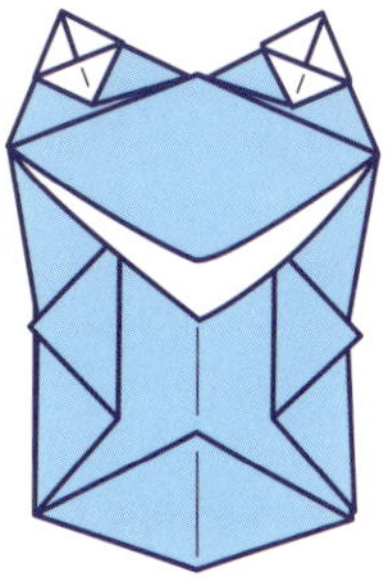

あそびかた

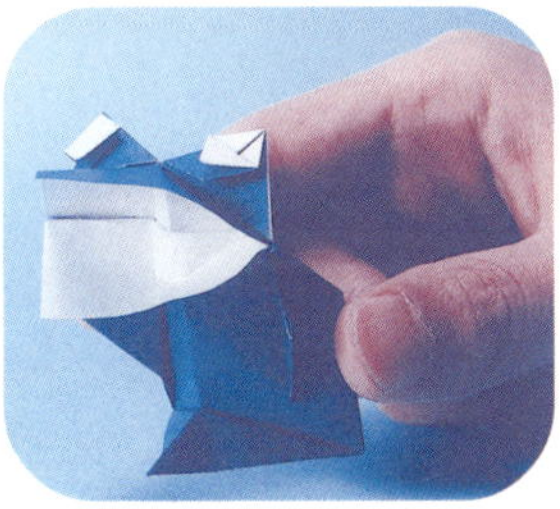

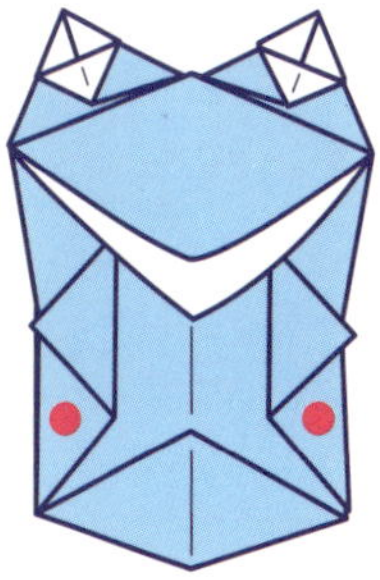

●をゆびでつまんで
口をパクパク
うごかしましょう

ふつう

元気《げんき》なアヒル

Flapping duck by Ms. Nobuko Nakazawa

中沢信子《なかざわ のぶこ》

月刊おりがみ「258号」掲載

伝承《でんしょう》の「つのこうばこ」から生まれたアヒルです。

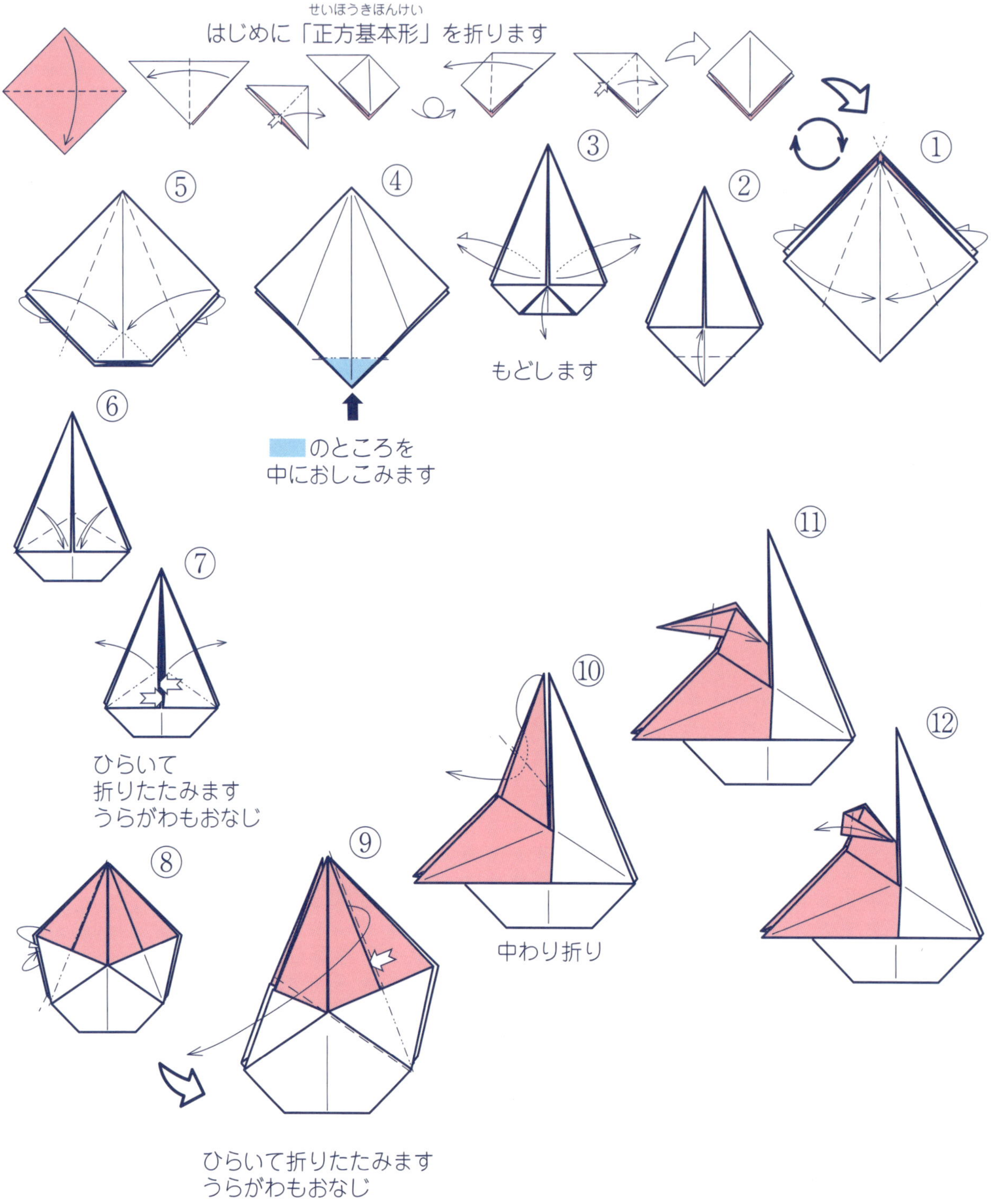
はじめに「正方基本形《せいほうきほんけい》」を折ります
もどします
のところを
中におしこみます
ひらいて
折りたたみます
うらがわもおなじ
中わり折り
ひらいて折りたたみます
うらがわもおなじ

⑬

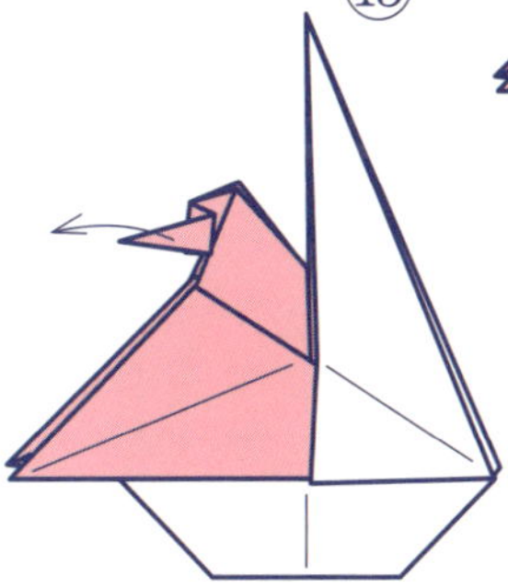

もどします

⑭

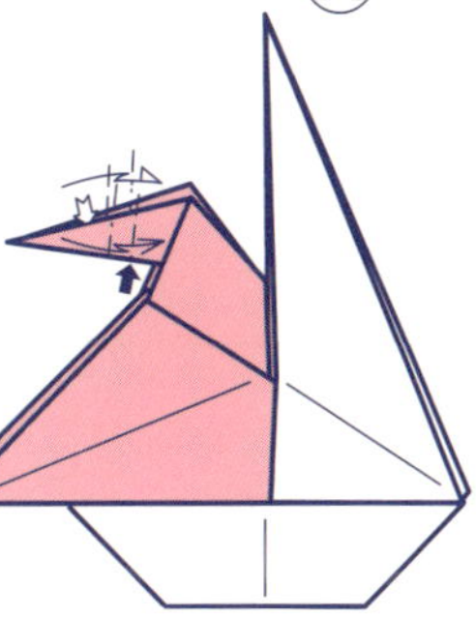

だん折りしながら
かぶせ折り

⑮

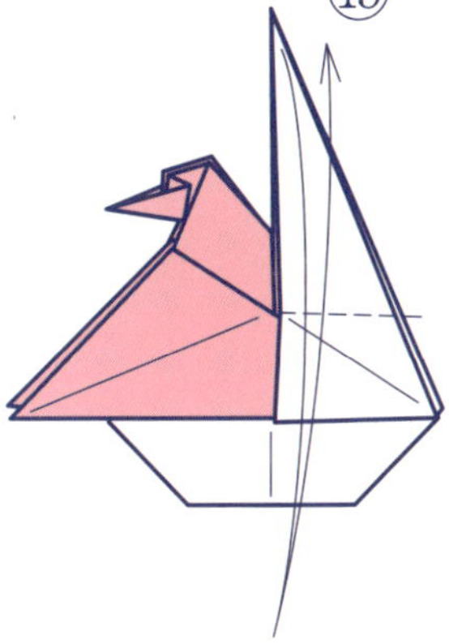

⑯

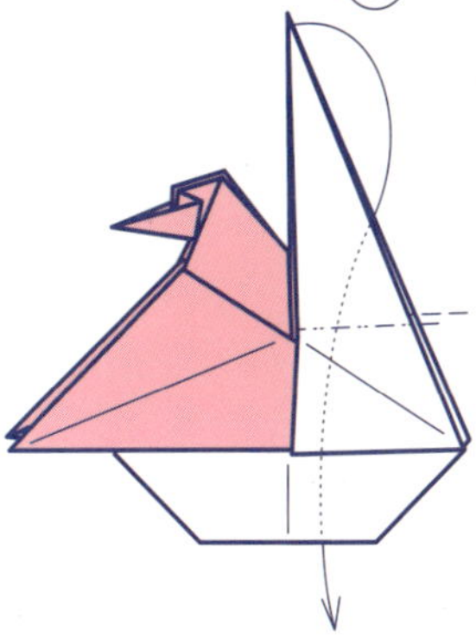

中わり折り

⑰

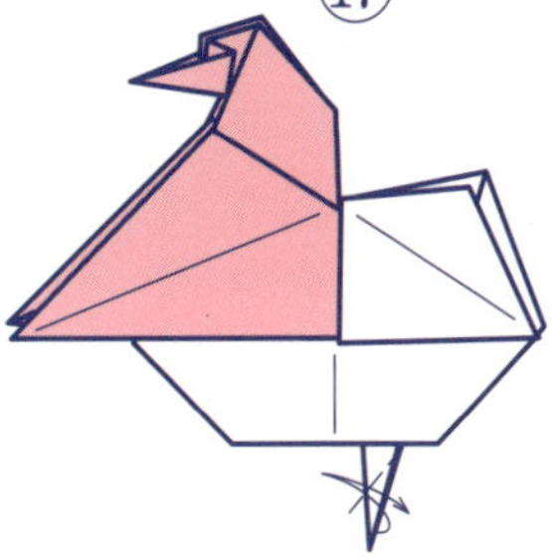

⑱

かぶせ折り

できあがり

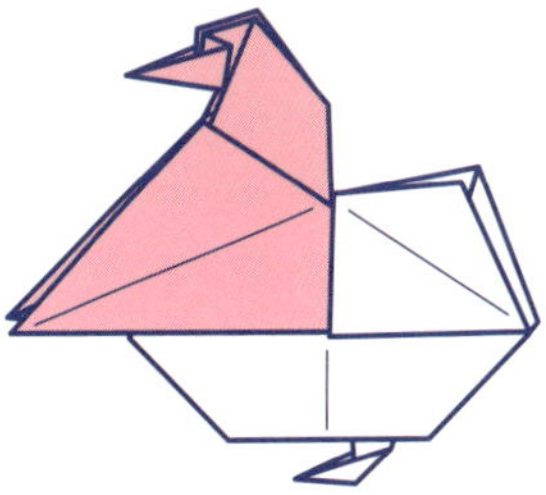

あそびかた

図のようにもってひっぱると
はねとあしがうごきます

Flapping pigeon by Mr. Kōya Ōhashi

かんたん

はばたくはと

大橋《おおはし》晧也《こうや》

月刊おりがみ「161号」掲載

平和《へいわ》のシンボルのはとがはばたきます。

はじめに「風船基本形《ふうせんきほんけい》」を折ります

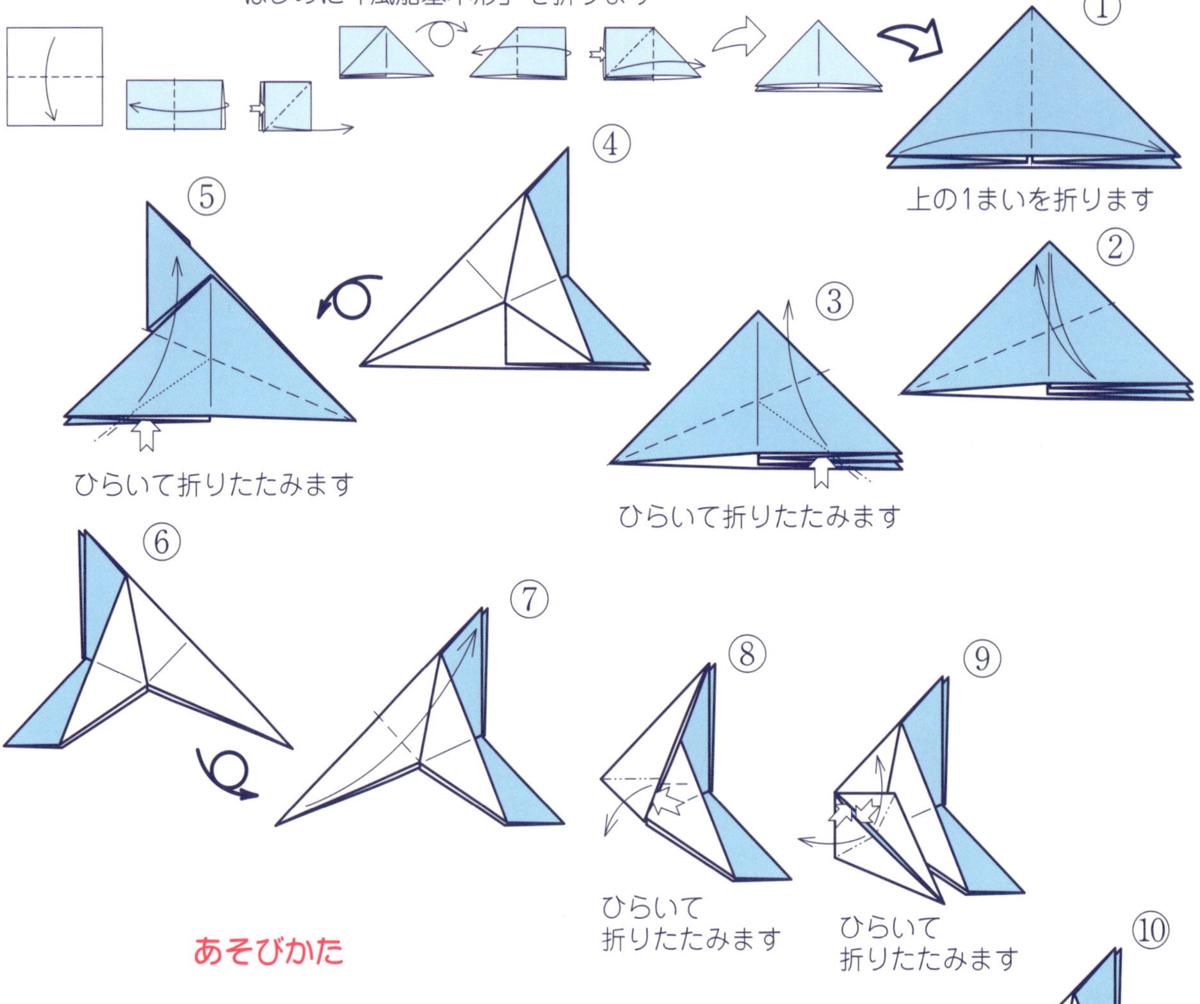
①
上の1まいを折ります
②
③
ひらいて折りたたみます
④
⑤
ひらいて折りたたみます
⑥
⑦
⑧
ひらいて
折りたたみます
⑨
ひらいて
折りたたみます

あそびかた

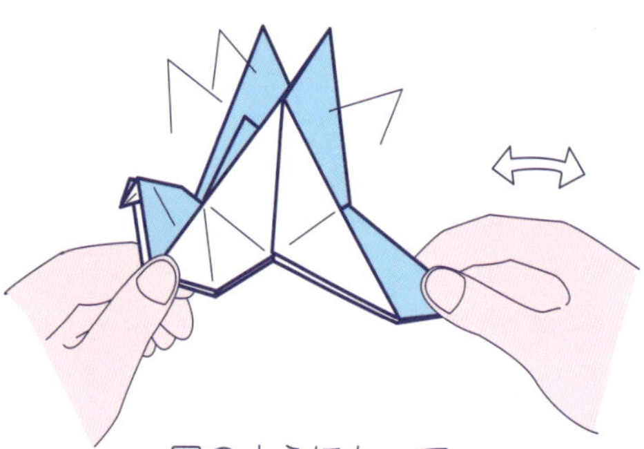

図のようにもって
うしろにひっぱると
はばたきます

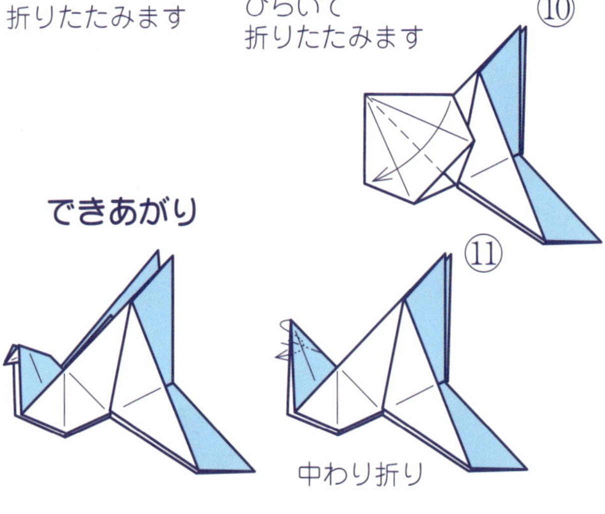
⑩
できあがり
⑪
中わり折り

かんたん

動《うご》くハート

Moving heart by Mr. David Petty

デビッド・ペティ
（イギリス）

月刊おりがみ「222号」「300号」掲載

正方形《せいほうけい》を３つにわけた長方形《ちょうほうけい》の紙で折ります。音《おと》をたてながら、どきどきします。きみのおもいをつたえよう！？

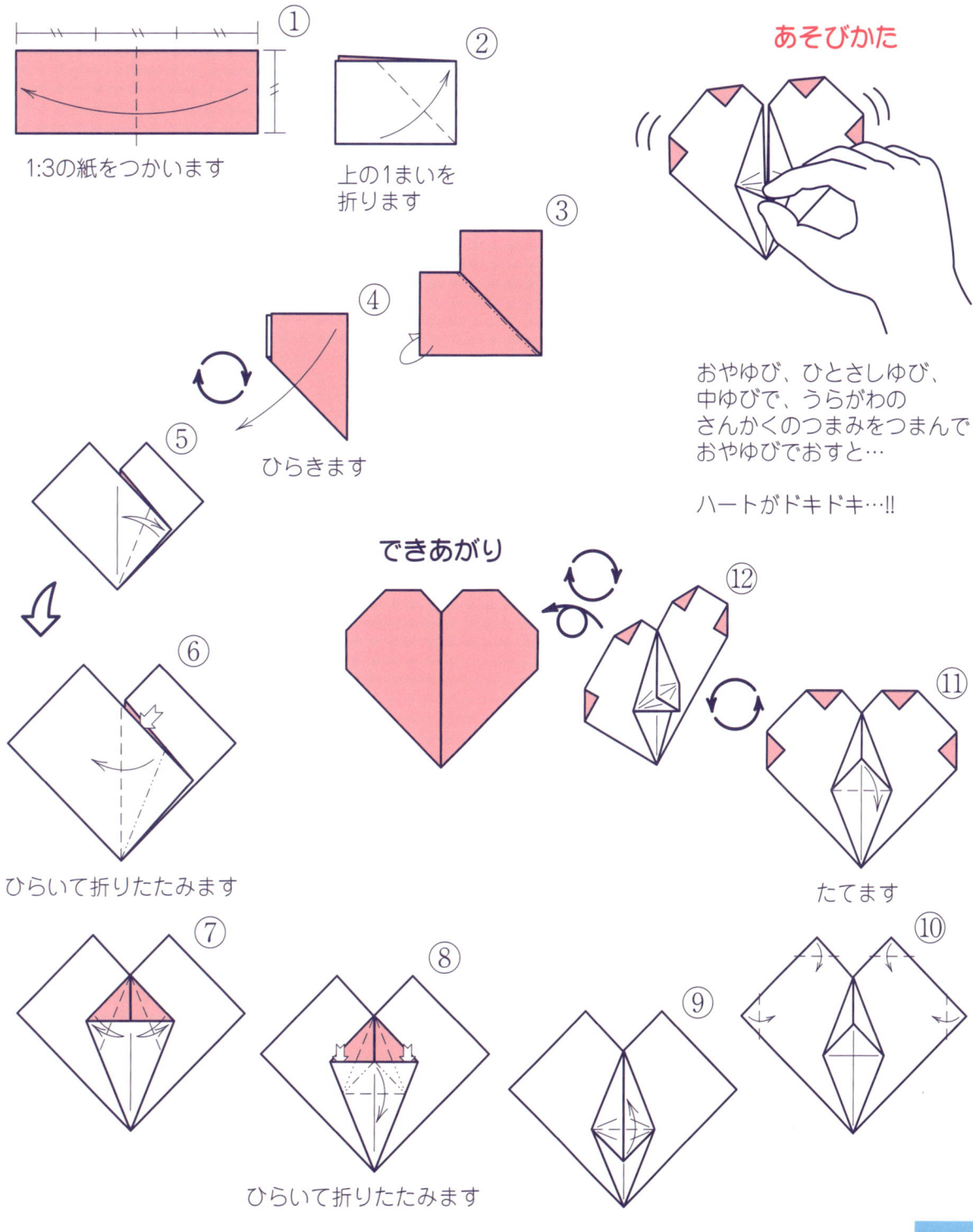

①

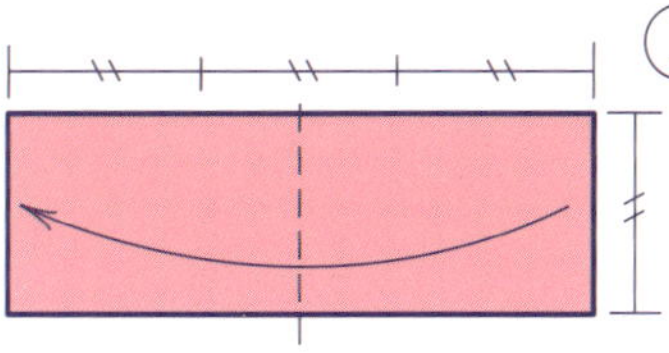

1:3の紙をつかいます

②

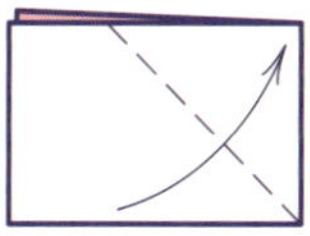

上の1まいを
折ります

③ ④

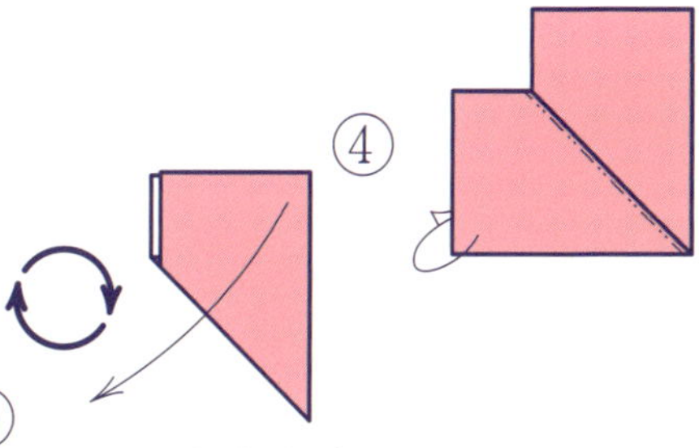

ひらきます

⑤

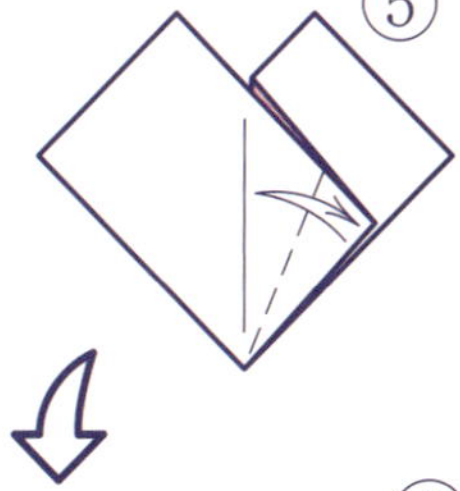

⑥

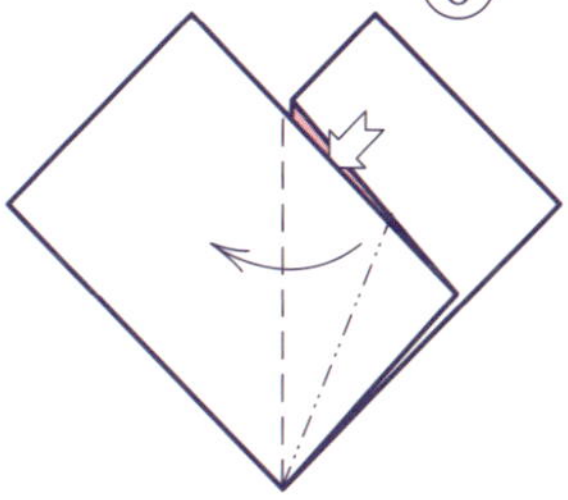

ひらいて折りたたみます

⑦

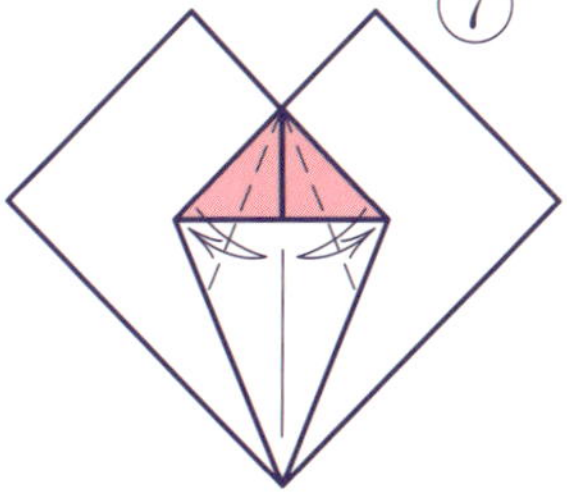

⑧

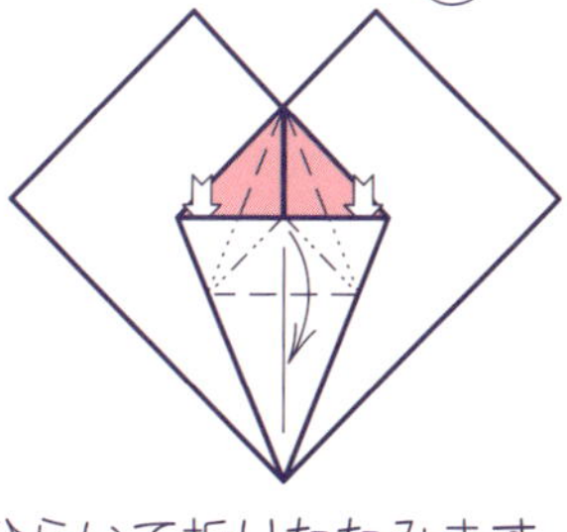

ひらいて折りたたみます

⑨

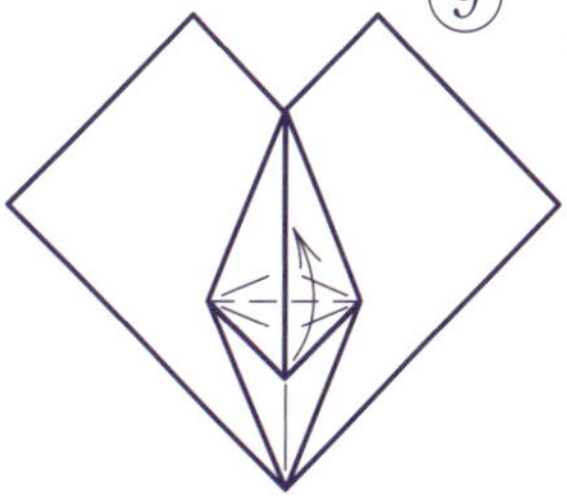

⑩

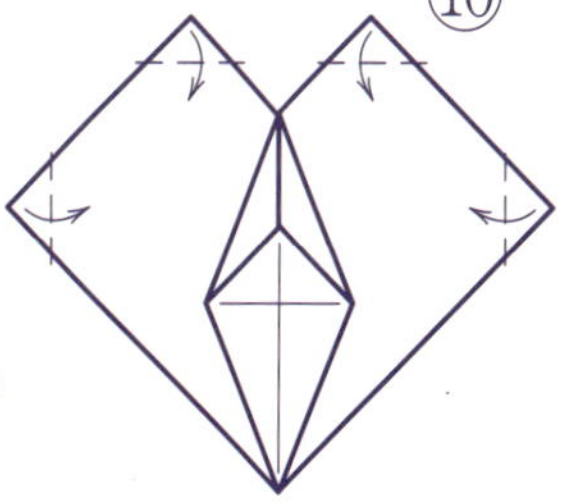

⑪

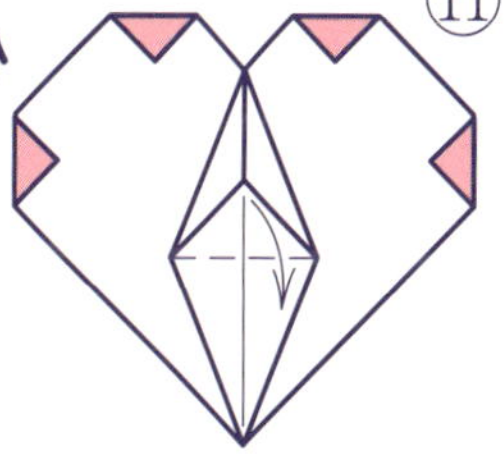

たてます

⑫

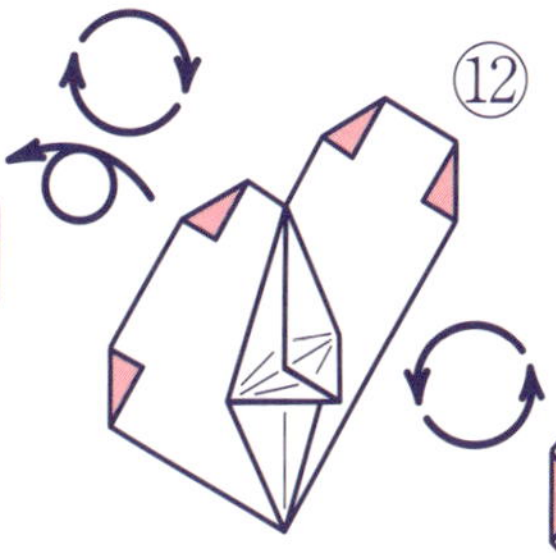

できあがり

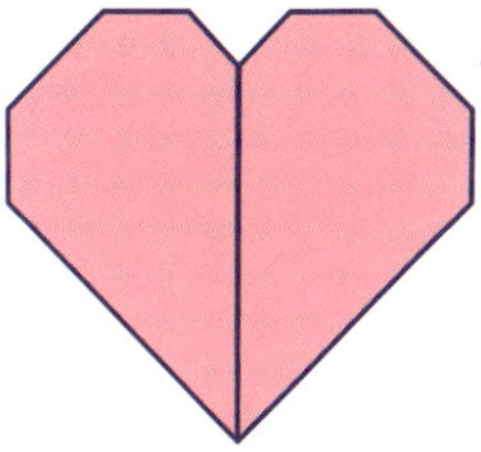

あそびかた

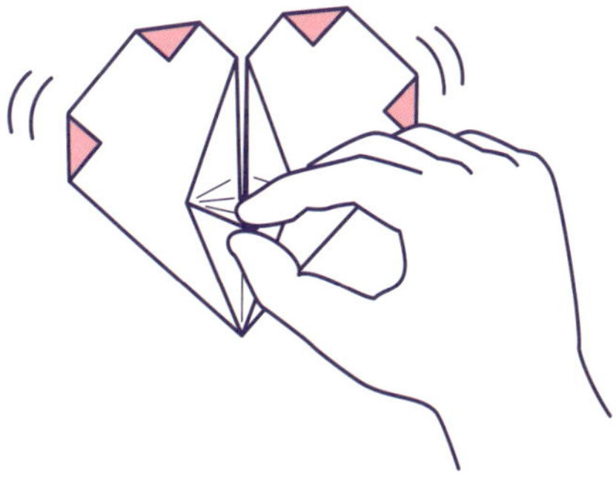

おやゆび、ひとさしゆび、
中ゆびで、うらがわの
さんかくのつまみをつまんで
おやゆびでおすと…

ハートがドキドキ…!!

はばたく

Goldfish by Mr. Seiryō Takekawa

かんたん

きんぎょ

竹川青良《たけかわせいりょう》

月刊おりがみ「203号」掲載

すずしげにゆれるきんぎょです。59ページの「もっとおってあそぼう」もみてみましょう。

はじめに「かんのん基本形《きほんけい》」を折ります

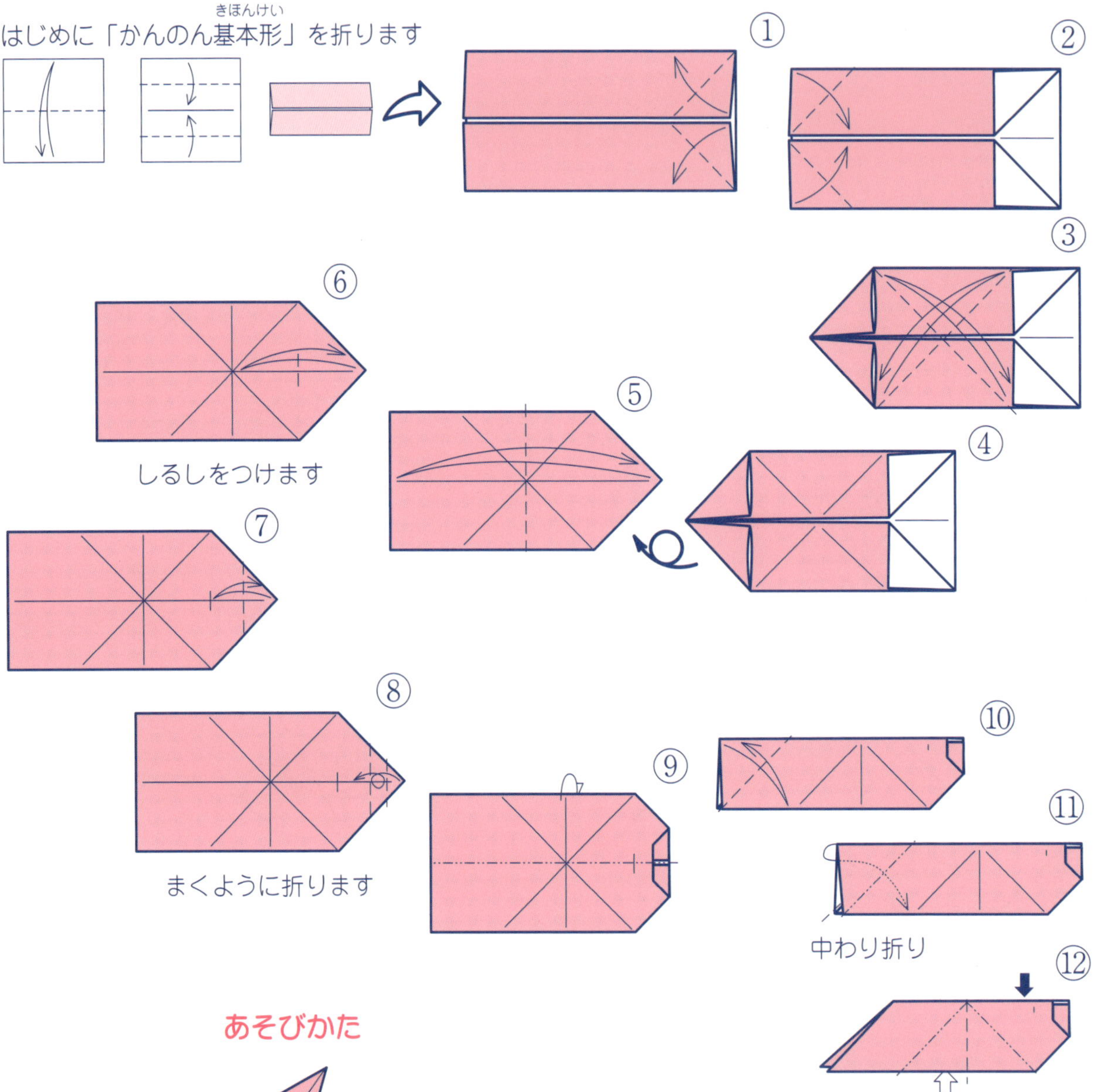
①
②
③
④
⑤
⑥
しるしをつけます
⑦
⑧
まくように折ります
⑨
⑩
⑪
中わり折り
⑫
中をひらいて
つけた折りすじのとおりに
ふくらませます

できあがり

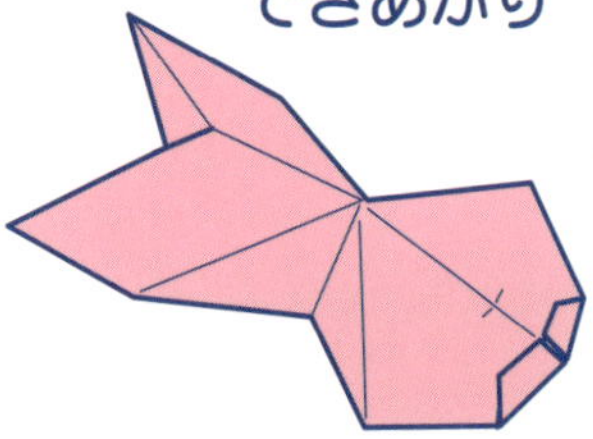

あそびかた

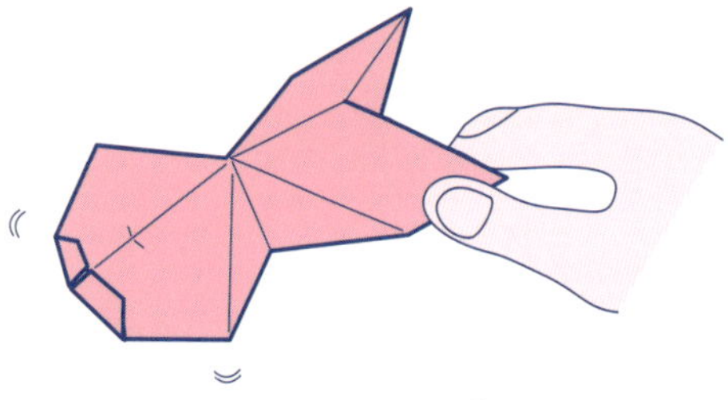

ゆらゆらさせてあそびましょう

かんたん

Swimming fish by Mr. Shizuo Saitō

およぐさかな

斎藤《さいとう》静夫《しずお》

いきのいいさかなです。

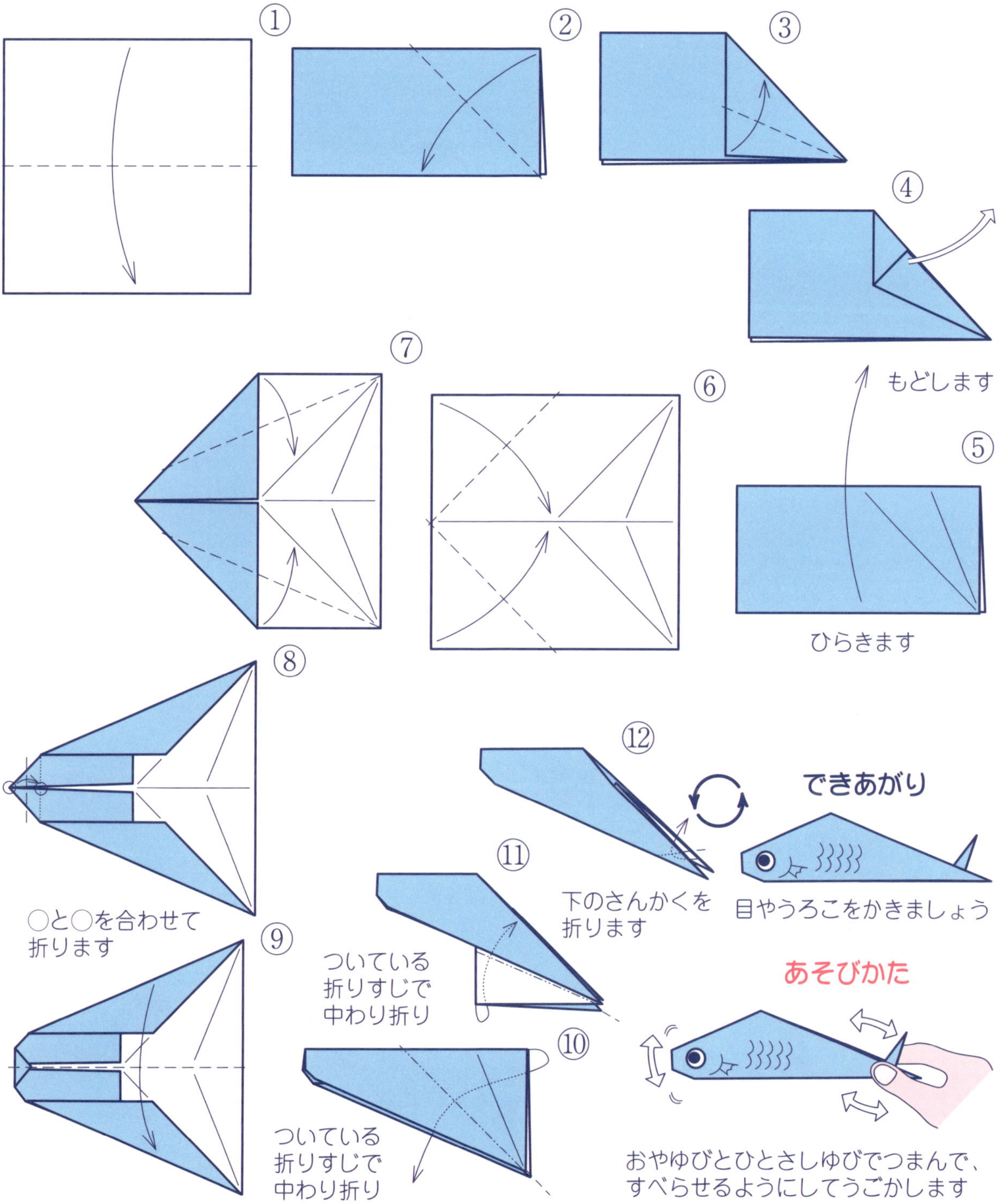
①
②
③
④
もどします
⑤
ひらきます
⑥
⑦
⑧
○と○を合わせて
折ります
⑨
⑩
ついている
折りすじで
中わり折り
⑪
ついている
折りすじで
中わり折り
⑫
下のさんかくを
折ります
できあがり
目やうろこをかきましょう
あそびかた
おやゆびとひとさしゆびでつまんで、
すべらせるようにしてうごかします

ふつう

念力風車《ねんりきふうしゃ》

Willpower windmill by Mr. Masamichi Noma

野間《のま》正路《まさみち》

月刊おりがみ「189号」掲載

さきのとがったえんぴつやたけぐしなどをつかいます。

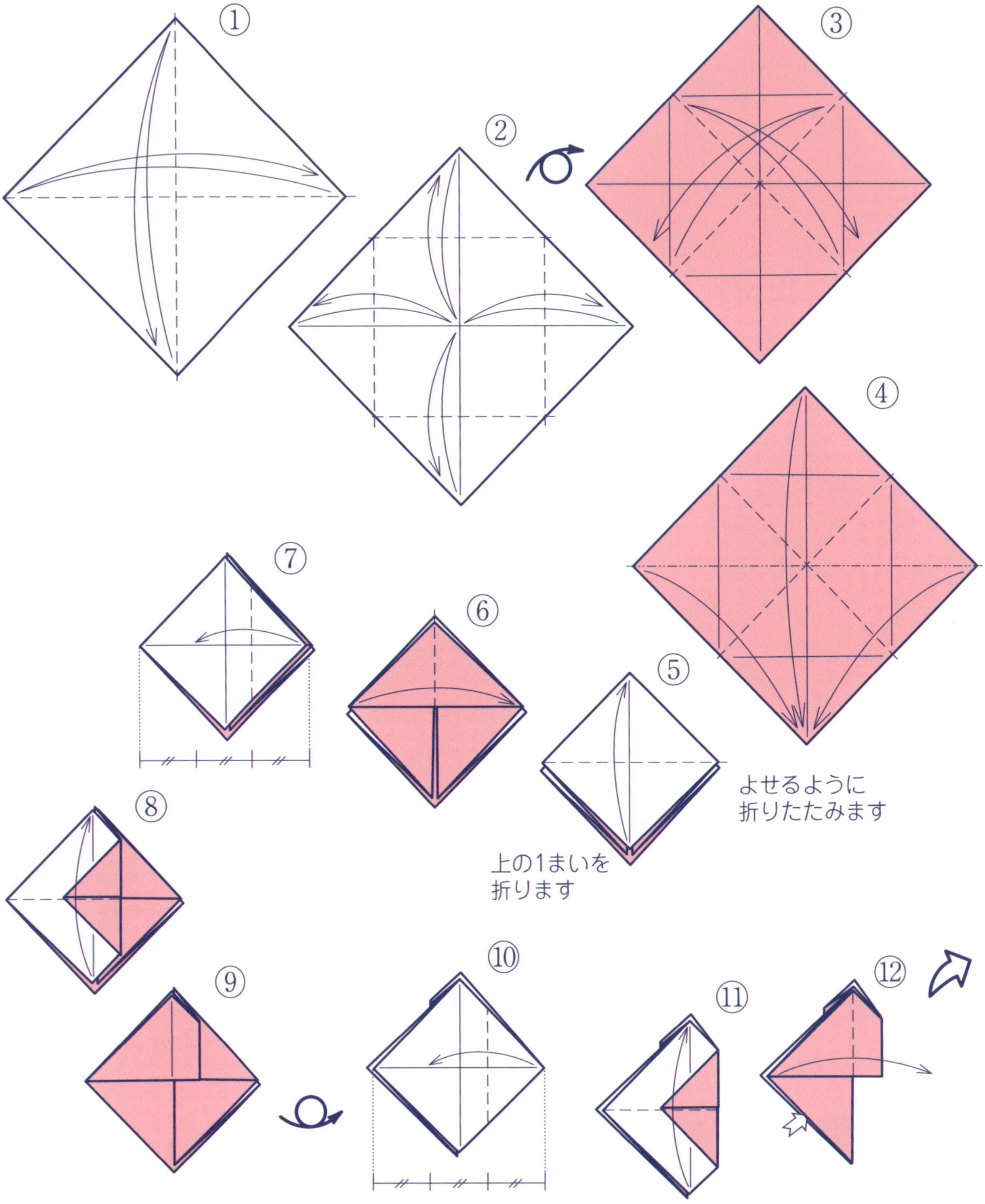
①
②
③
④
⑤
よせるように
折りたたみます
上の1まいを
折ります
⑥
⑦
⑧
⑨
⑩
⑪
⑫

ハンドパワーだ!!

できあがり

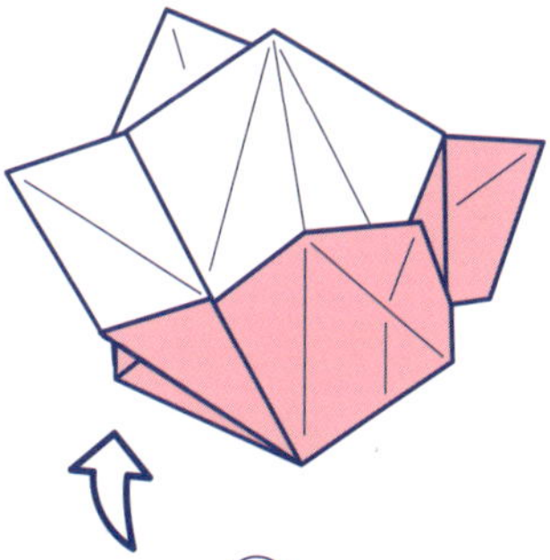

さきのとがったえんぴつやたけぐしなどをつかいます

1. つくえの上で両手《りょうて》をくみ、さきのとがったえんぴつやたけぐしなどをたて、この風車をのせます
2. しばらくまっていると、風車がしぜんに、ゆっくりとまわりはじめます
3. 気温《きおん》と体温《たいおん》との温度差《おんどさ》からおこる空気《くうき》の対流《たいりゅう》のためにまわるのですから、空気がつめたく、手があたたかいほど、よくまわります
4. まわらないときは、つぎのようにしてください
   - ●冬《ふゆ》は暖房《だんぼう》をとめ、夏《なつ》は冷房《れいぼう》をつける
   - ●手がつめたいときはあたためる
5. あついおちゃなどの上でもよくまわります
6. 氷《こおり》のかたまりを風車の上にもっていくと、ぎゃくにまわります

あそびかた

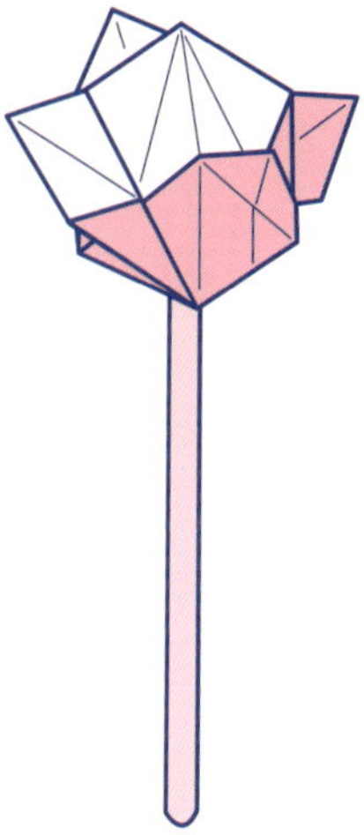

さきのとがったえんぴつやたけぐしなどにさして、念力《ねんりき》でまわしましょう!?

⑬

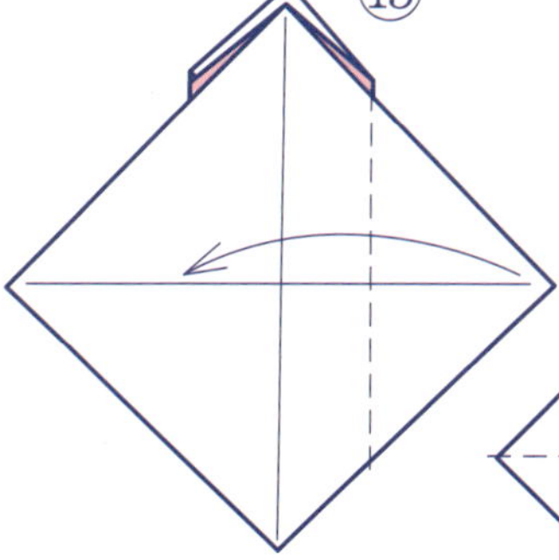

⑭

⑮

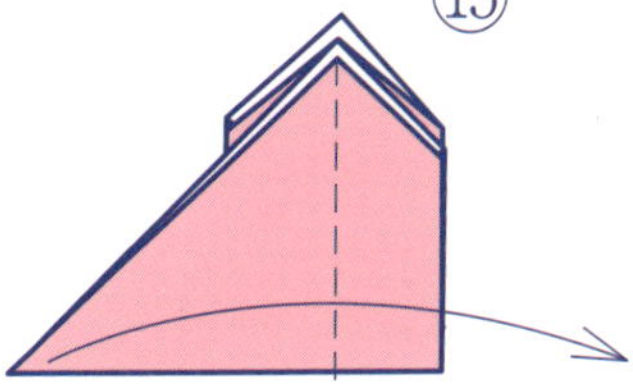

⑯

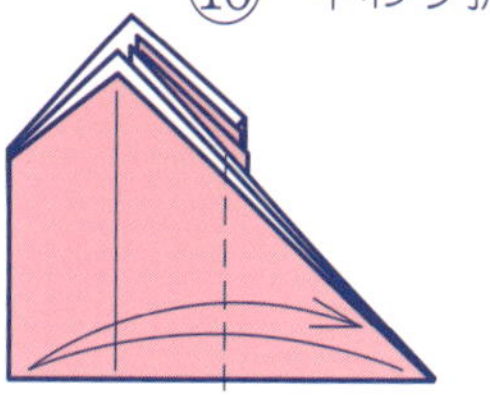

上のすきまに中わり折り

⑰

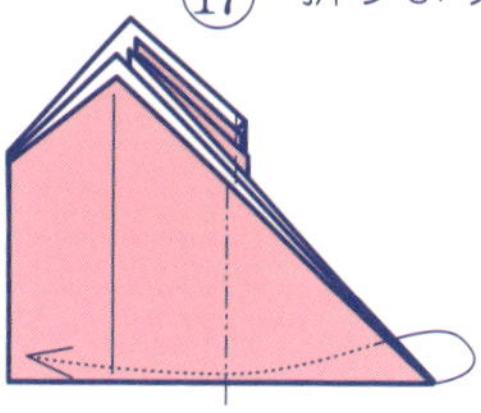

上の1まいを折ります

⑱

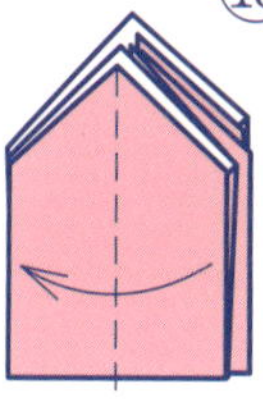

上の1まいを折ります

⑲

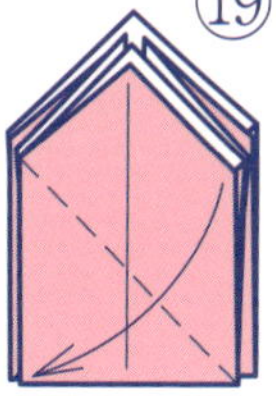

⑳

上の1まいを折ります

㉑

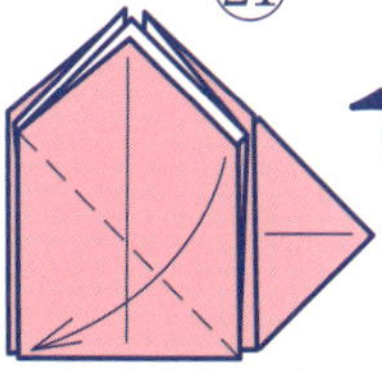

中をひらいて
さきはとがった
はこのかたちにします

㉒

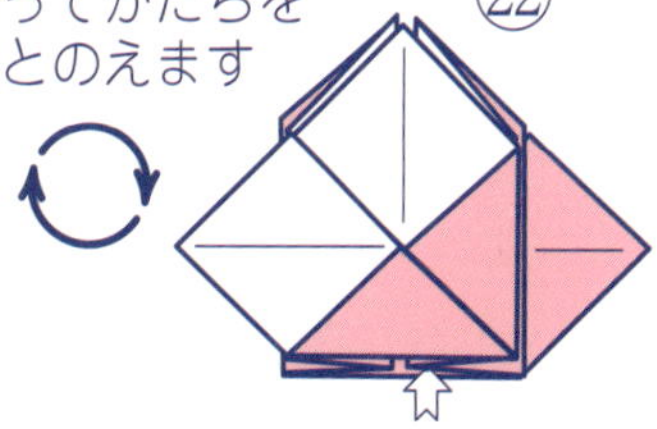

折ってかたちを
ととのえます

㉓

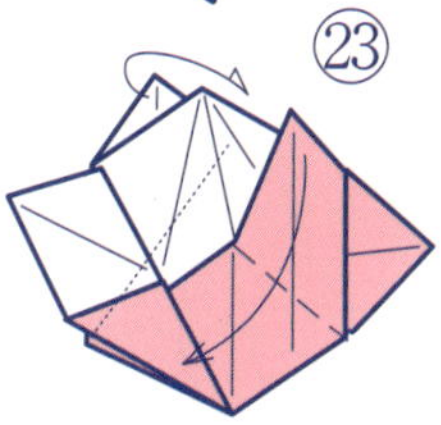

Muku muku introduced by Mr. Seiryō Takekawa

ムクムク

かんたん

紹介《しょうかい》：竹川青良《たけかわせいりょう》

月刊おりがみ「10号」「285号」掲載

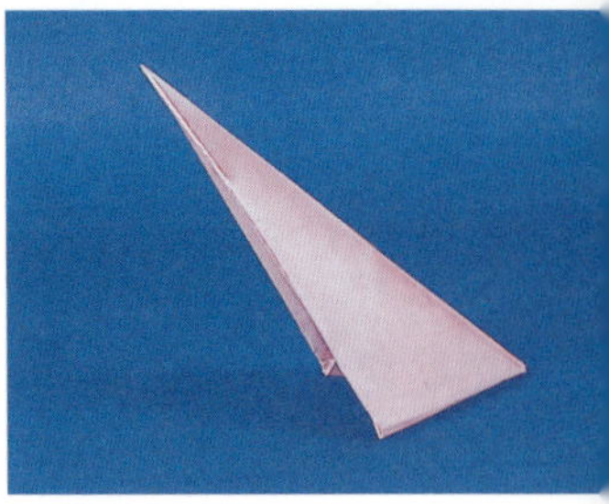

ひとりでにたつ、ふしぎな折り紙です。

はじめに「たこの基本形《きほんけい》」を折ります

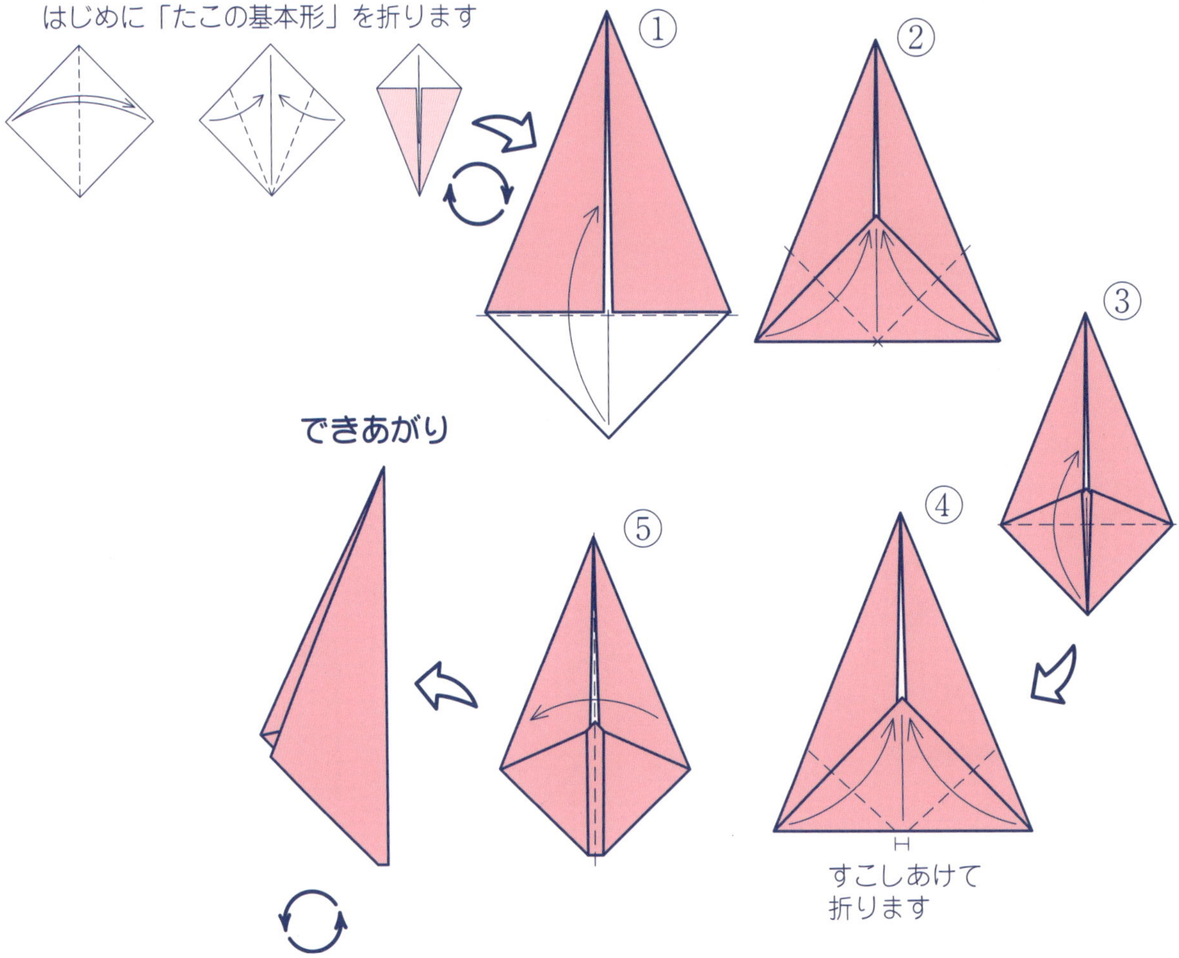

あそびかた

図のようなむきで、
たいらなところにおいて、
じっとまちましょう
すると…？

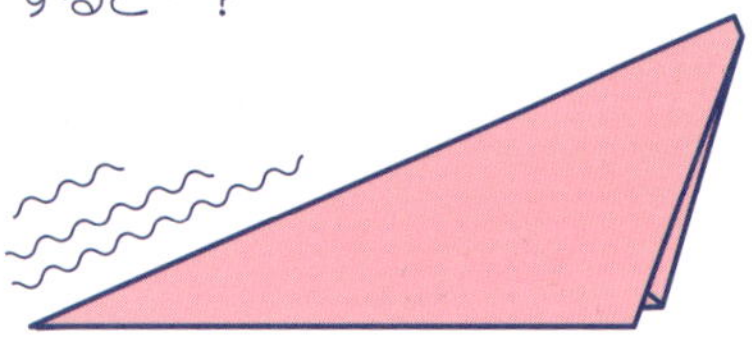

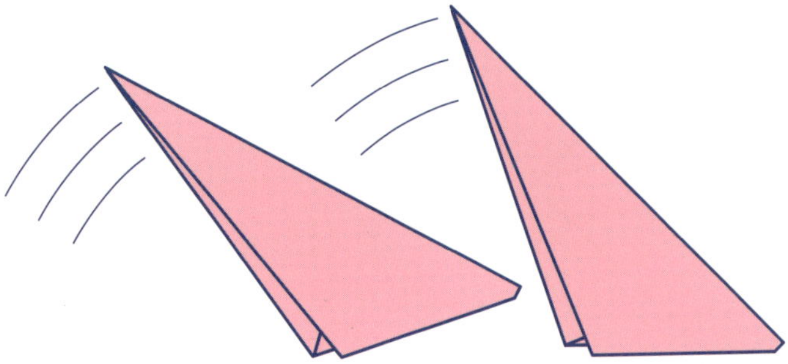

ムク
ムク…

ムクムクと、さきがうごきだし、
ピョコンとおき上がります

Rocking parakeet by Ms. Pirika Yamanashi

かんたん

ゆらゆらインコ

山梨《やまなし》美里花《ぴりか》

月刊おりがみ「321号」掲載

さきのとがったえんぴつやたけぐしなどをつかいます。

はじめに「たこの基本形《きほんけい》」を折ります

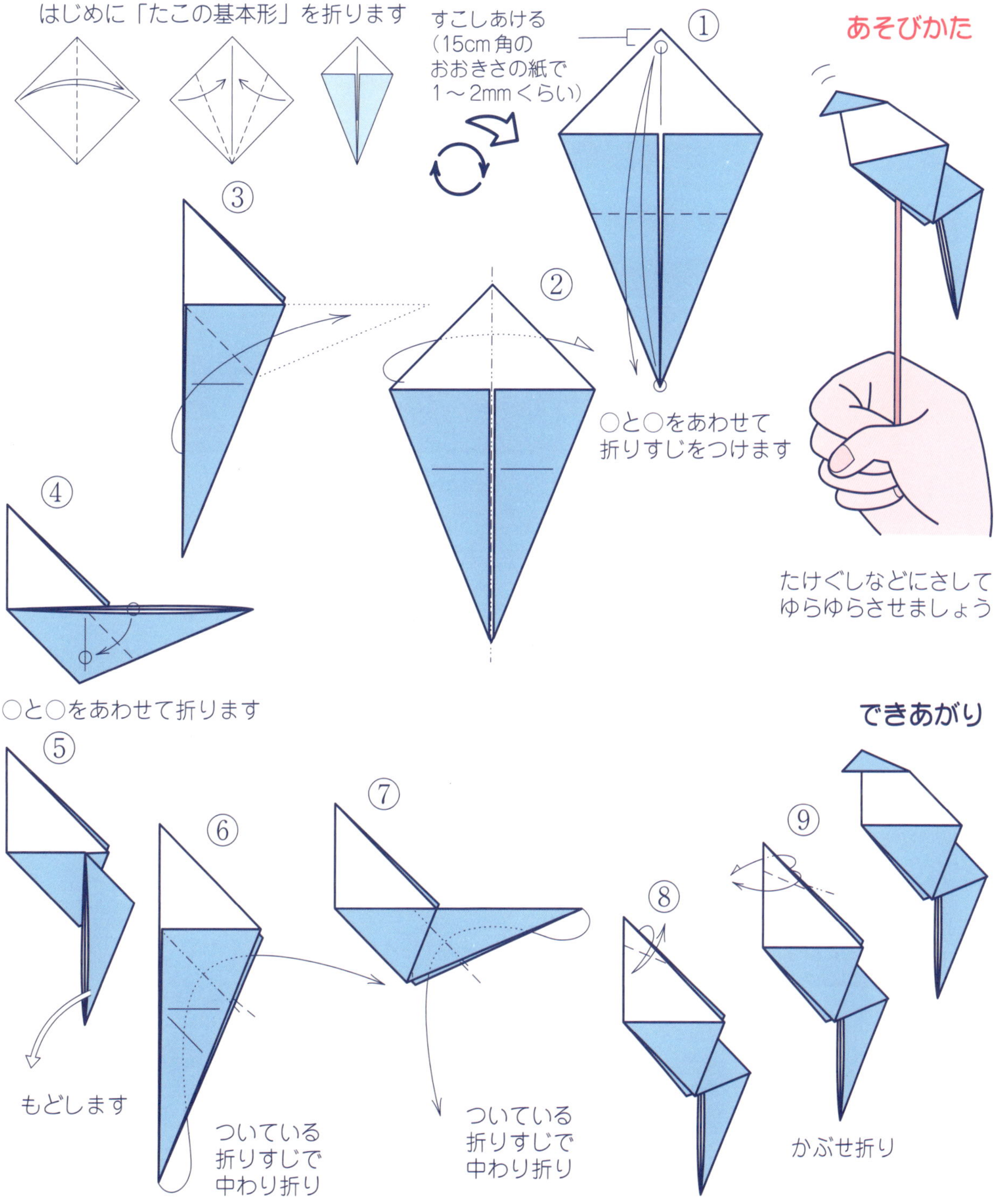
すこしあける
（15cm 角の
おおきさの紙で
1～2mm くらい）
①
○と○をあわせて
折りすじをつけます
②
③
④
○と○をあわせて折ります
⑤
もどします
⑥
ついている
折りすじで
中わり折り
⑦
ついている
折りすじで
中わり折り
⑧
⑨
かぶせ折り
できあがり
あそびかた
たけぐしなどにさして
ゆらゆらさせましょう

むずかしい

Cradle arranged by Ms. Akiko Yamanashi

ゆりかご　アレンジ：山梨明子《やまなしあきこ》

月刊おりがみ「195号」掲載

この作品は野中《のなか》陽子《ようこ》さんの作品《さくひん》をアレンジしたものです。48ページの「あかちゃんでんぐりでんぐり」をのせてもたのしいでしょう。

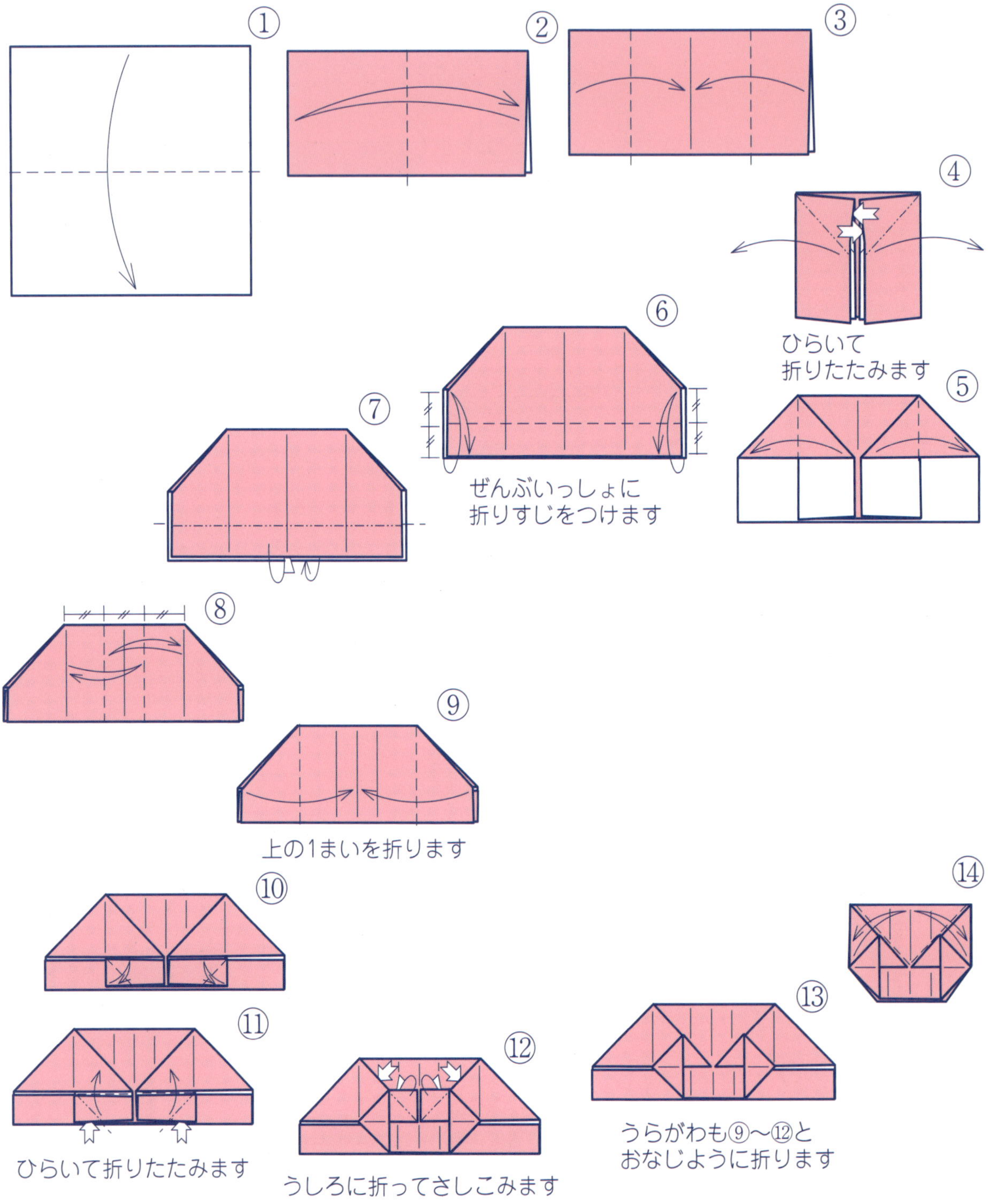
①
②
③
④
ひらいて
折りたたみます
⑤
⑥
ぜんぶいっしょに
折りすじをつけます
⑦
⑧
⑨
上の1まいを折ります
⑩
⑪
ひらいて折りたたみます
⑫
うしろに折ってさしこみます
⑬
うらがわも⑨〜⑫と
おなじように折ります
⑭

Grasshopper by Mr. Seiryō Takekawa

かんたん

バッタ

竹川青良《たけかわせいりょう》

月刊おりがみ「141号」「314号」掲載

ぴょんとひっくりかえります。

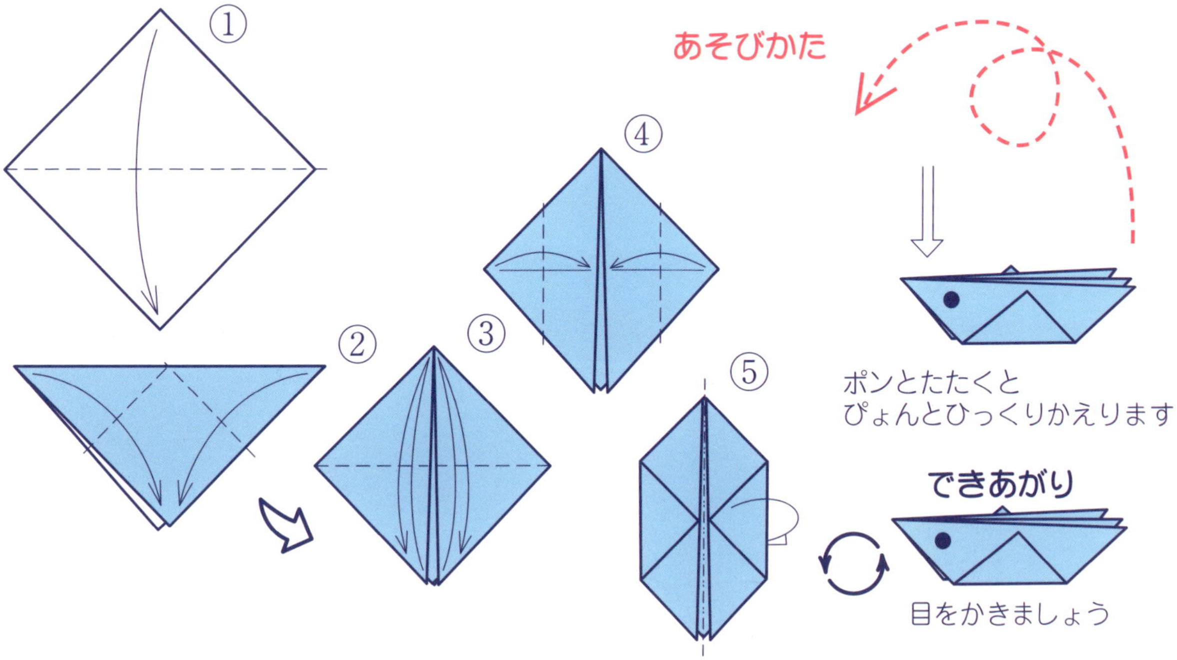

①
②
③
④
⑤
あそびかた
ポンとたたくと
ぴょんとひっくりかえります
できあがり
目をかきましょう

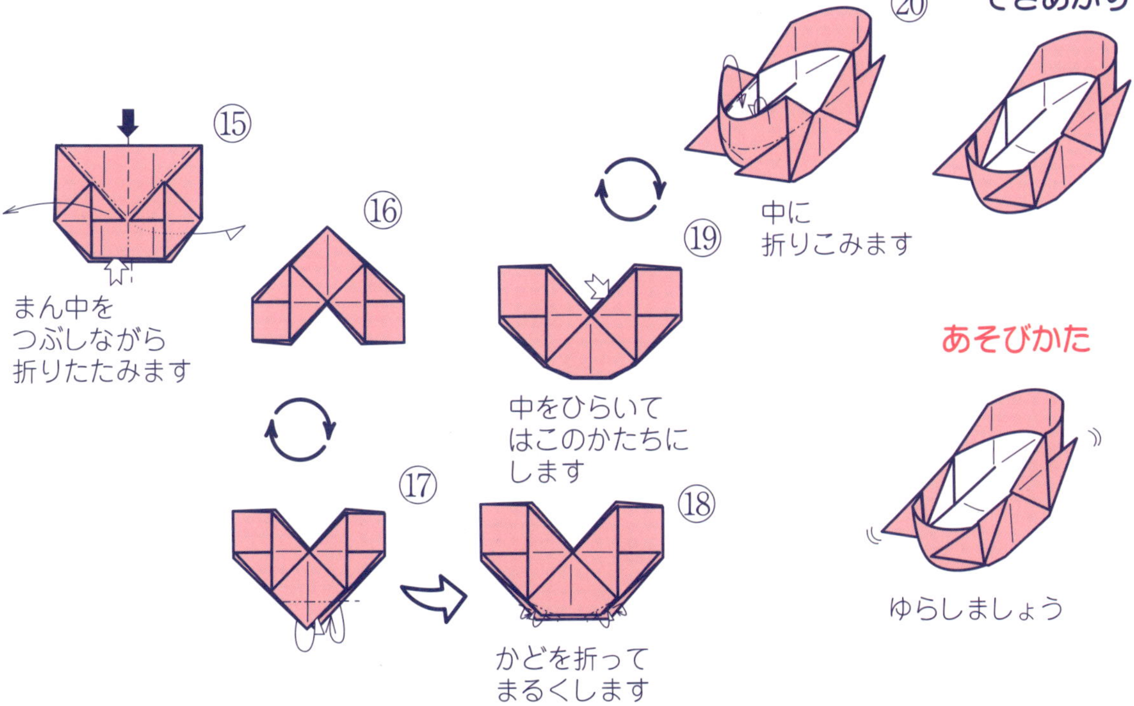

⑮
まん中を
つぶしながら
折りたたみます
⑯
⑰
⑱
かどを折って
まるくします
⑲
中をひらいて
はこのかたちに
します
⑳
中に
折りこみます
できあがり
あそびかた
ゆらしましょう

ゆらゆら

ジャンプ

Baby turning over by Ms. Matsuyo Kimura

ふつう

あかちゃんでんぐりでんぐり

木村《きむら》松代《まつよ》

月刊おりがみ「347号」掲載

でんぐりかえりやおすわりをする元気《げんき》いっぱいのあかちゃんです。

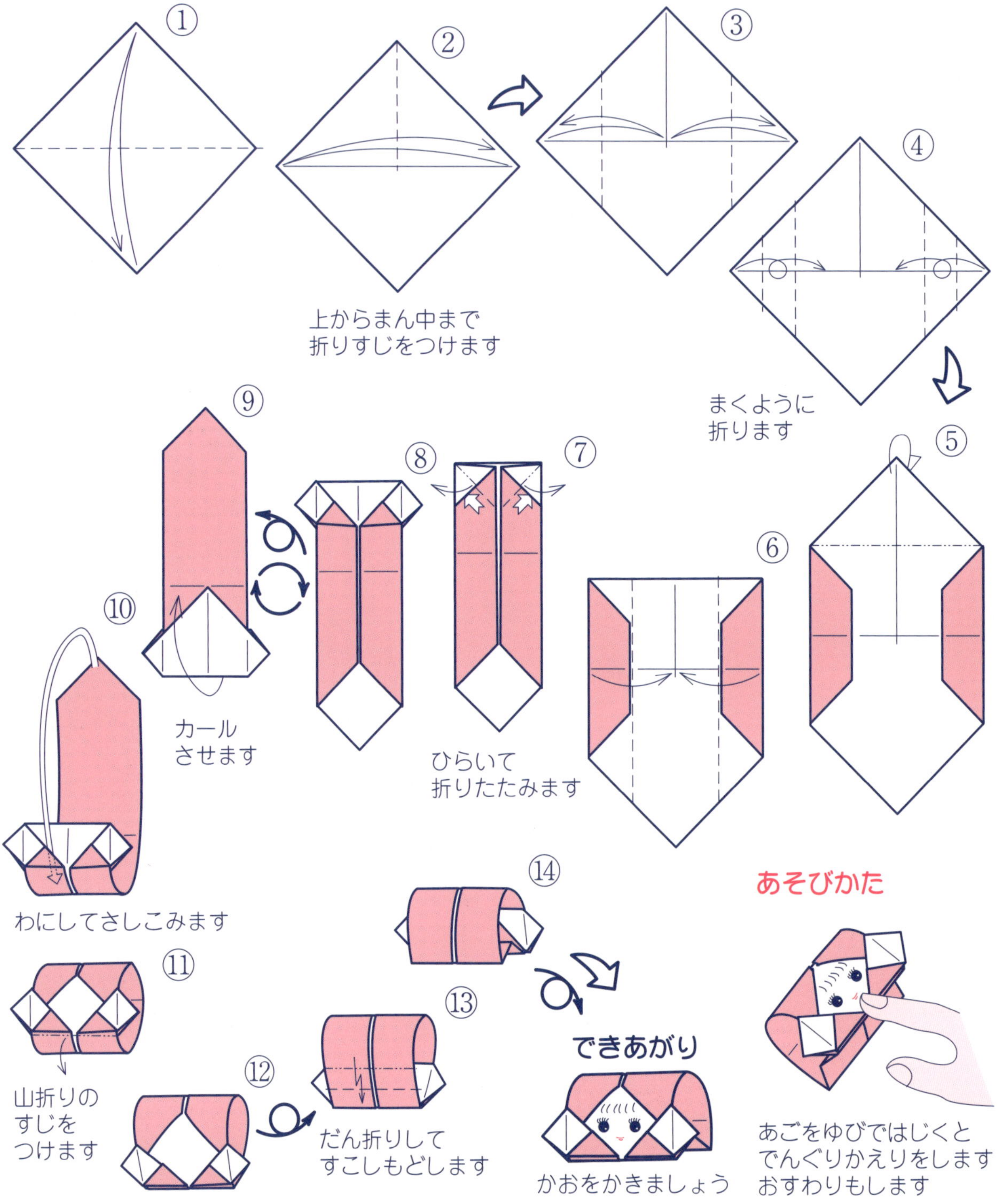
①
②
上からまん中まで
折りすじをつけます
③
④
まくように
折ります
⑤
⑥
⑦
ひらいて
折りたたみます
⑧
⑨
カール
させます
⑩
わにしてさしこみます
⑪
山折りの
すじを
つけます
⑫
⑬
だん折りして
すこしもどします
⑭
できあがり
かおをかきましょう
あそびかた
あごをゆびではじくと
でんぐりかえりをします
おすわりもします

Jumping frog (traditional model)

ふつう

ぴょんぴょんガエル（伝承《でんしょう》）

月刊おりがみ「10号」「152号」「185号」「206号」「303号」掲載

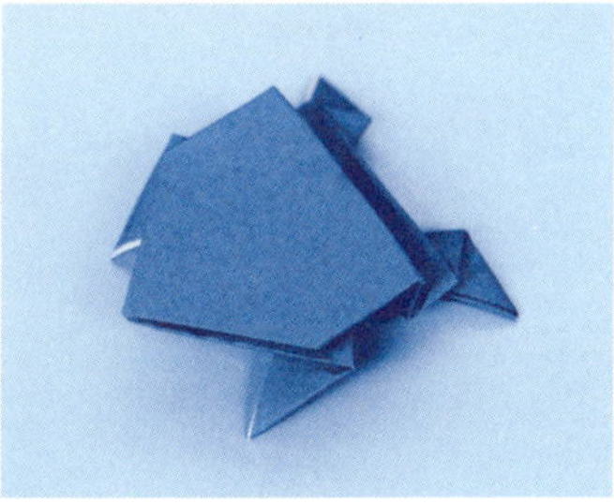

おおきくジャンプするカエルをつくるために、紙目《かみめ》のことをおぼえましょう。65ページにぴょんととんでください。

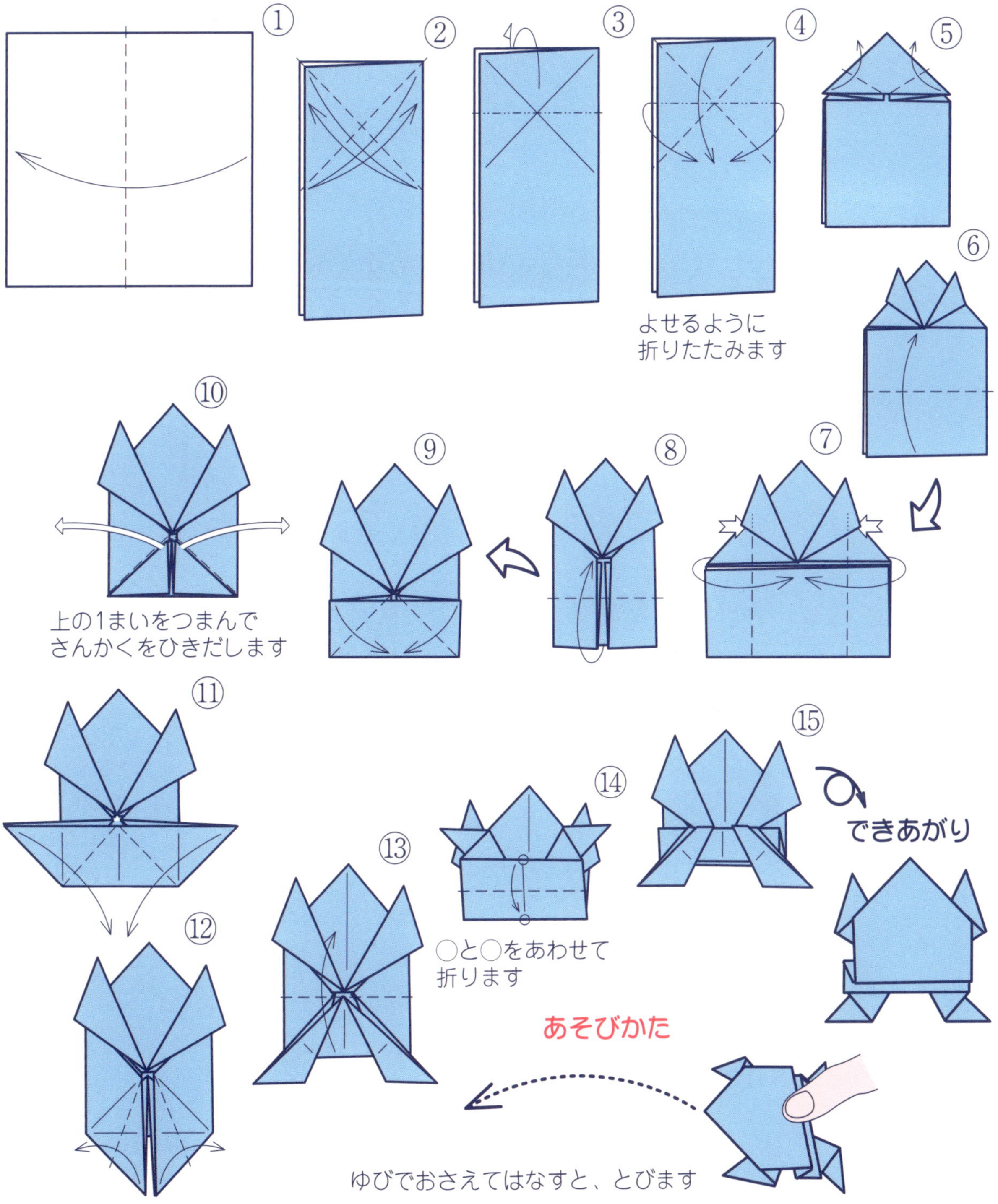

①
②
③
④
よせるように折りたたみます
⑤
⑥
⑦
⑧
⑨
⑩
上の1まいをつまんでさんかくをひきだします
⑪
⑫
⑬
⑭
○と○をあわせて折ります
⑮
できあがり
あそびかた
ゆびでおさえてはなすと、とびます

ふつう

馬《うま》 (伝承《でんしょう》)

Horse(traditional model)

月刊おりがみ「168号」掲載

はさみをつかいます。

はじめに「鶴《つる》の基本形《きほんけい》Ⅱ」を折ります

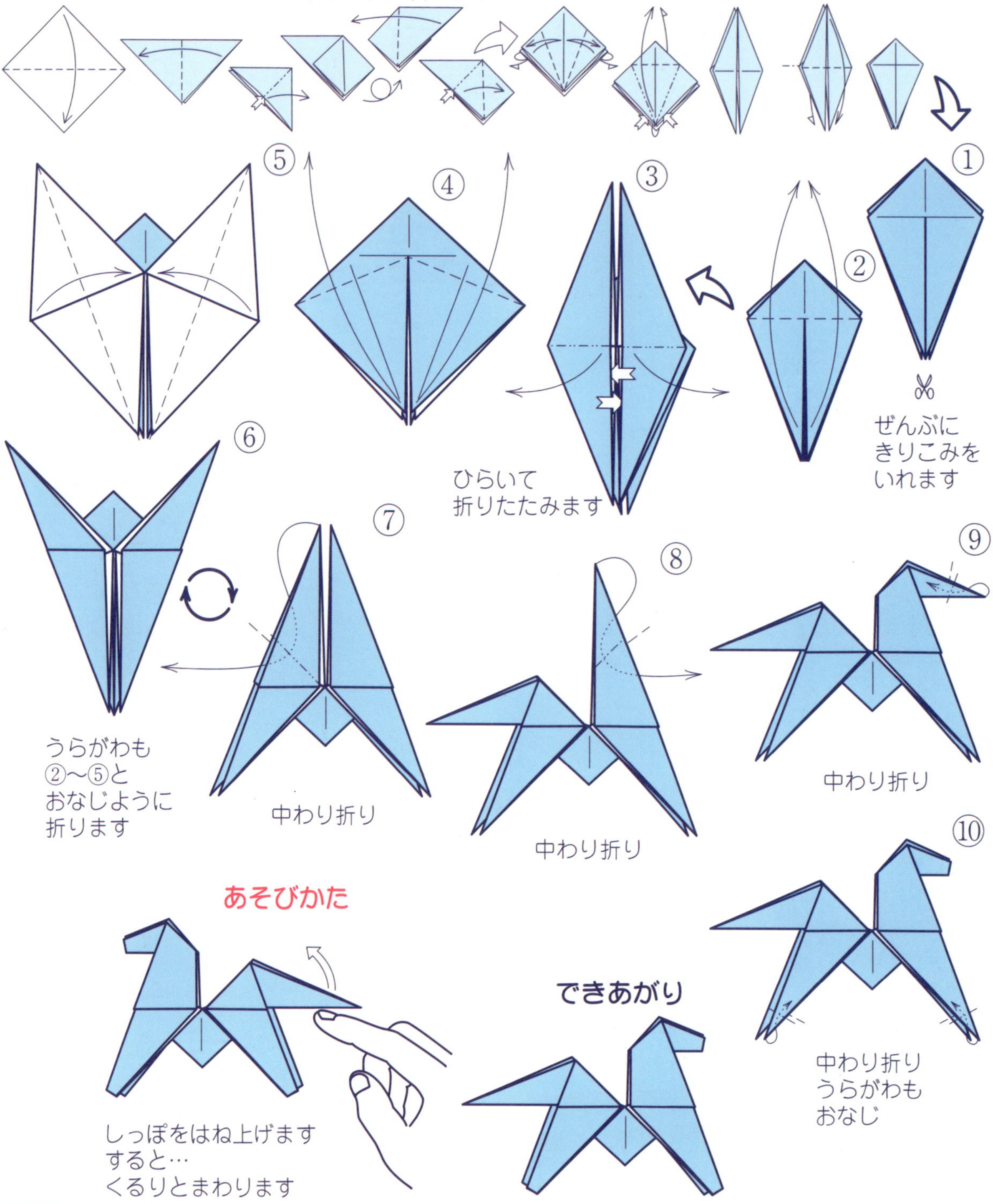

①
ぜんぶに
きりこみを
いれます
②
③
ひらいて
折りたたみます
④
⑤
⑥
うらがわも
②〜⑤と
おなじように
折ります
⑦
中わり折り
⑧
中わり折り
⑨
中わり折り
⑩
中わり折り
うらがわも
おなじ
あそびかた
しっぽをはね上げます
すると…
くるりとまわります
できあがり

Hopping-mouse by Ms. Shōko Aoyagi

ふつう

ねずみ

青柳祥子《あおやぎしょうこ》

月刊おりがみ「351号」掲載

オーストラリアにすんでいる、ホッピングマウスというカンガルーのようにとびはねるねずみがモデルです。

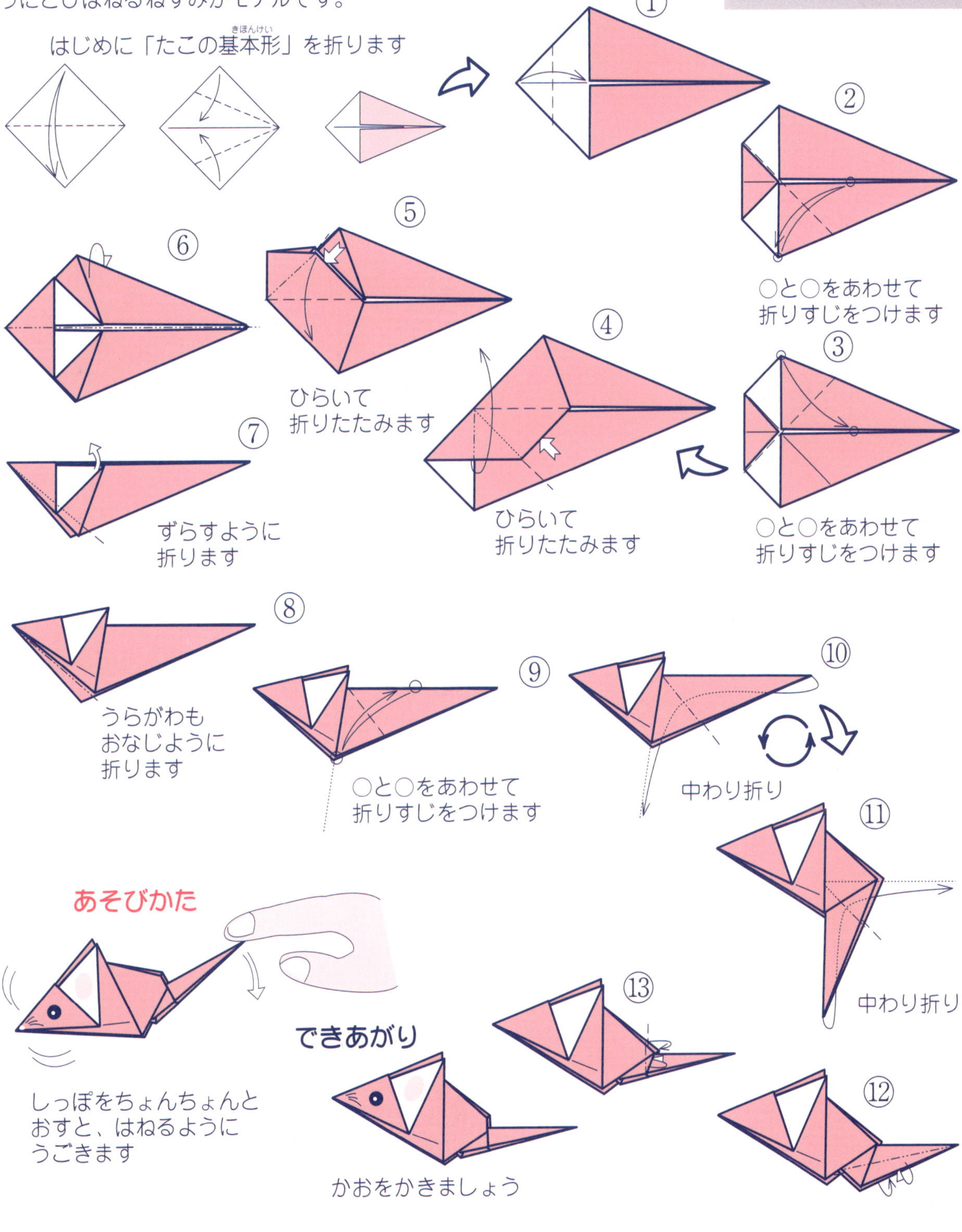
はじめに「たこの基本形《きほんけい》」を折ります
①
②
○と○をあわせて
折りすじをつけます
③
○と○をあわせて
折りすじをつけます
④
ひらいて
折りたたみます
⑤
ひらいて
折りたたみます
⑥
⑦
ずらすように
折ります
⑧
うらがわも
おなじように
折ります
⑨
○と○をあわせて
折りすじをつけます
⑩
中わり折り
⑪
中わり折り
⑫
⑬
あそびかた
しっぽをちょんちょんと
おすと、はねるように
うごきます
できあがり
かおをかきましょう

Fox, Piglet, Cat, Raccoon dog and Bear arranged by Ms. Sumiko Ishizuka

ふつう

きつね・こぶた・ねこ・たぬき・くま

月刊おりがみ「126号」掲載 **アレンジ：石塚寿美子《いしづかすみこ》**

伝承《でんしょう》の「かぶとからのゆびにんぎょう」をアレンジしたものです。ペープサートにも、ぼうしにも、お面《めん》にもなります。ゆびにんびょうには15cm角、ぼうしには50cm角、お面には35cm角くらいの紙をつかいましょう。

きつね Fox

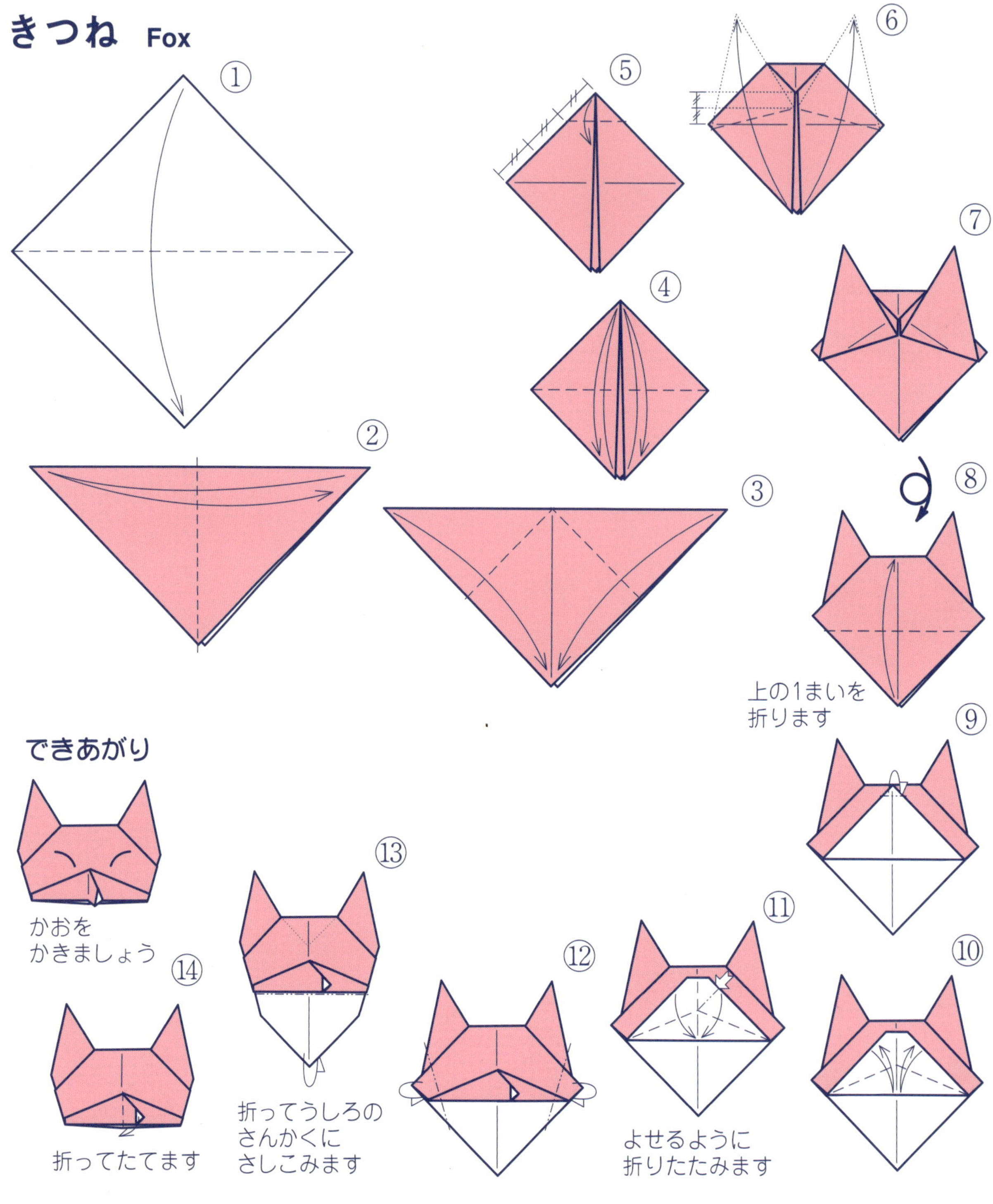
①
②
③
④
⑤
⑥
⑦
⑧
上の1まいを
折ります
⑨
⑩
⑪
よせるように
折りたたみます
⑫
⑬
折ってうしろの
さんかくに
さしこみます
⑭
折ってたてます
できあがり
かおを
かきましょう

つぎのページにつづきます→

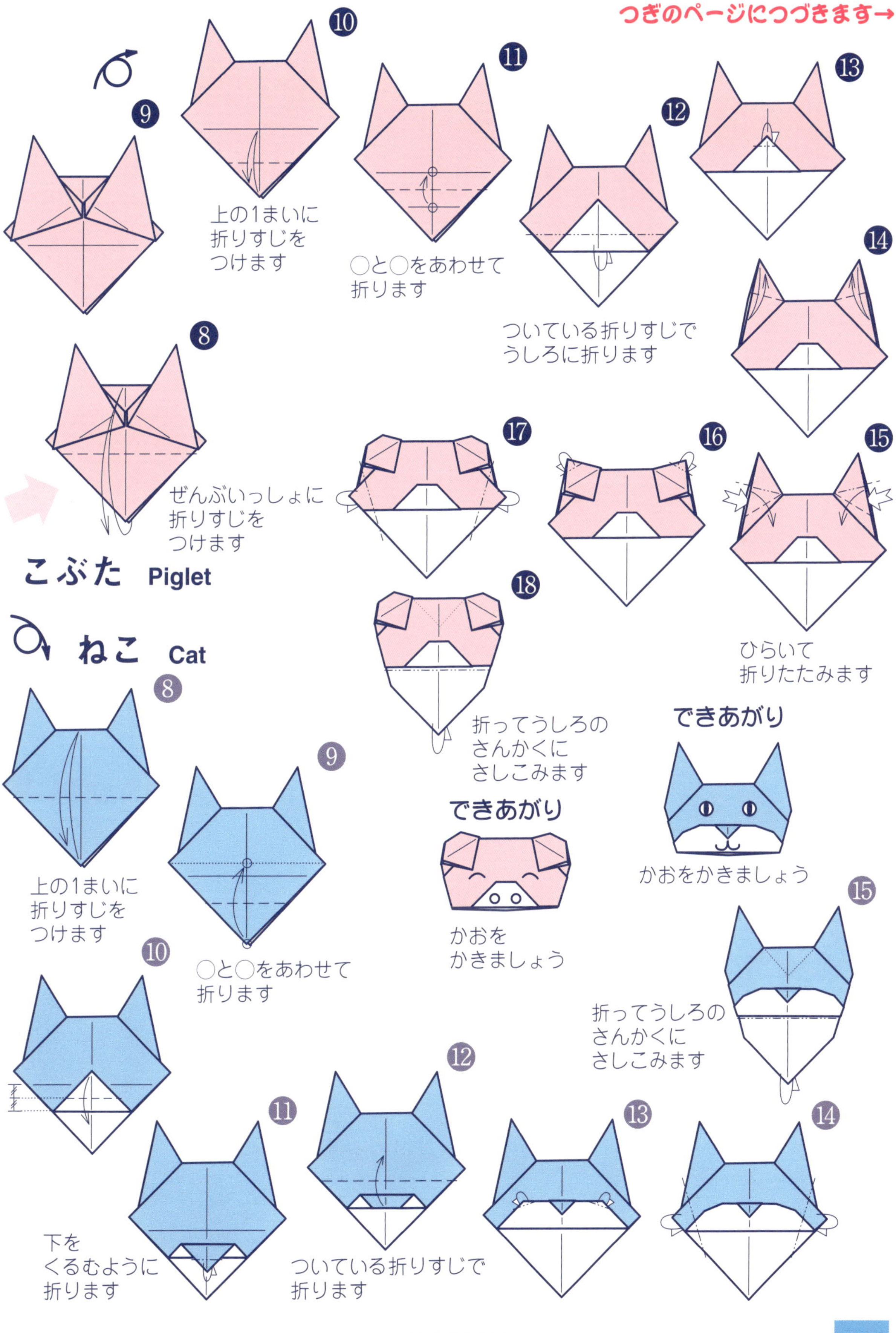
こぶた Piglet
8
ぜんぶいっしょに
折りすじを
つけます
9
10
上の1まいに
折りすじを
つけます
11
○と○をあわせて
折ります
12
ついている折りすじで
うしろに折ります
13
14
15
ひらいて
折りたたみます
16
17
18
折ってうしろの
さんかくに
さしこみます
できあがり
かおを
かきましょう
ねこ Cat
8
上の1まいに
折りすじを
つけます
9
○と○をあわせて
折ります
10
11
下を
くるむように
折ります
12
ついている折りすじで
折ります
13
14
15
折ってうしろの
さんかくに
さしこみます
できあがり
かおをかきましょう

→まえのページからつづきます

たぬき Raccoon dog

くま Bear

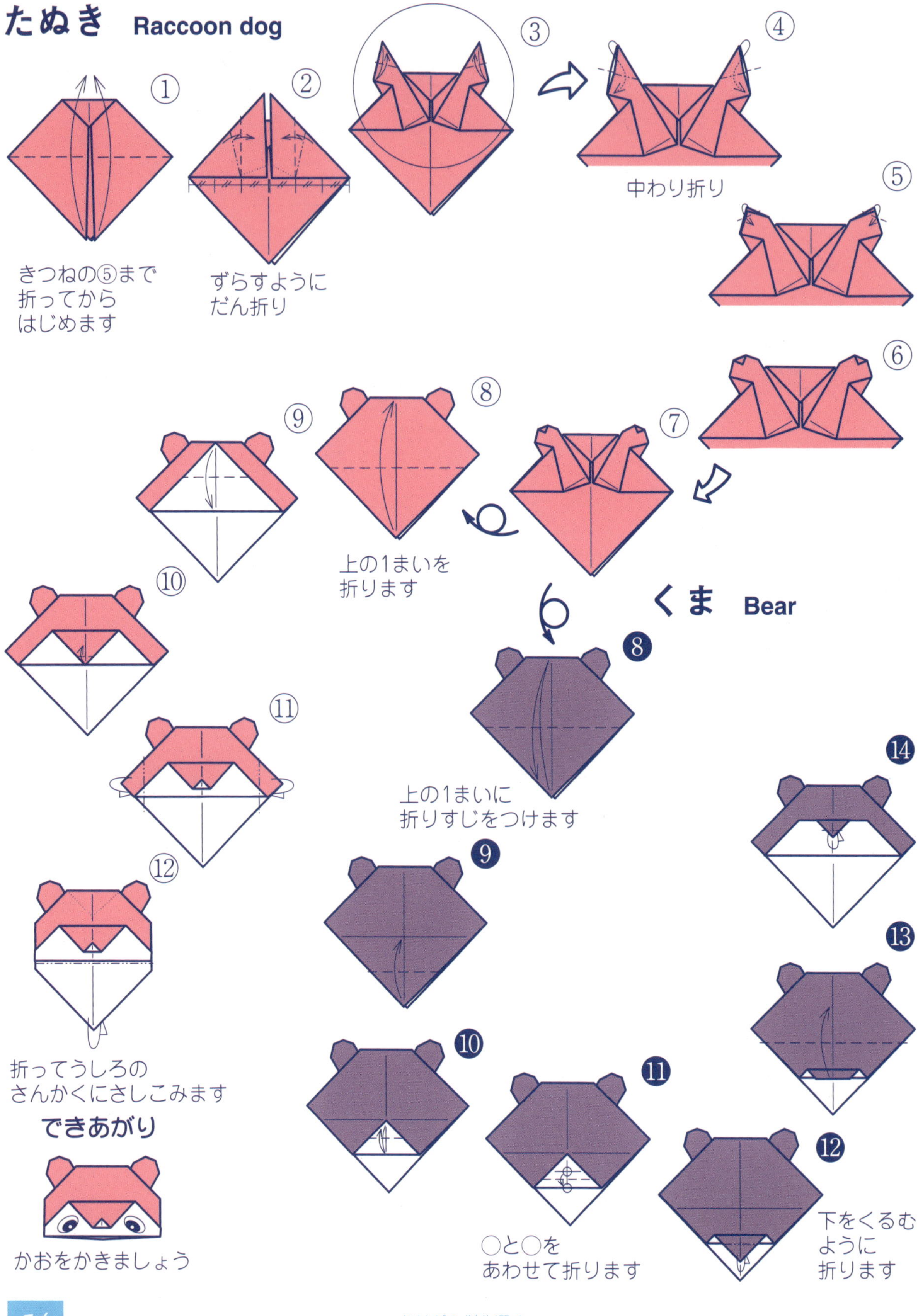
①
きつねの⑤まで
折ってから
はじめます
②
ずらすように
だん折り
③
④
中わり折り
⑤
⑥
⑦
⑧
上の1まいを
折ります
⑨
⑩
⑪
⑫
折ってうしろの
さんかくにさしこみます
できあがり
かおをかきましょう
くま Bear
8
上の1まいに
折りすじをつけます
9
10
11
○と○を
あわせて折ります
12
下をくるむ
ように
折ります
13
14

木を折って、にんぎょうげきのぶたいをつくりましょう!!

木　Tree

はじめに「たこの基本形《きほんけい》」を折ります

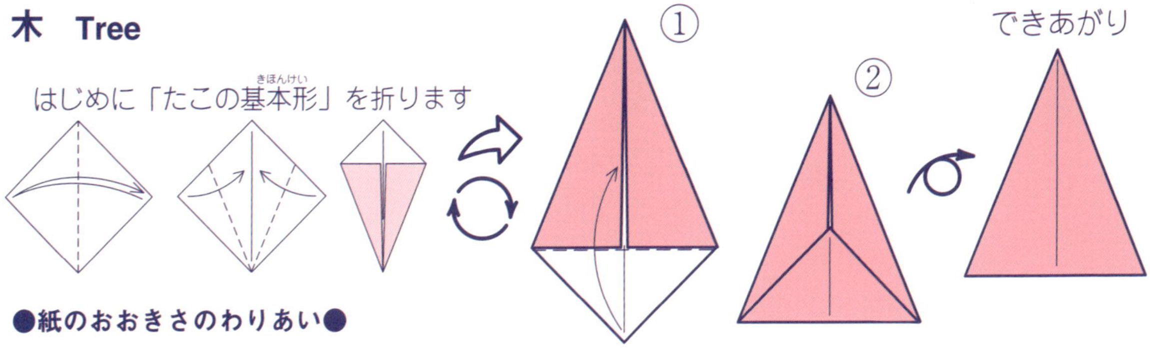

●紙のおおきさのわりあい●

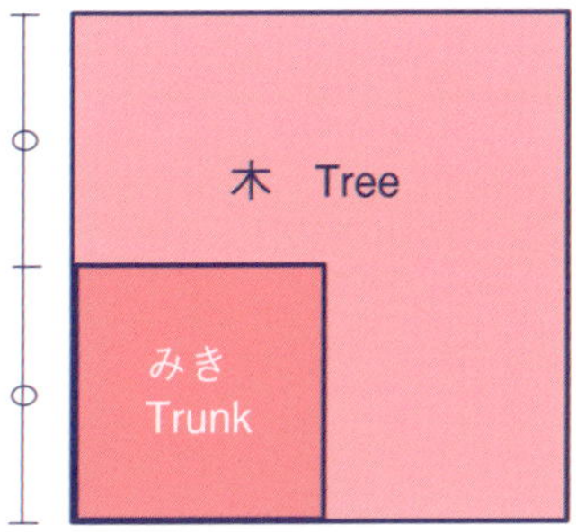

できあがり

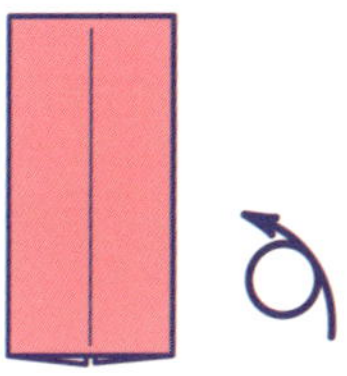

みき　Trunk

はじめに「かんのん基本形」を折ります

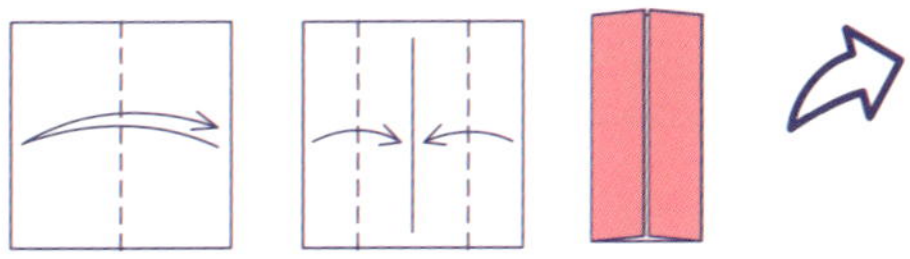

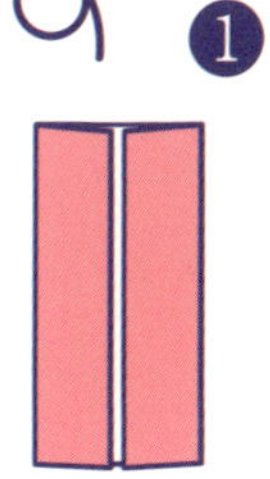

できあがり

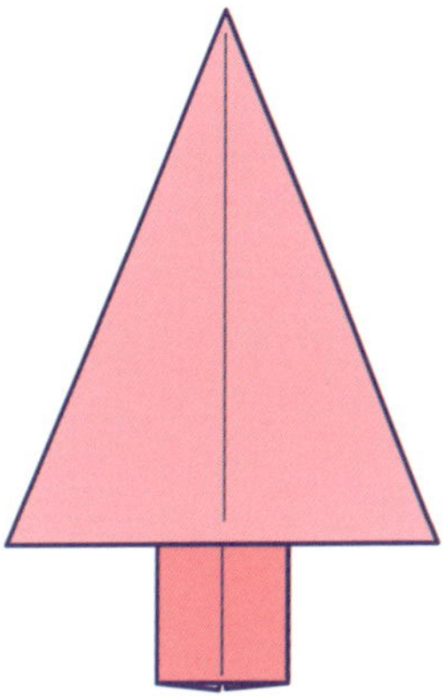

木とみきを
のりづけします

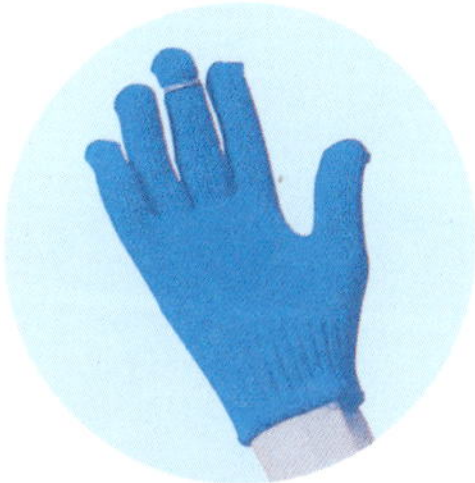

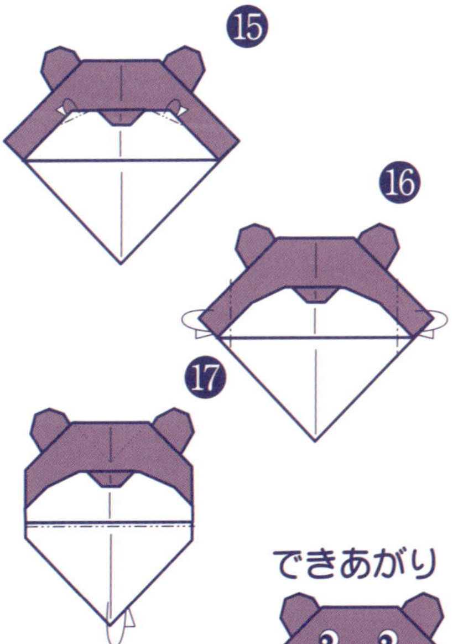

折ってうしろの
さんかくに
さしこみます

できあがり

かおをかきましょう

ぼうしにするときは、
あたまのおおきさにあわせて
左右を折りましょう

※うさぎの図はのっていません

ゆびにんぎょうにするときは、折り紙とおなじ色の手ぶくろをつかい、わゴムをまいてからはめるとすべりません
木などをはり、ぶたいをつくるとたのしいでしょう

ふつう

パンダの帽子《ぼうし》 アレンジ：半田《はんだ》文直《たけなお》

Panda-shaped cap arranged by Mr. Takenao Handa

月刊おりがみ「319号」掲載

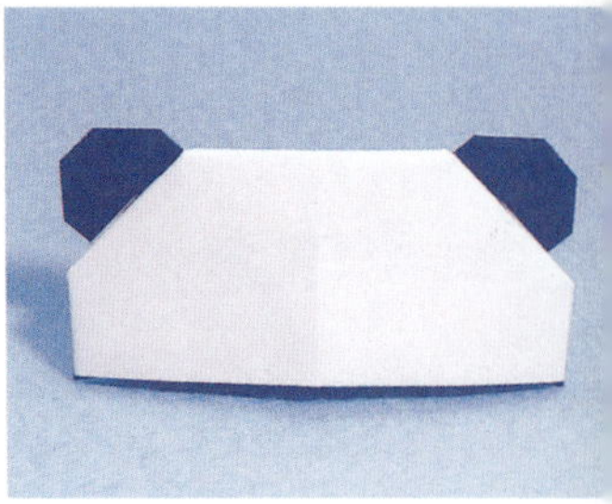

50cm角くらいのおおきな紙で折りましょう。15cm角の紙で折ると、ゆびにんぎょうにもなります。

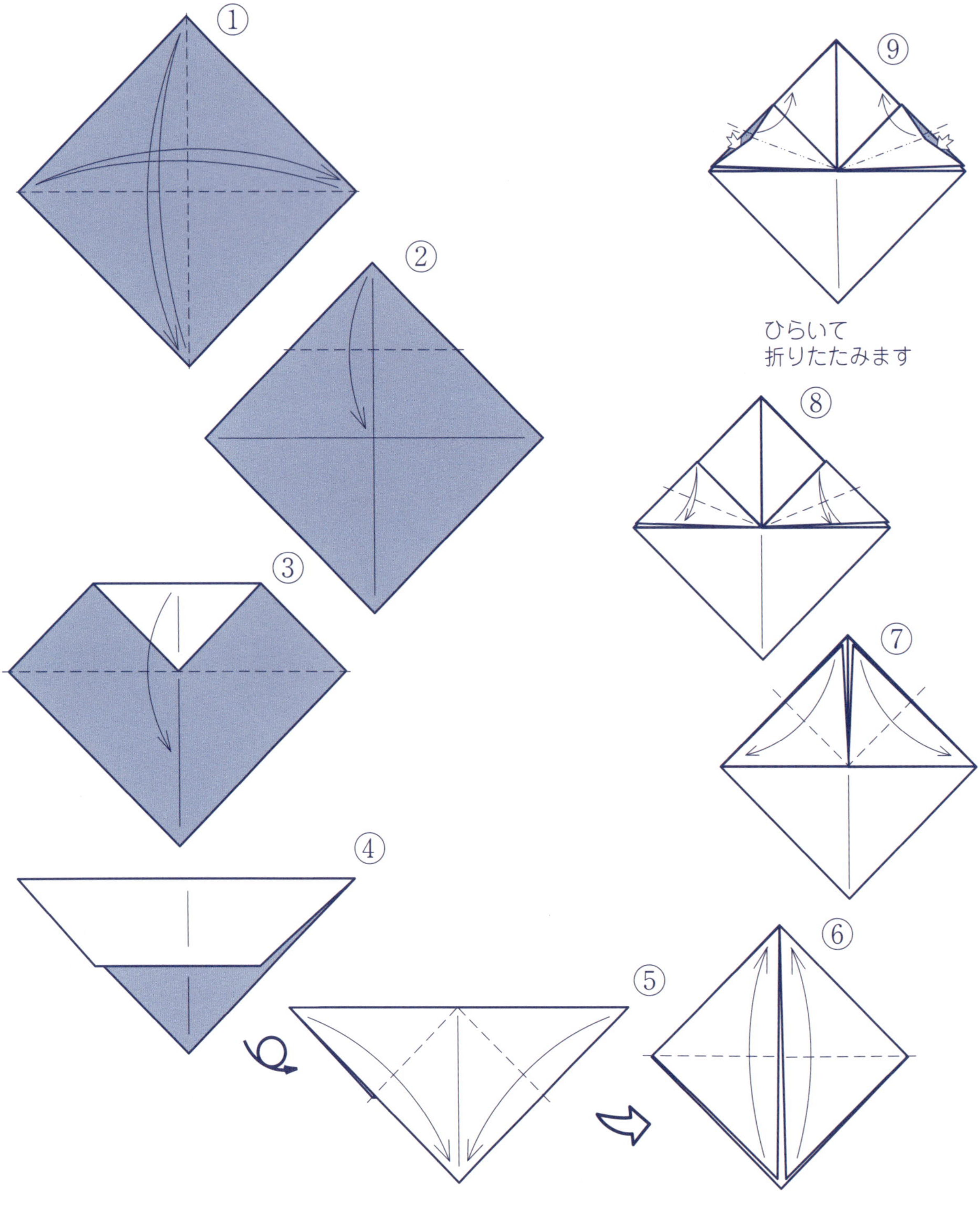

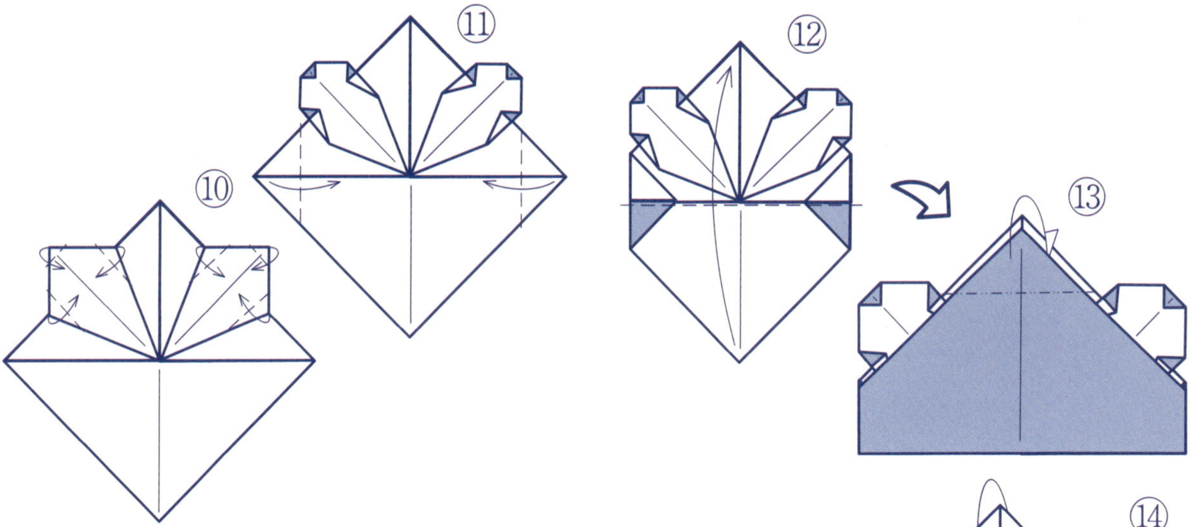
⑩
⑪
⑫
⑬

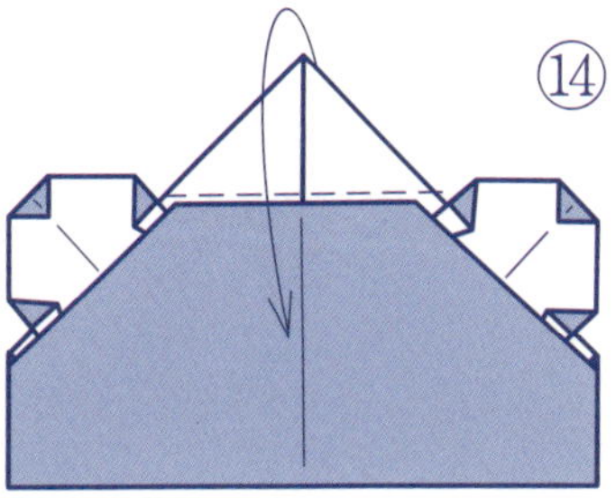
⑭

のりづけするとしっかりします

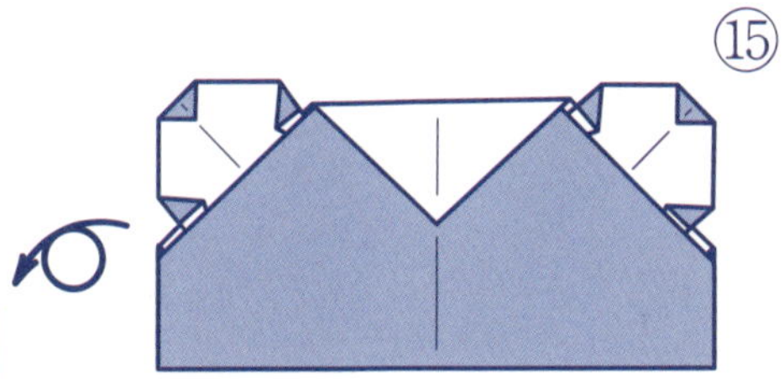
⑮

できあがり

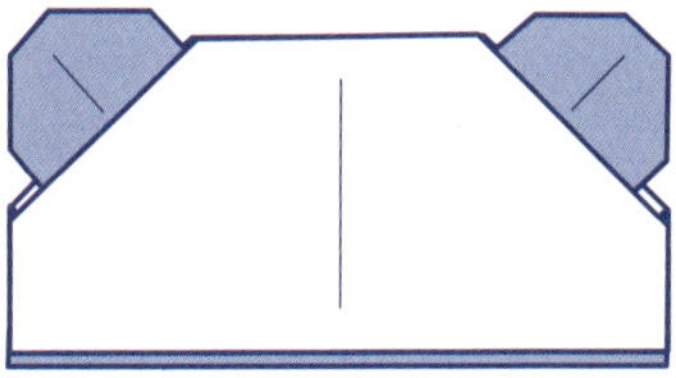

あそびかた

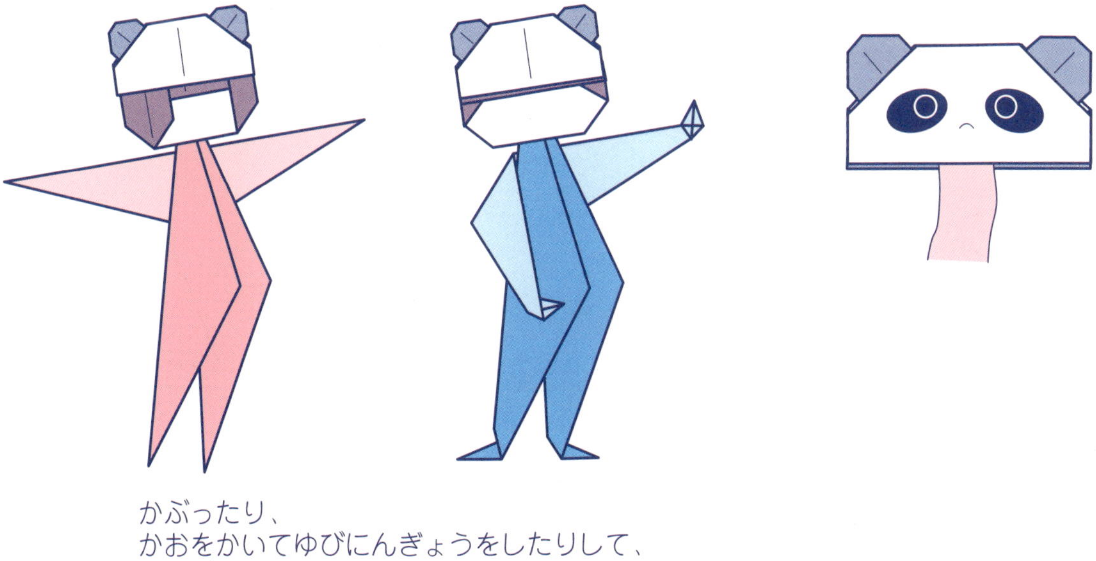

かぶったり、
かおをかいてゆびにんぎょうをしたりして、
あそびましょう

むずかしい

ペンギンの指人形《ゆびにんぎょう》

Penguin's glove puppet by Mr. Yukihiko Matsuno

松野《まつの》幸彦《ゆきひこ》

月刊おりがみ「335号」掲載

⑩がむずかしいかもしれませんが、かわいいペンギンができるのでがんばって折ってください。ビー玉《だま》をいれてころがしても、たのしくあそべます。

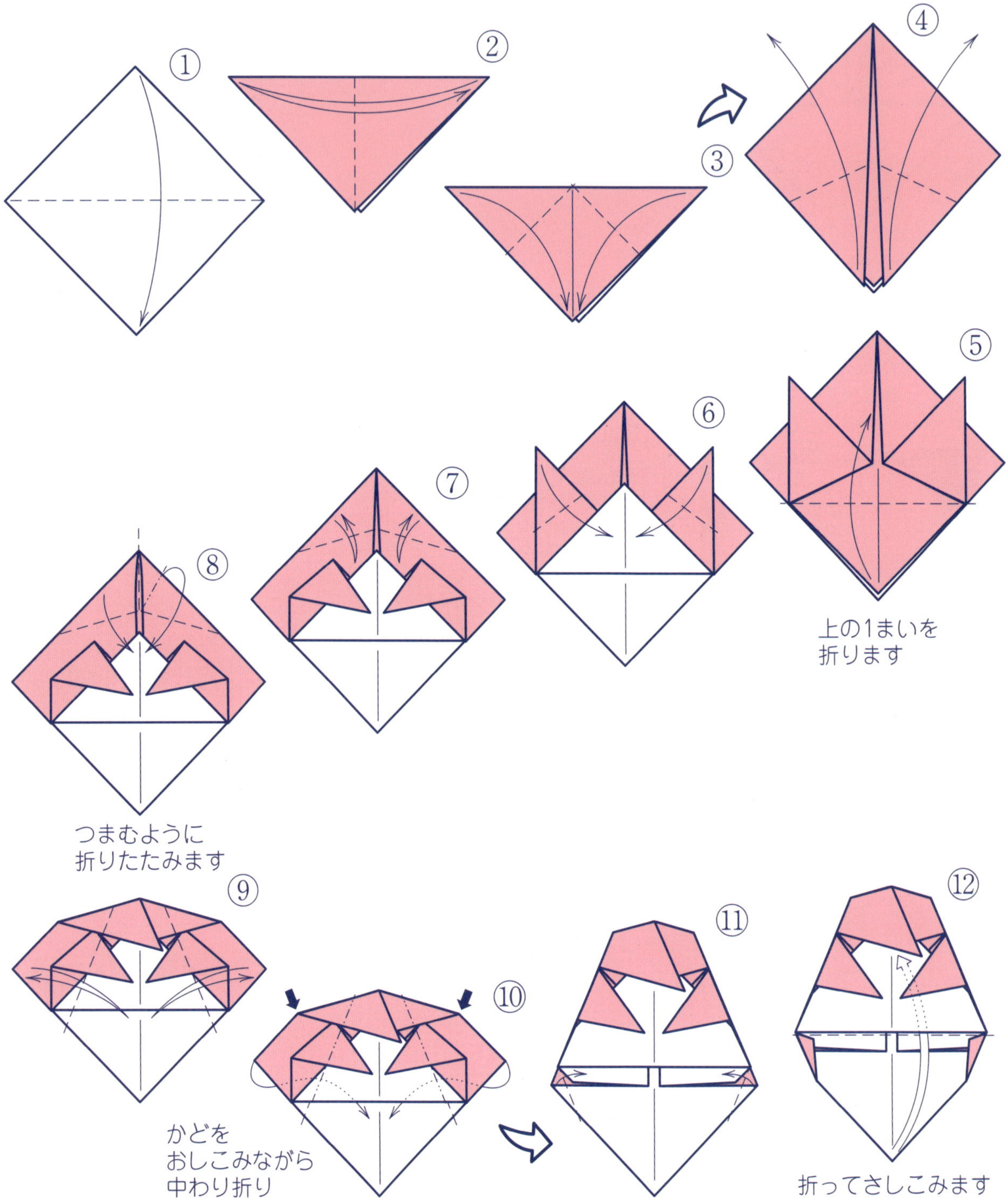
①
②
③
④
⑤
上の1まいを
折ります
⑥
⑦
⑧
つまむように
折りたたみます
⑨
⑩
かどを
おしこみながら
中わり折り
⑪
⑫
折ってさしこみます

もっとおってあそぼう!!

40ページのきんぎょで
きんぎょつりをしましょう！

図のようにクリップと糸で
つりぐをつくります

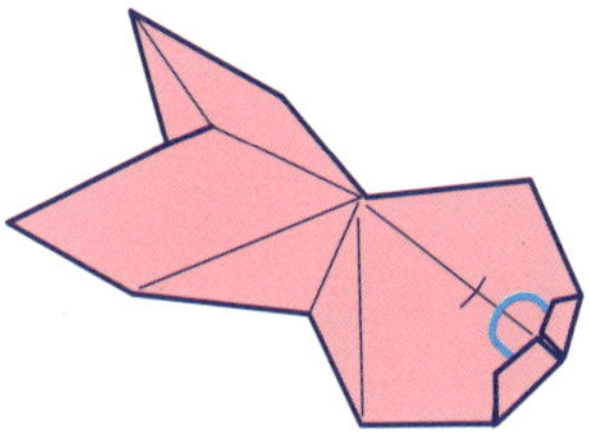

ちいさなわゴムを
セロテープなどでつけます

クリップのさきを、わゴムにかけるようにして
きんぎょつりをしましょう

⑬

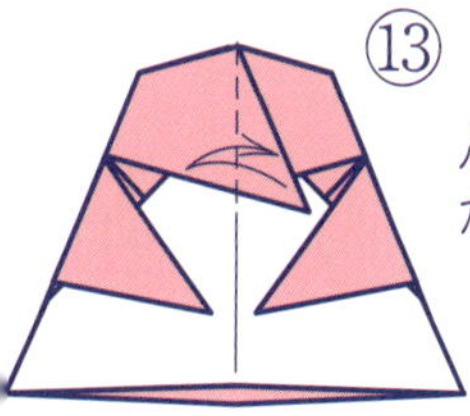

⑭

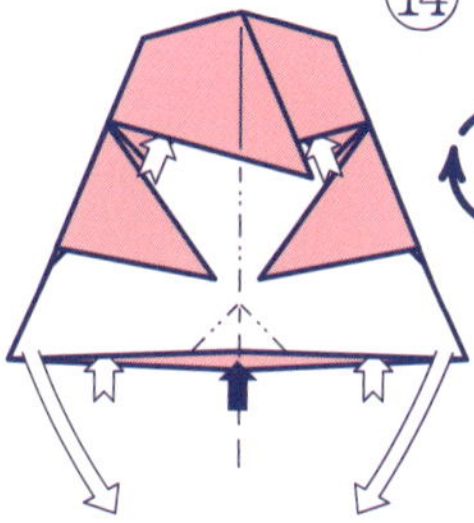

ふくらませて
かたちをととのえます

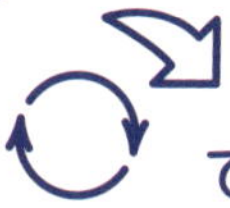

できあがり

あそびかた

ゆびにさしこんで
ゆびにんぎょうにしましょう

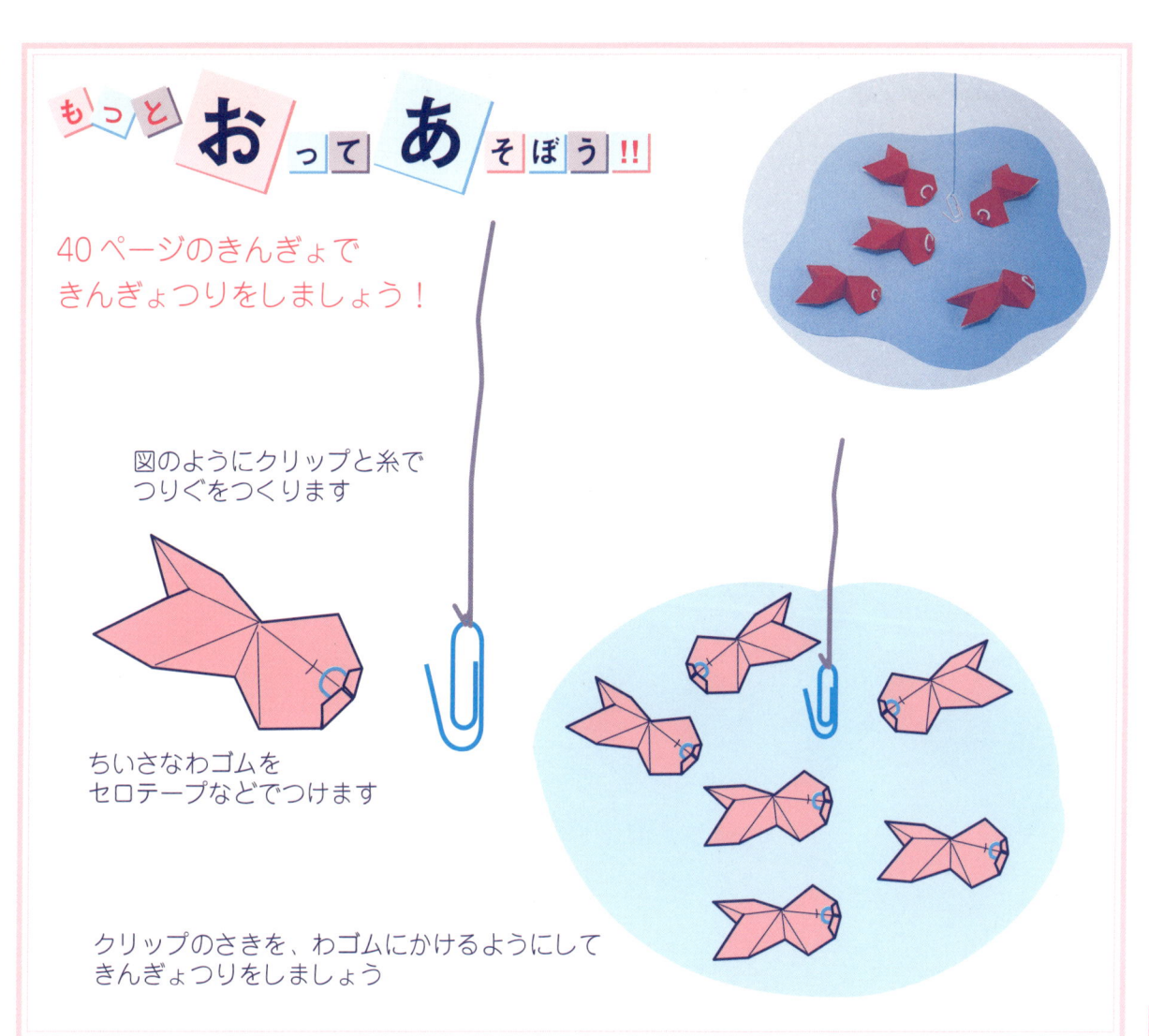

Othello game with the face of *oni* by Ms. Chiyo Fukuoka

ふつう

オニのオセロゲーム

福岡《ふくおか》千代《ちよ》

月刊おりがみ「342号」掲載

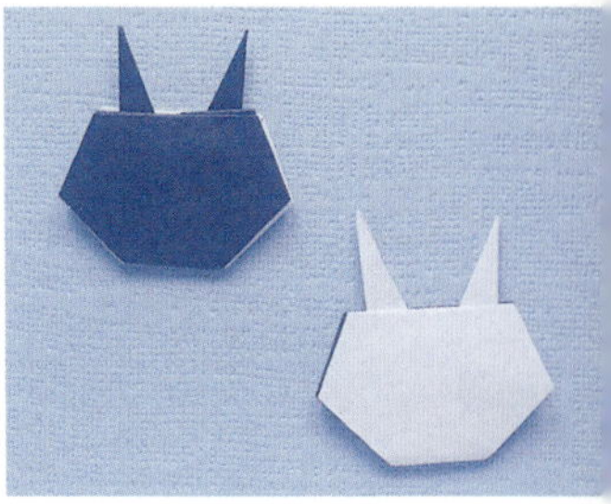

オセロ盤《ばん》はたて8列《れつ》、よこ8列で、ぜんぶで64マスなので、作品《さくひん》は64こ折ります。7.5cm角の紙で折るとき、マスのおおきさは3.5cm角が、ぴったりです。おもてが黒、うらが白の折り紙をつかいましょう。

はじめに「正方基本形《せいほうきほんけい》」を折ります

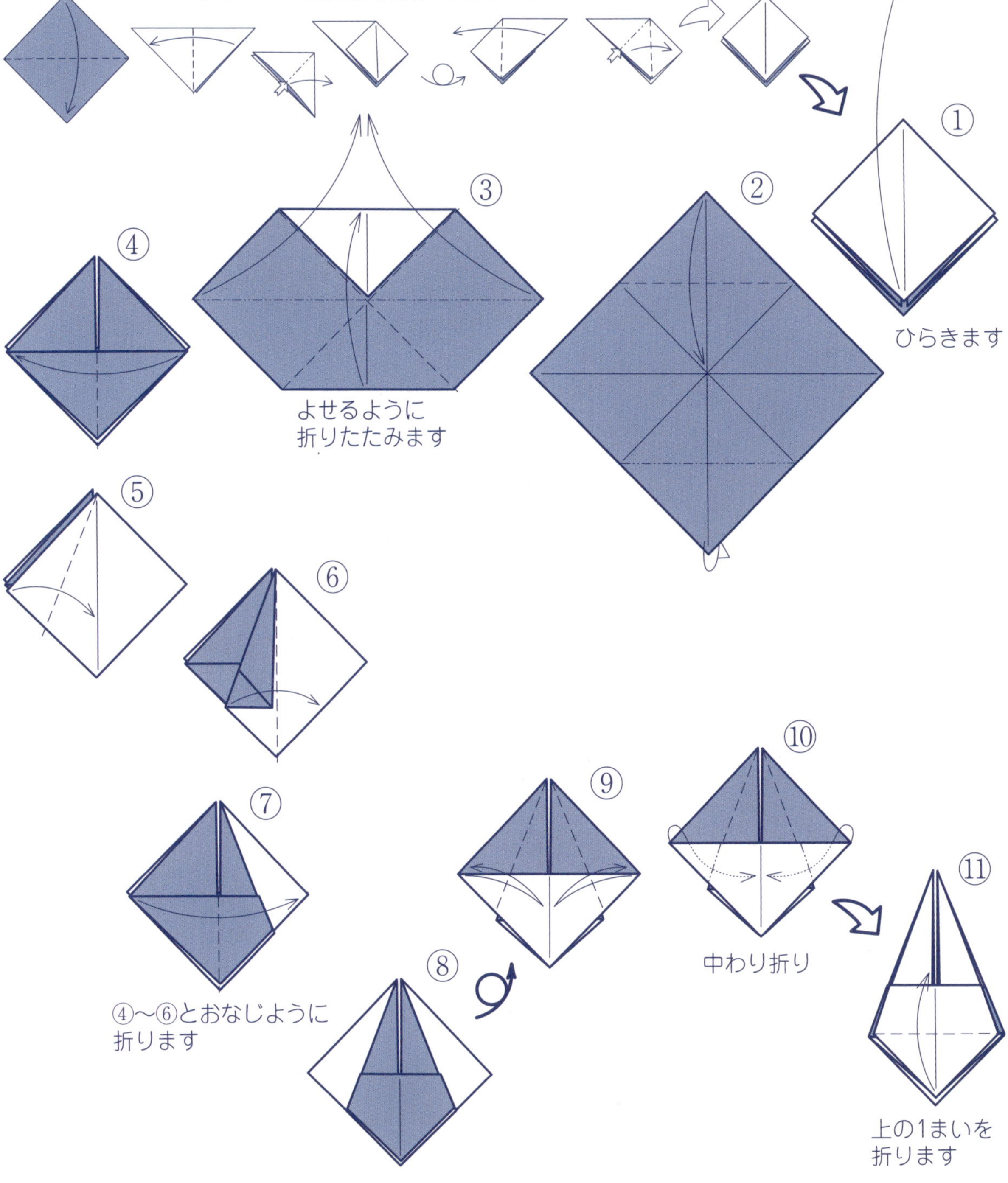
①
ひらきます
②
③
よせるように
折りたたみます
④
⑤
⑥
⑦
④〜⑥とおなじように
折ります
⑧
⑨
⑩
中わり折り
⑪
上の1まいを
折ります

あそびかた

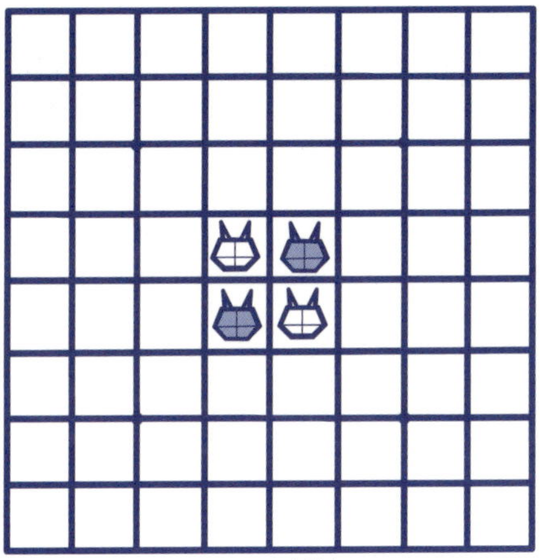

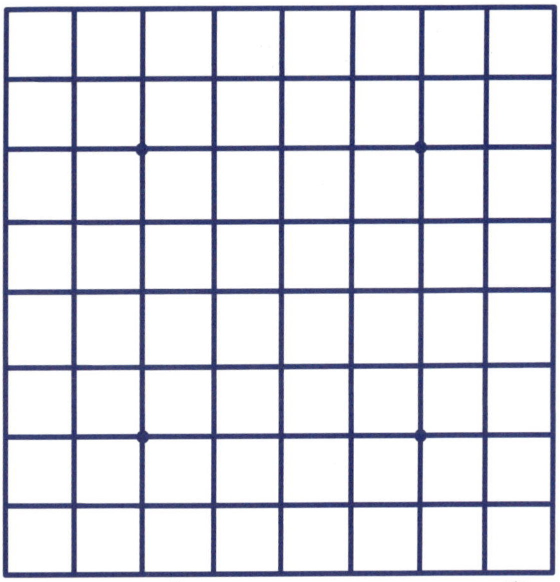

①ふたりであそびます。ひとりが黒石《くろいし》、もう
ひとりが白石《しろいし》です

②図のように白石と黒石をならべてはじめます

③黒石の人から、たて、よこ、ななめで相手《あいて》の
石をはさむようにうちます

④はさんだ石をひっくりかえして、自分《じぶん》の石の
色にします

⑤さいごに自分の色がおおいほうが勝《か》ちです

▲上の図を4倍《ばい》におおきくして、オセロ盤《ばん》にしてもよいでしょう。たてよこ8等分《とうぶん》の折りすじをつけてつくってもたのしいです

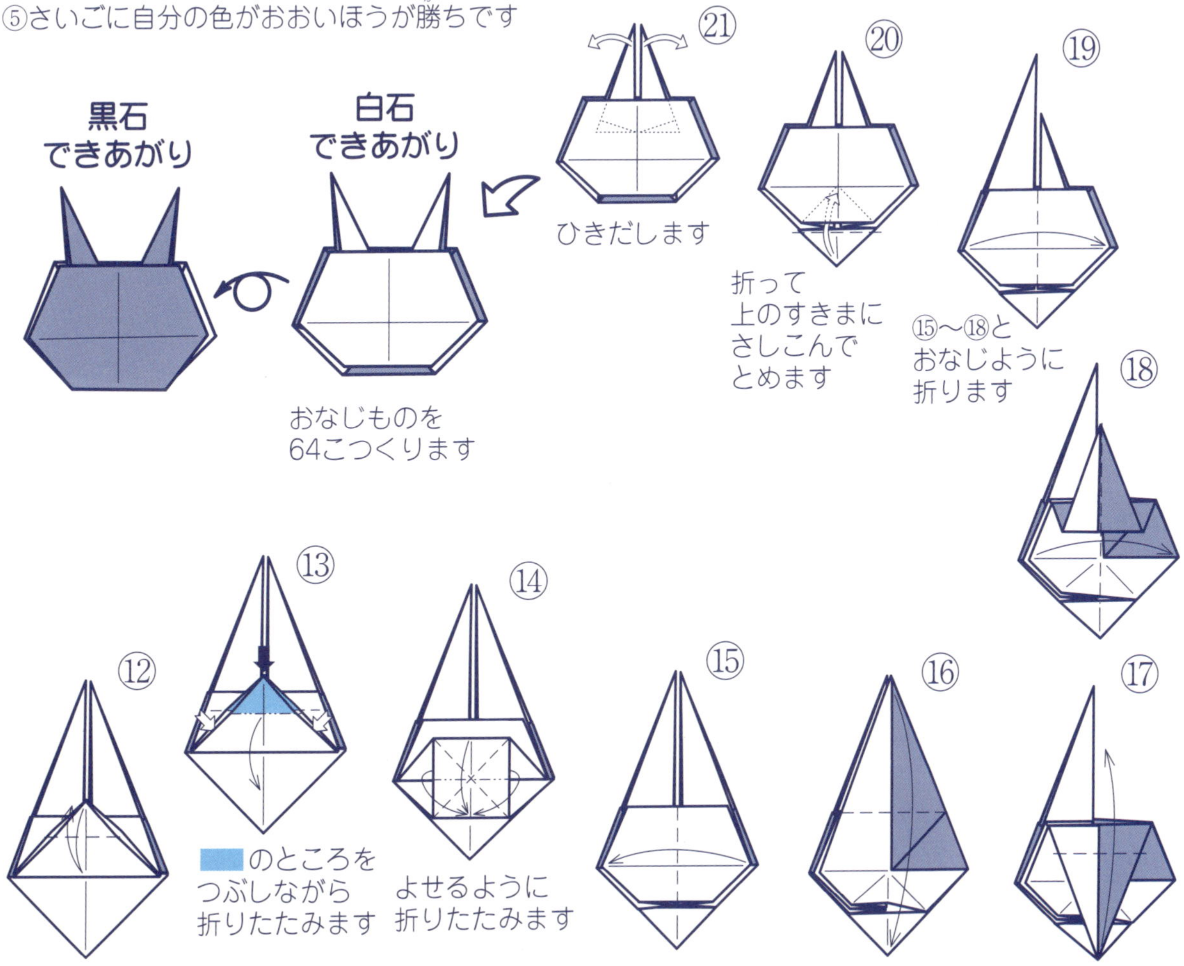
⑫
⑬
のところをつぶしながら折りたたみます
⑭
よせるように折りたたみます
⑮
⑯
⑰
⑱
⑲
⑮〜⑱とおなじように折ります
⑳
折って上のすきまにさしこんでとめます
㉑
ひきだします
白石
できあがり
おなじものを64こつくります
黒石
できあがり

Face of Charlie Chaplin by Ms. Yaeko Kubota

ふつう

チャップリン

窪田《くぼた》八重子《やえこ》

月刊おりがみ「257号」掲載

チャールズ·チャップリン(1889-1977)は、イギリス生まれの喜劇《きげき》俳優《はいゆう》で、映画《えいが》監督《かんとく》でもありました。おもてが黒、うらが白の折り紙をつかって、ふくわらいをしましょう。

●紙のおおきさのわりあい●

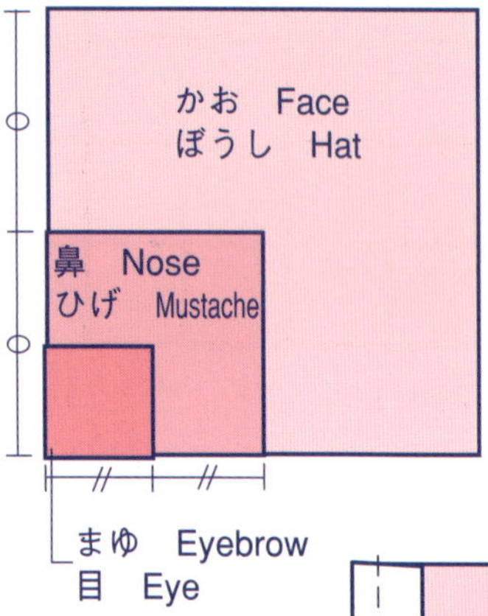
かお Face
ぼうし Hat
鼻 Nose
ひげ Mustache
まゆ Eyebrow
目 Eye

かお Face 15cm角（1まい）
ぼうし Hat 15cm角（1まい）
鼻 Nose 7.5cm角（1まい）
ひげ Mustache 7.5cm角（1まい）
まゆ Eyebrow 3.75cm角（2まい）
目 Eye 3.75cm角（2まい）

かお Face

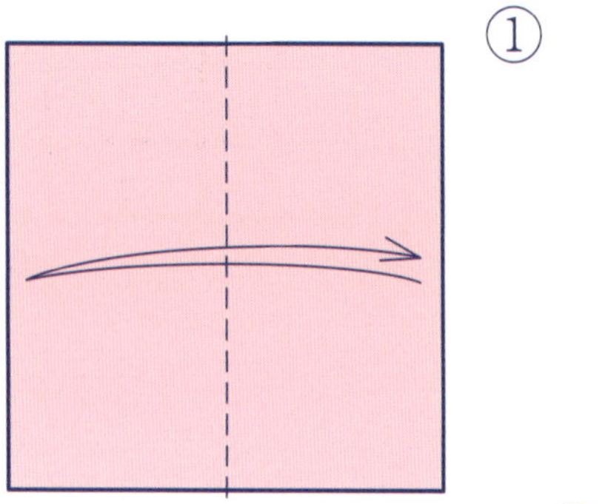
①

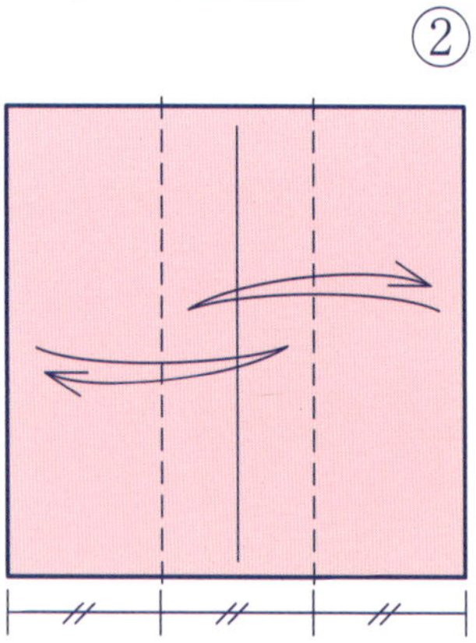
②

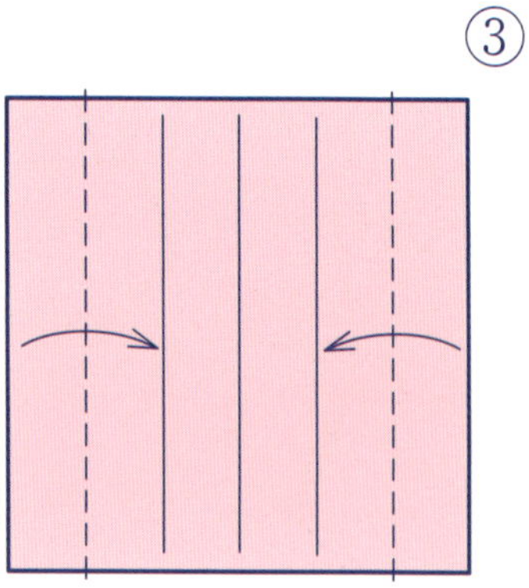
③

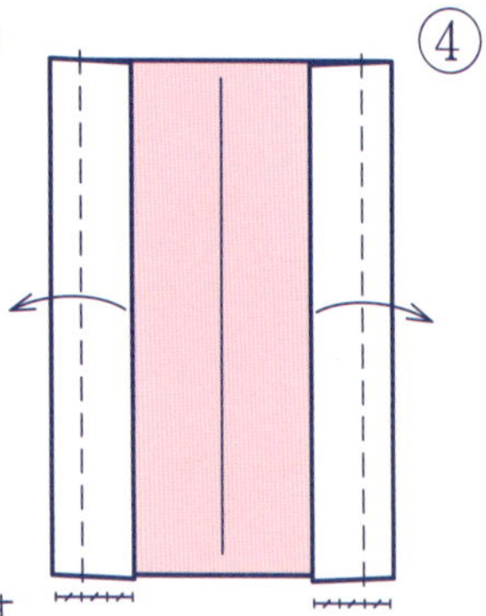
④

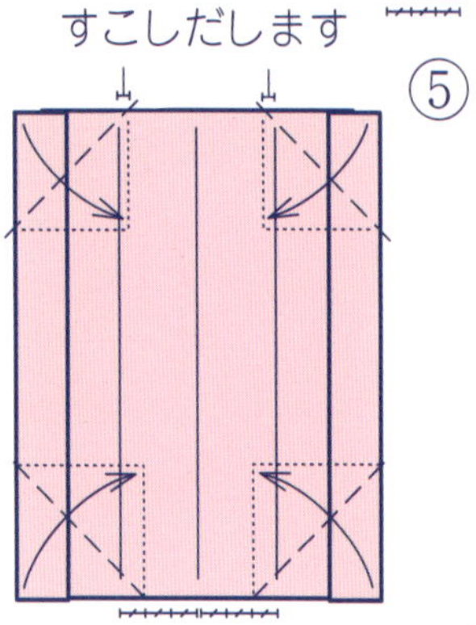
すこしだします
⑤

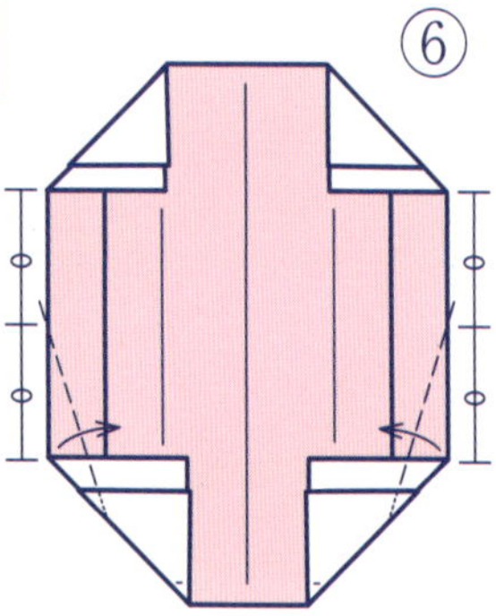
⑥

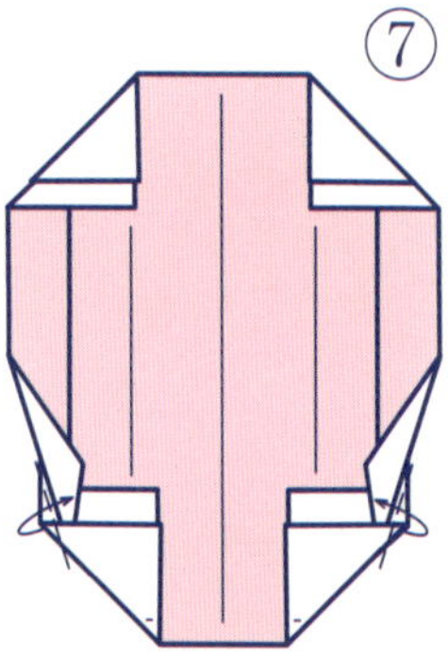
⑦

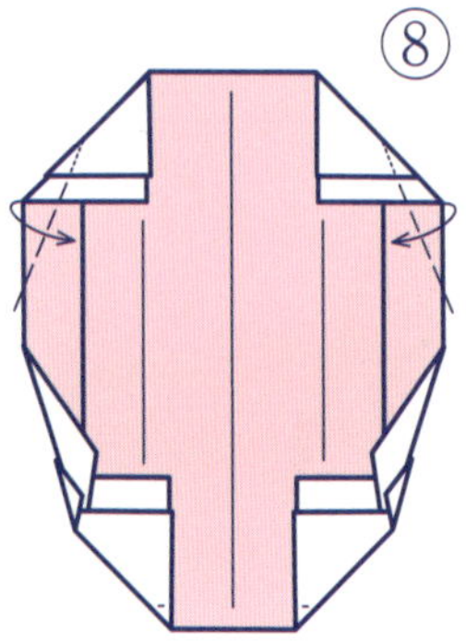
⑧

ぼうし　Hat

つぎのページにつづきます→

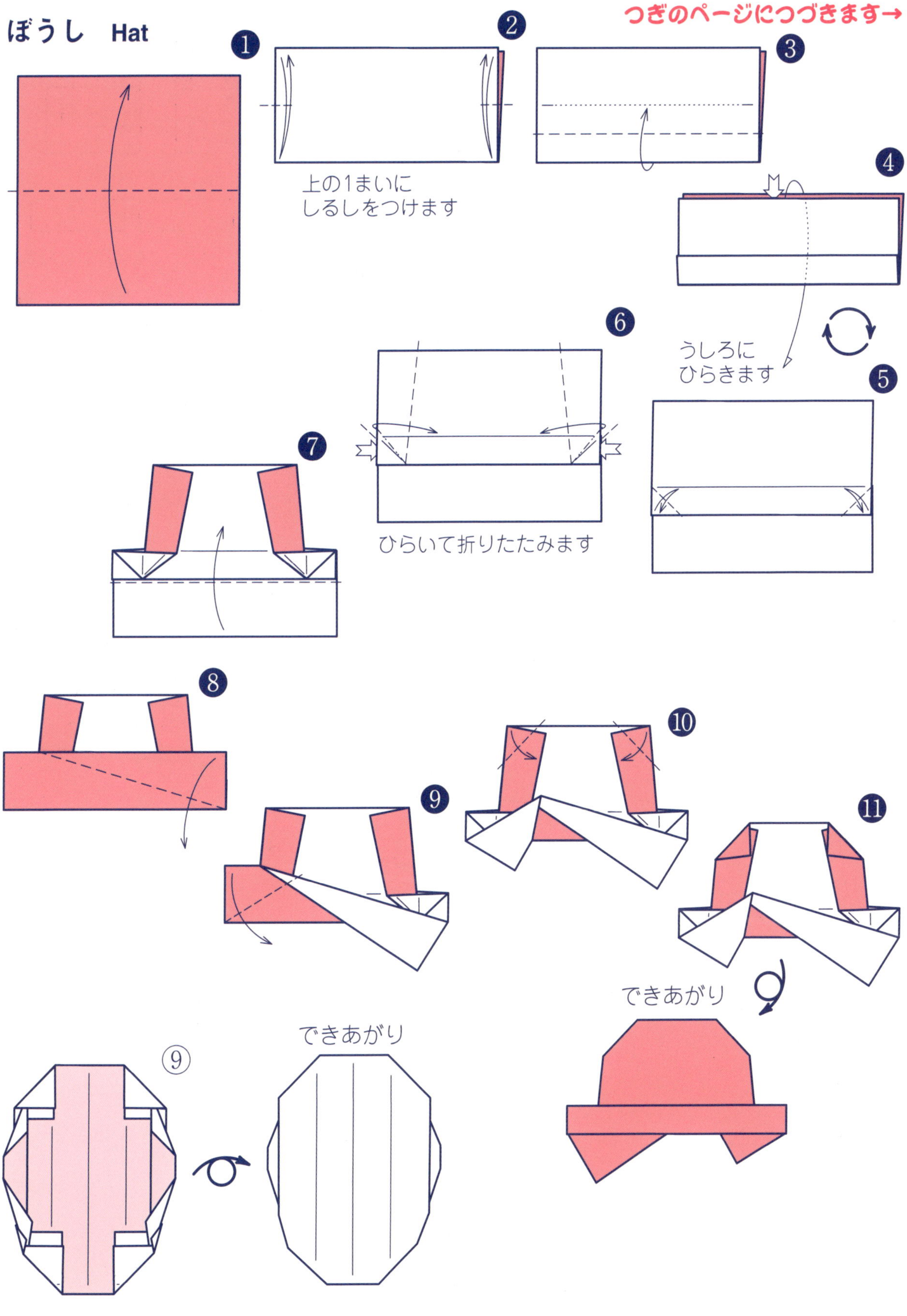
上の1まいに
しるしをつけます
うしろに
ひらきます
ひらいて折りたたみます
⑨
できあがり
できあがり

→まえのページからつづきます

まゆ　Eyebrow

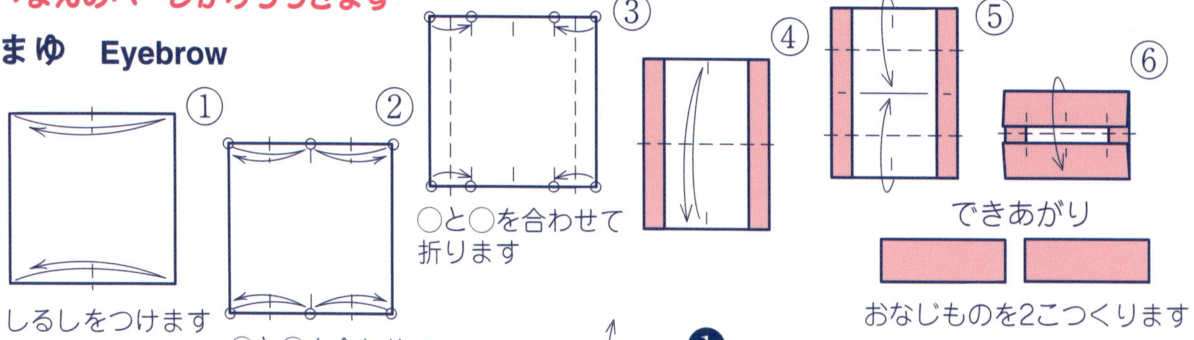
しるしをつけます
○と○を合わせて
しるしをつけます
○と○を合わせて
折ります
できあがり
おなじものを2こつくります

目　Eye

はじめに「ざぶとん基本形《きほんけい》」を折ります

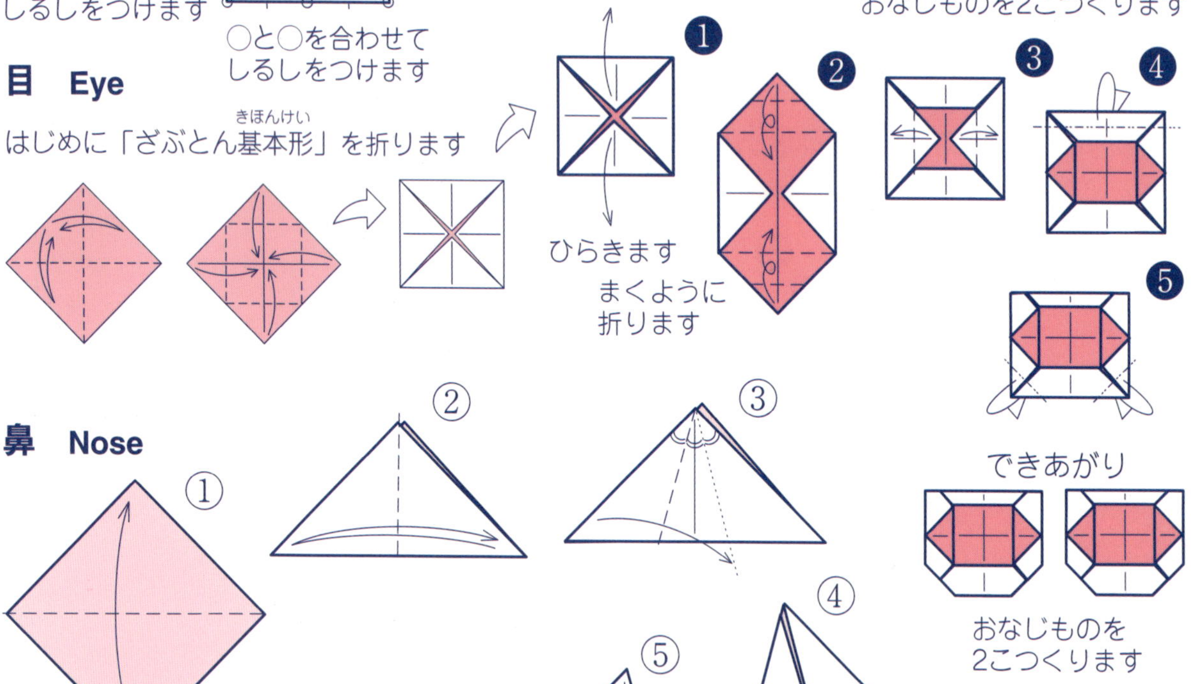
ひらきます
まくように
折ります
できあがり
おなじものを
2こつくります

鼻　Nose

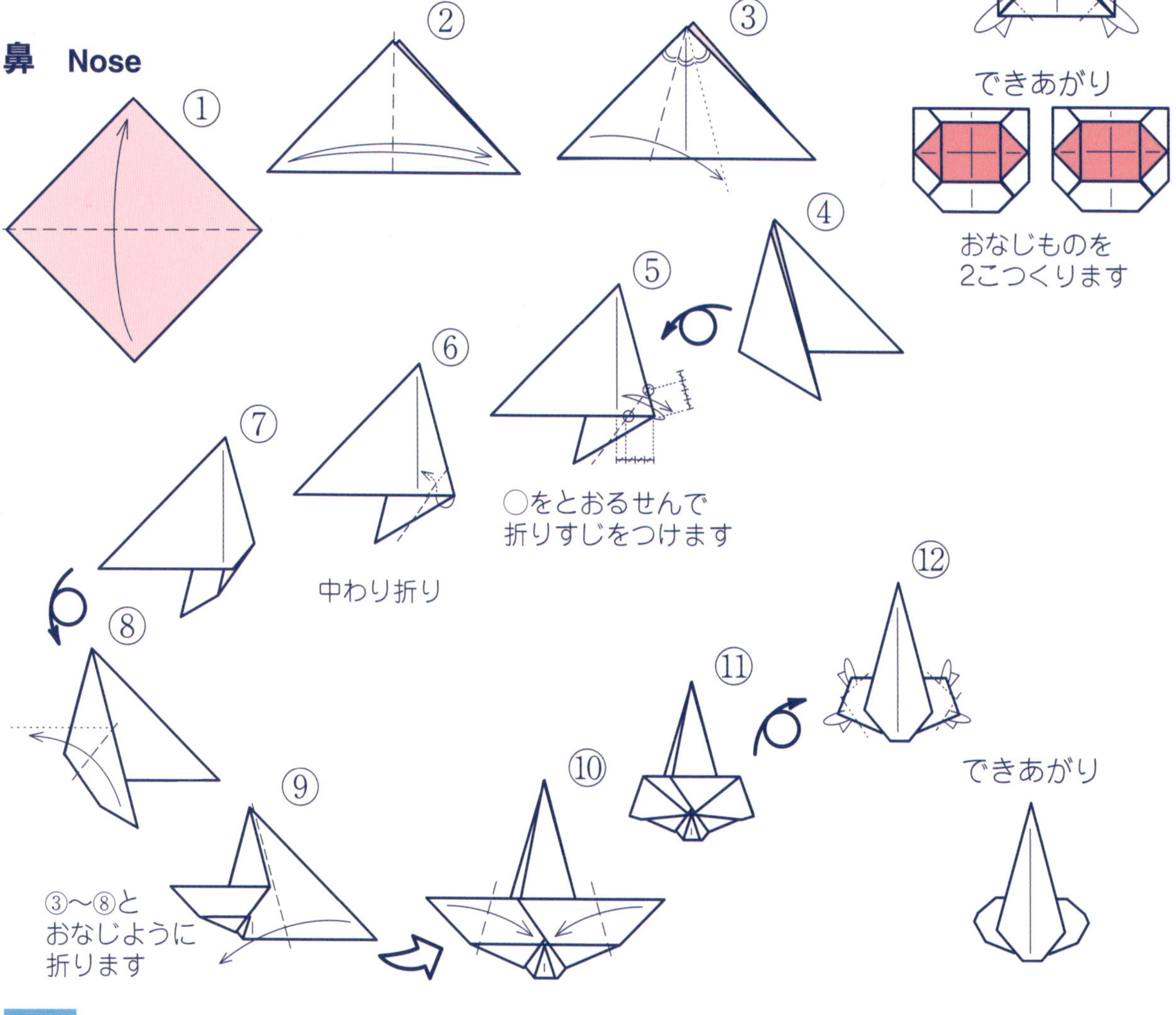
○をとおるせんで
折りすじをつけます
中わり折り
③〜⑧と
おなじように
折ります
できあがり

ものしりノア

おともだちの「ぴょんぴょんガエル」はよくとぶのに、ぼくのカエルはさっぱり…、やっぱりつくった人に似《に》るのかなあ…などとおちこんでいる人はいませんか。あきらめてはいけません!! とっておきのヒミツをおしえます。

1
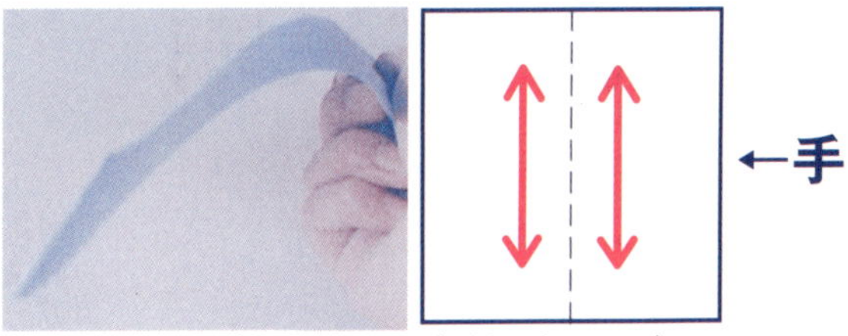

折りやすい（バネがよわい）▲

2
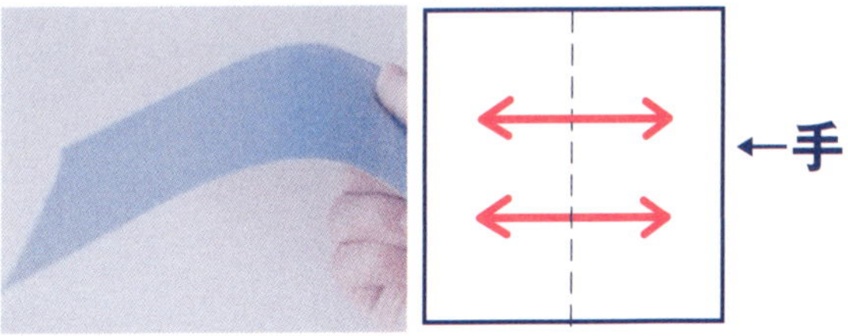

折りにくい（バネがつよい）▲

紙は繊維《せんい》からできています。紙をやぶったとき、ヒゲのようにでるのが繊維です。繊維はほそながいので、紙をすくむきにならびます。その向きが紙の「目」とよばれているのです。
それではどのようにして、「目」をみわけるのでしょうか。それはかんたん！紙のはしっこをもってみて、1のようにだらんと下がったとき、紙の繊維はたてにながれています。はんたいに、2のときは、よこにながれています。

このことをおぼえて、「ぴょんぴょんガエル」を、3のように折りはじめてみましょう。⑬⑭の折り目をよこ目でつけることになるので、バネになるところの力《ちから》がまし、よくとぶはずです！

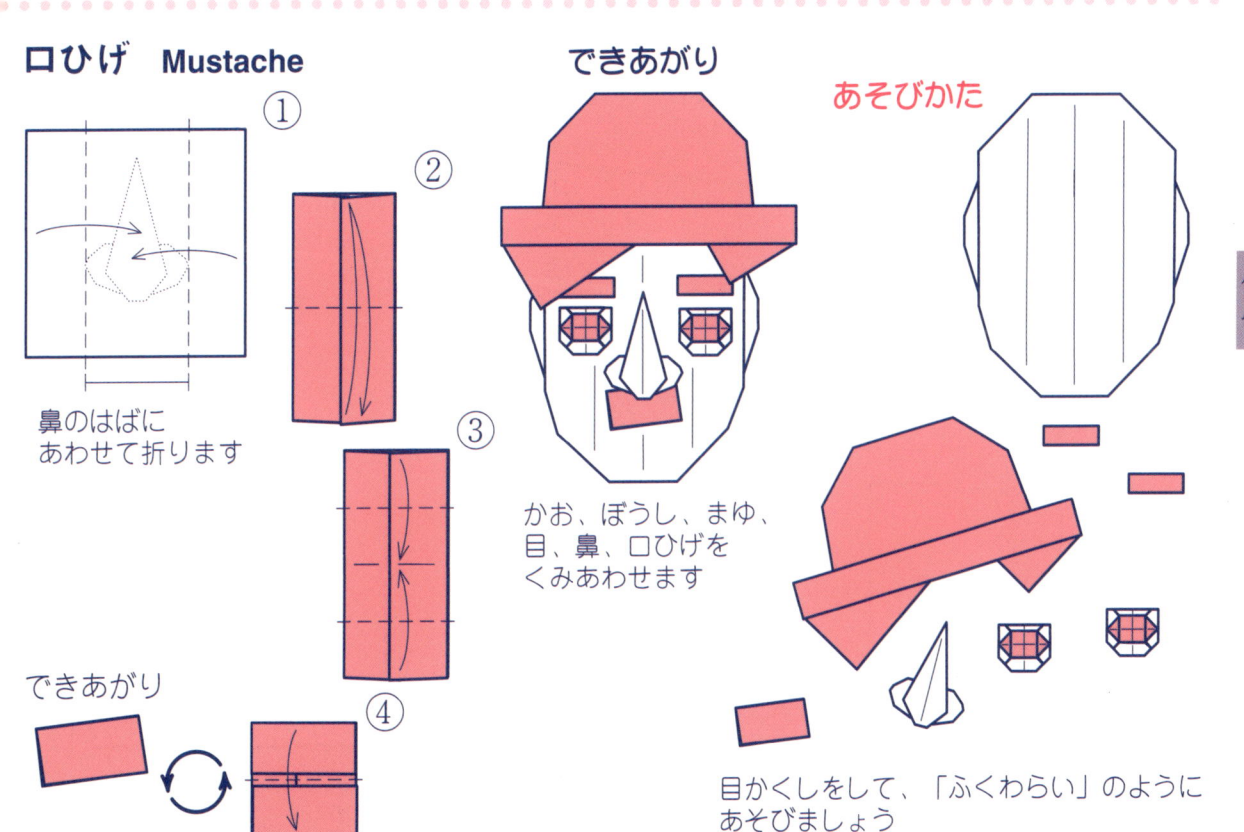

3

口ひげ　Mustache

①
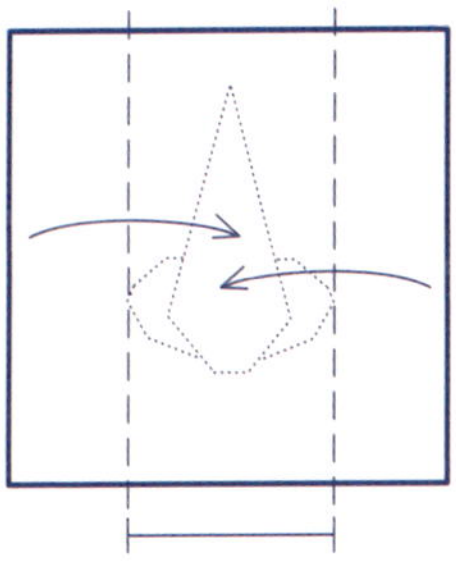
鼻のはばに
あわせて折ります

②
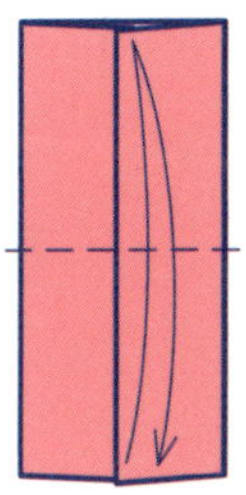

③
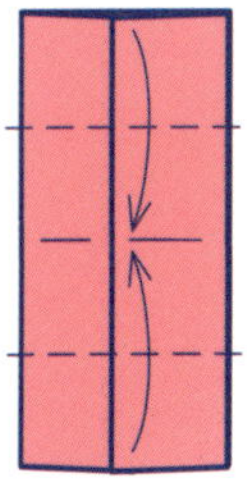

④
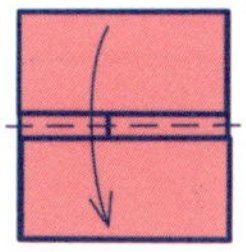

できあがり
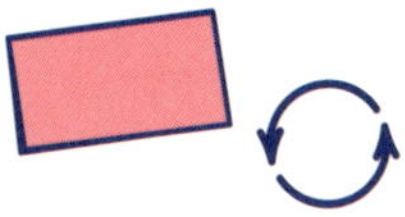

できあがり

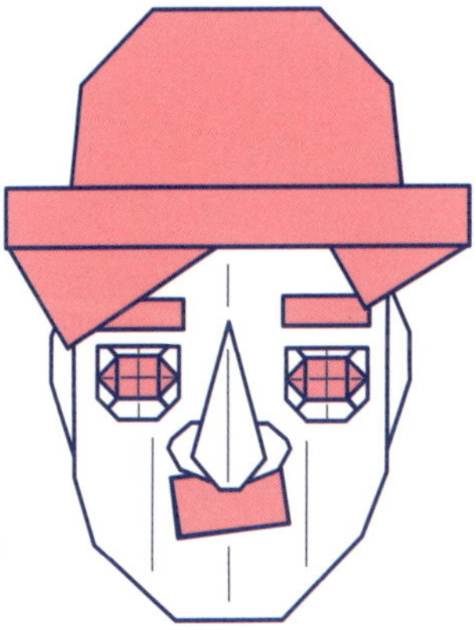
かお、ぼうし、まゆ、
目、鼻、口ひげを
くみあわせます

あそびかた

目かくしをして、「ふくわらい」のように
あそびましょう

むずかしい

Magic《マジック》 Rose《ローズ》 Cube《キューブ》

Magic Rose Cube by Ms. Valerie Vann

バレリー・バン
(アメリカ)

月刊おりがみ「303号」掲載

花《はな》に3まい、葉《は》に3まいをつかいます。ひらきやすくするために、11cm角くらいのおおきさの、かためで、おもてとうらがおなじ色の紙で折りましょう。

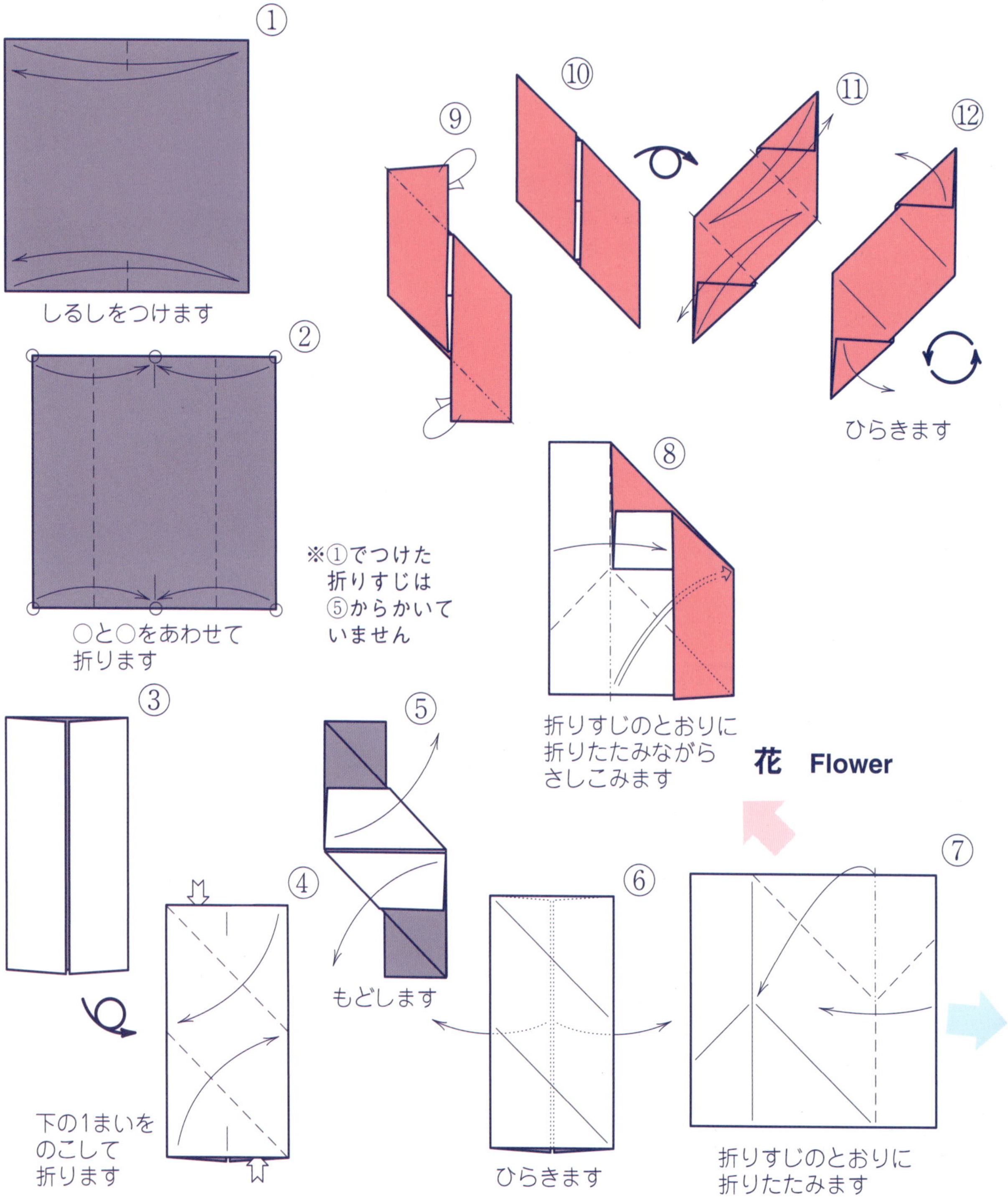
①
しるしをつけます
②
○と○をあわせて
折ります
※①でつけた
折りすじは
⑤からかいて
いません
③
④
下の1まいを
のこして
折ります
⑤
もどします
⑥
ひらきます
⑦
折りすじのとおりに
折りたたみます
花 Flower
⑧
折りすじのとおりに
折りたたみながら
さしこみます
⑨
⑩
⑪
⑫
ひらきます

つぎのページにつづきます→

●くみあわせかた●

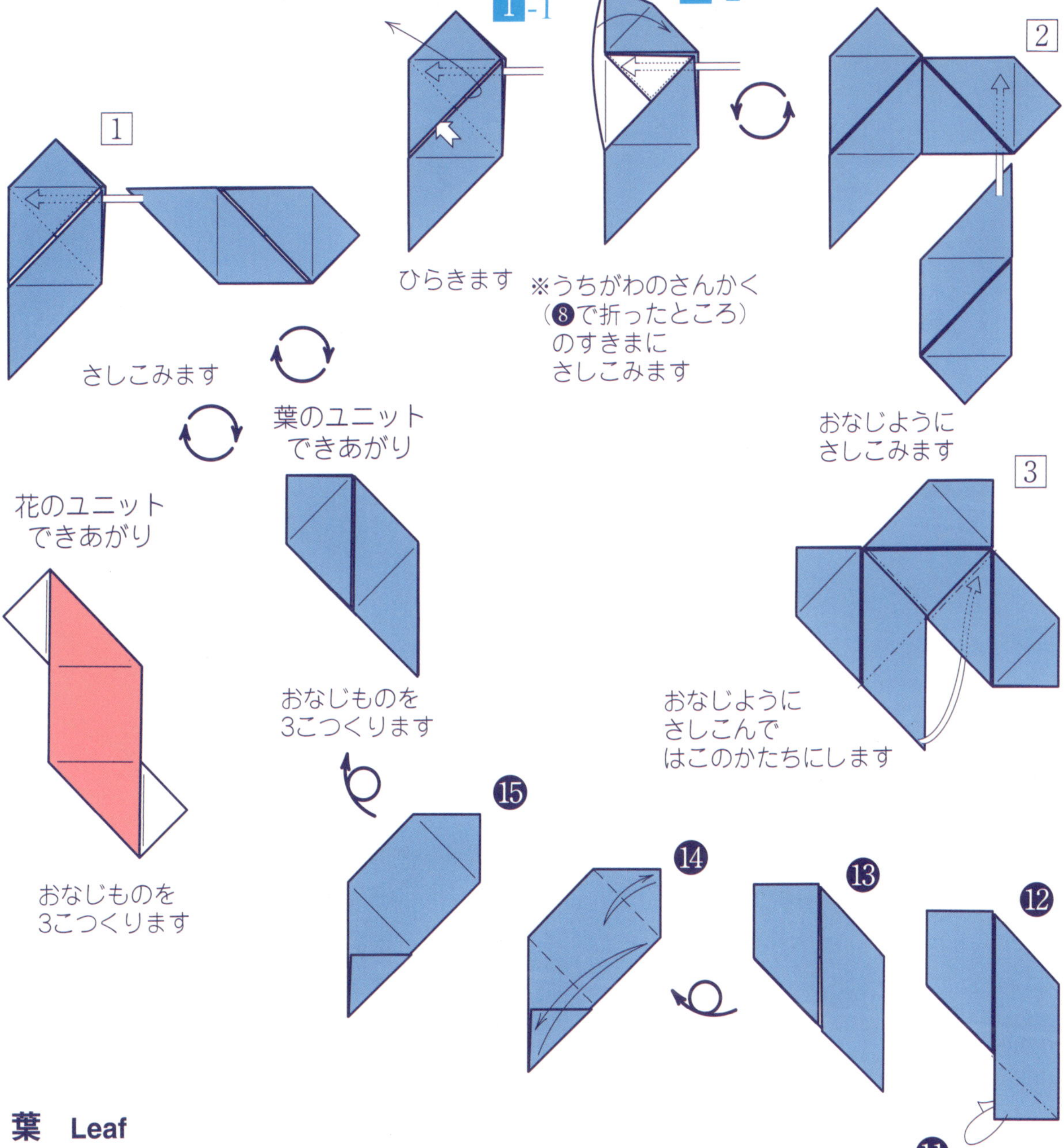
(とちゅうのようす)
1-1
ひらきます
1-2
※うちがわのさんかく
(❽で折ったところ)
のすきまに
さしこみます
2
おなじように
さしこみます
1
さしこみます
葉のユニット
できあがり
花のユニット
できあがり
おなじものを
3こつくります
おなじものを
3こつくります
3
おなじように
さしこんで
はこのかたちにします
15
14
13
12

葉　Leaf

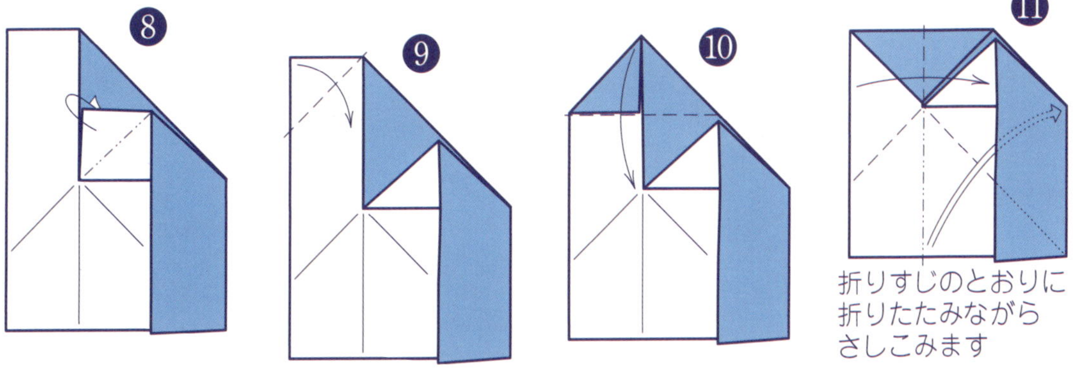
8
9
10
11
折りすじのとおりに
折りたたみながら
さしこみます

→まえのページからつづきます

4

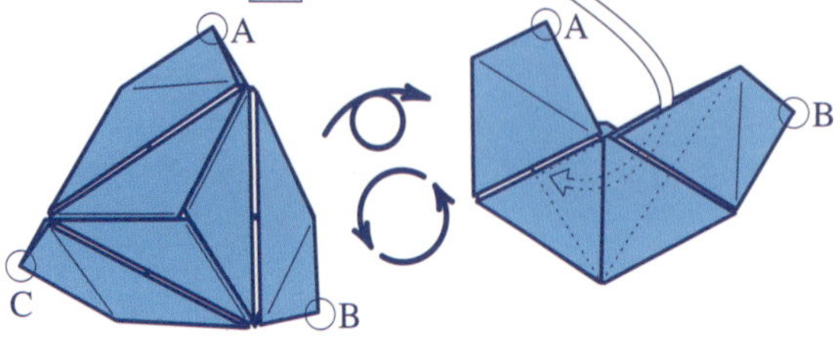

5

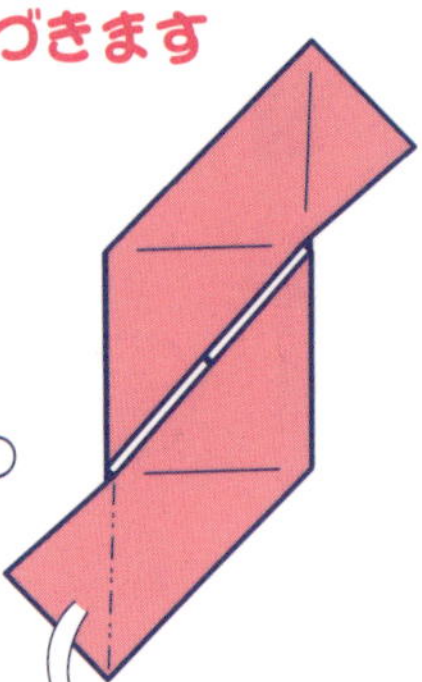

花のユニットのうらがわをさしこみます

6

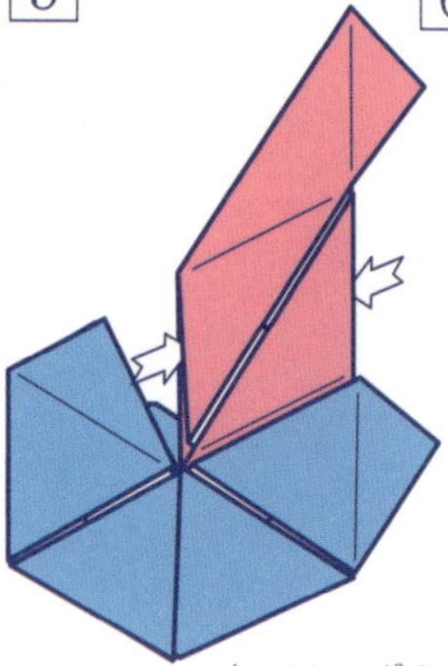

すこしずらしておくと折りやすくなります

7

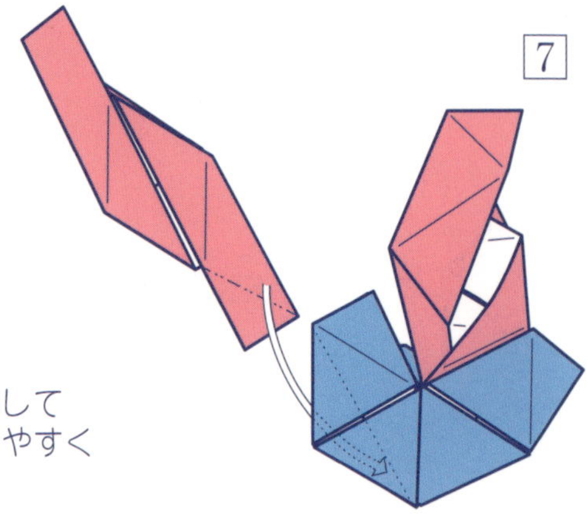

5とおなじようにさしこみます

8

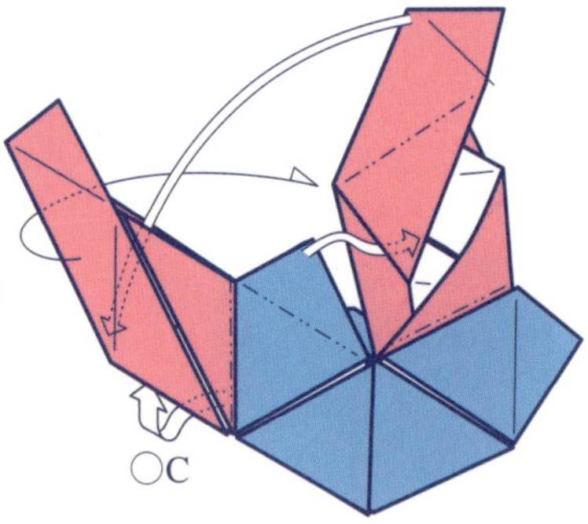

それぞれさしこみます

9

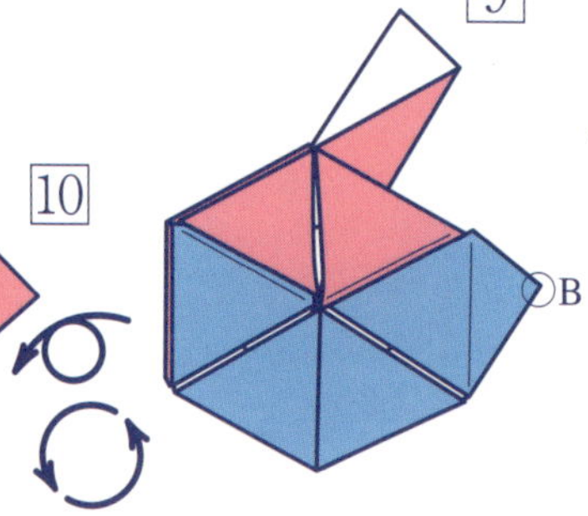

10

※くみにくいですが、ていねいにおこなってください

7 8とおなじようにさしこんでくみあわせます

（さいごの１かしょ）

11

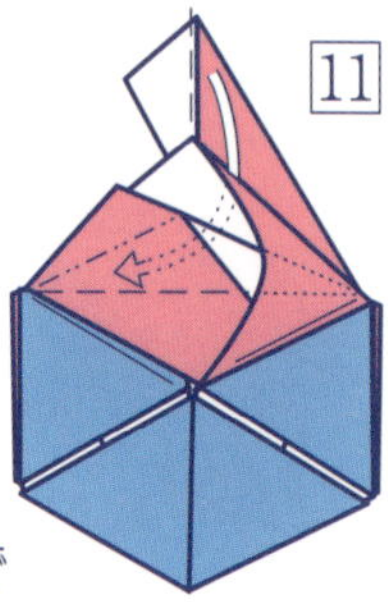

さしこんでかたちをととのえます

キューブ（とじたところ）

できあがり

あそびかた

1

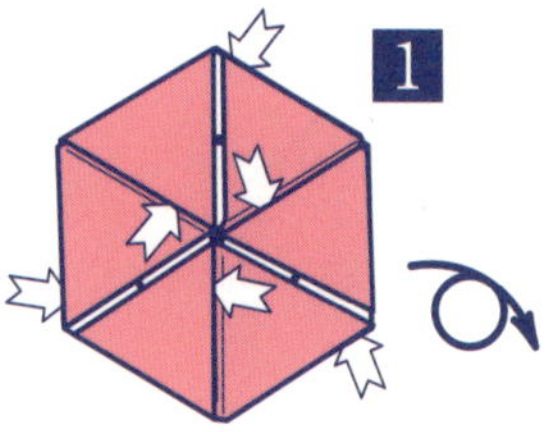

花をていねいにひろげます

2

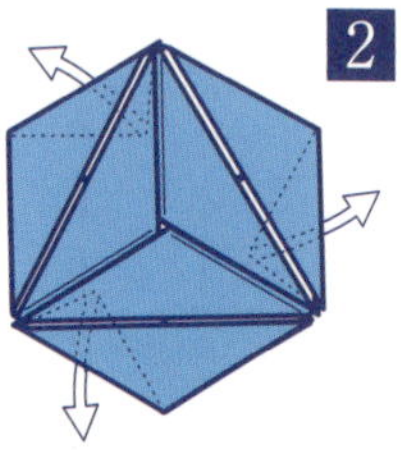

葉をひきだします

3

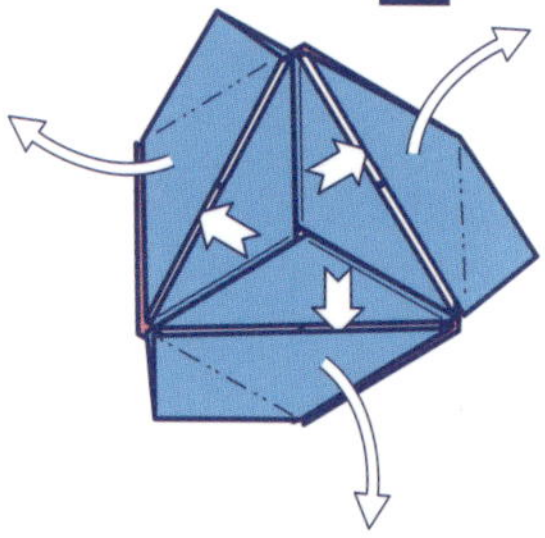

葉のかたちをととのえます

（ひらいたところ）

できあがり

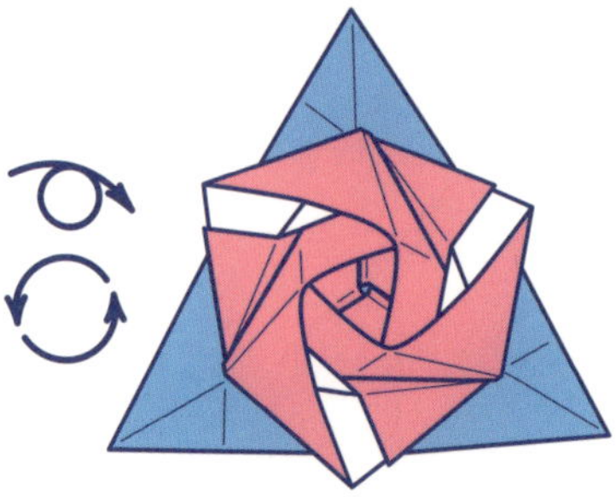

花のかたちをととのえます（とじるときはぎゃくに折ってまとめます）

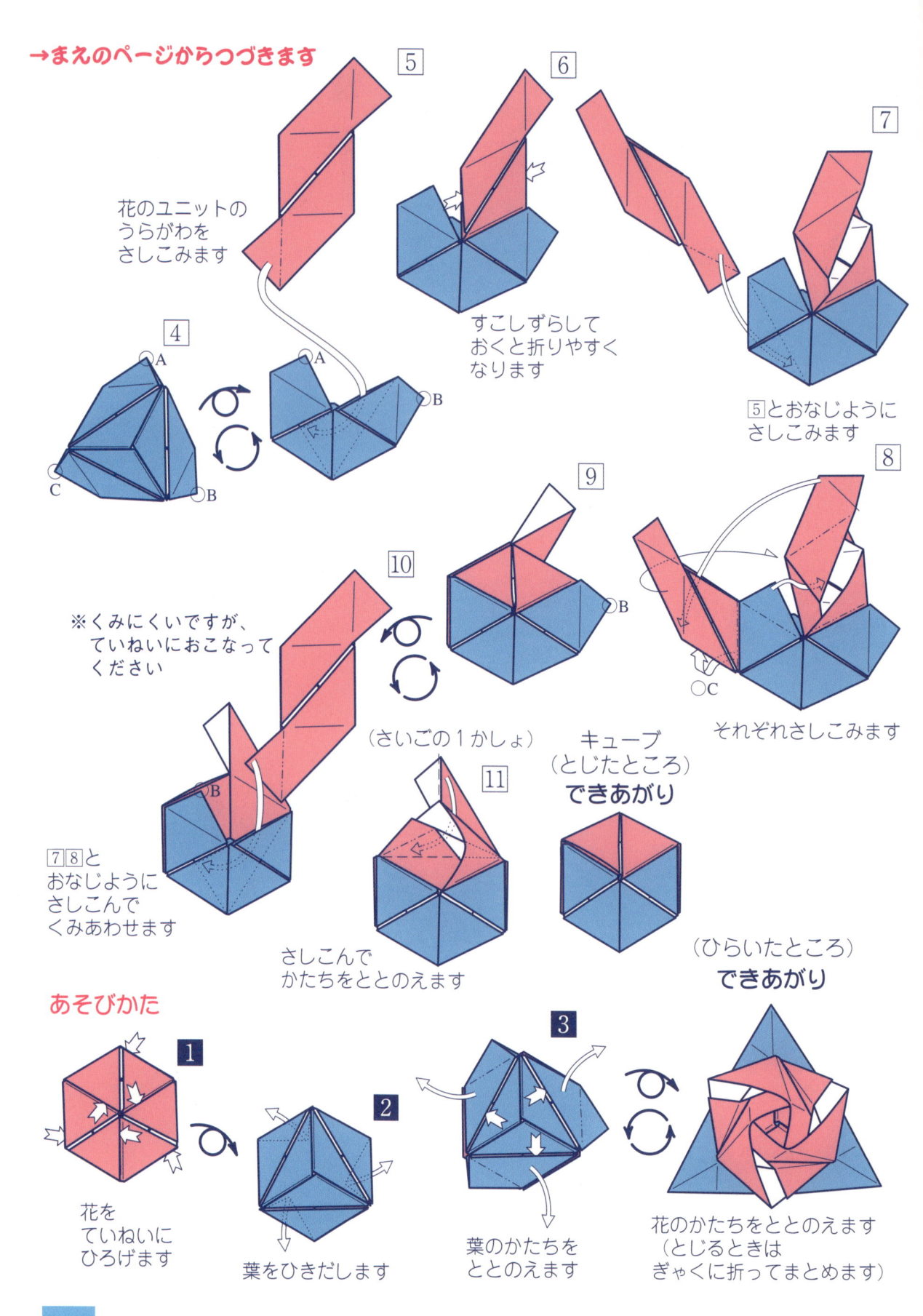

ふつう

くるんくるん

Kurun-kurun by Mr. Hiroshi Kumasaka

熊坂《くまさか》 浩《ひろし》

月刊おりがみ「109号」「119号」掲載

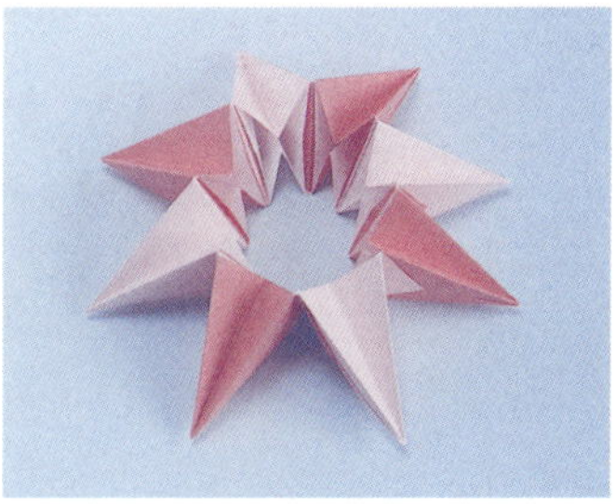

おなじおおきさの紙を8まいつかいます。

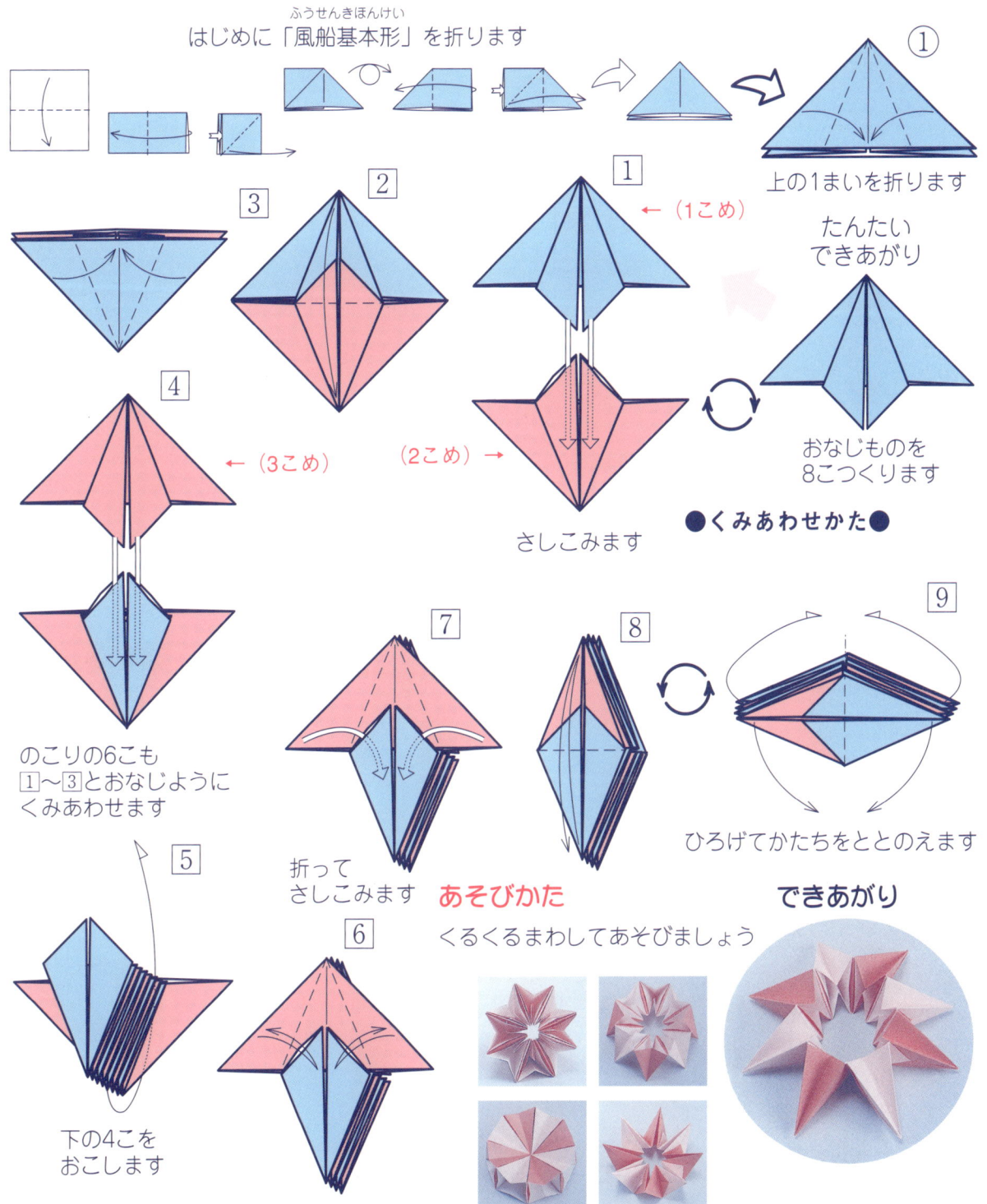

はじめに「風船基本形《ふうせんきほんけい》」を折ります

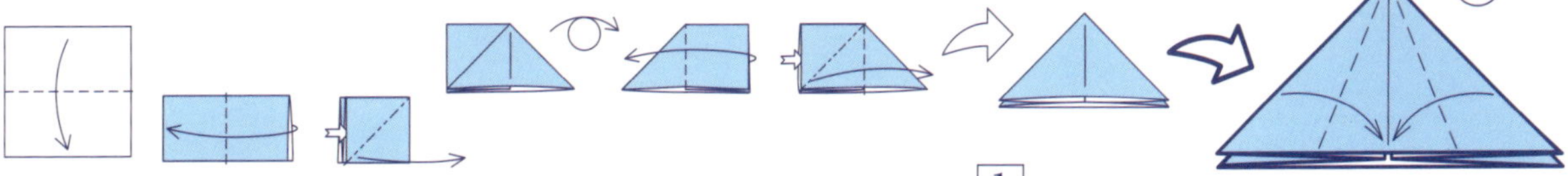

上の1まいを折ります

たんたい
できあがり

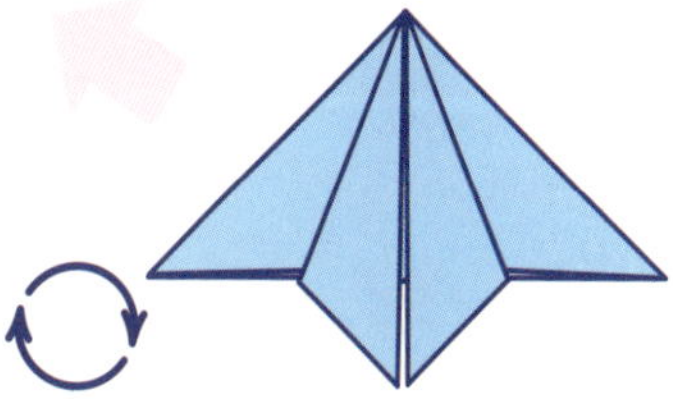

おなじものを
8こつくります

●くみあわせかた●

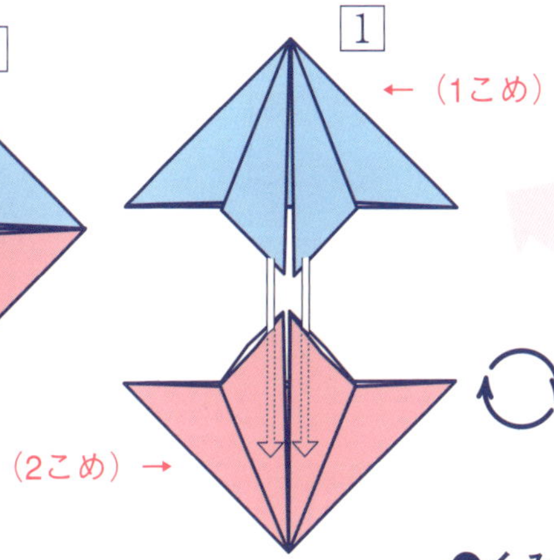

さしこみます

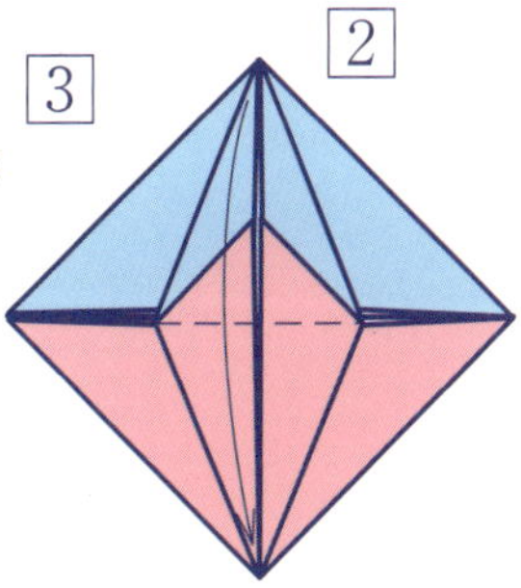

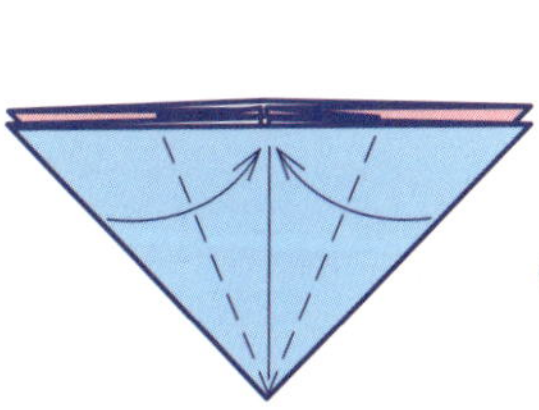

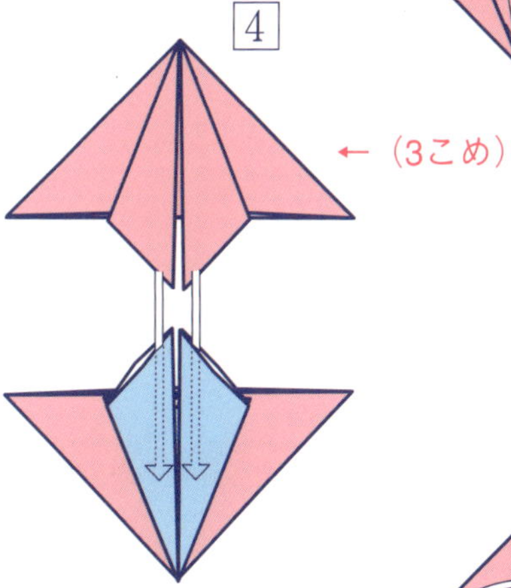

のこりの6こも
1～3とおなじように
くみあわせます

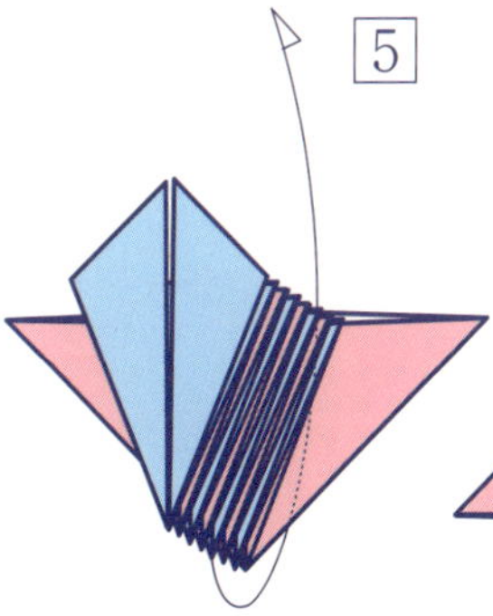

下の4こを
おこします

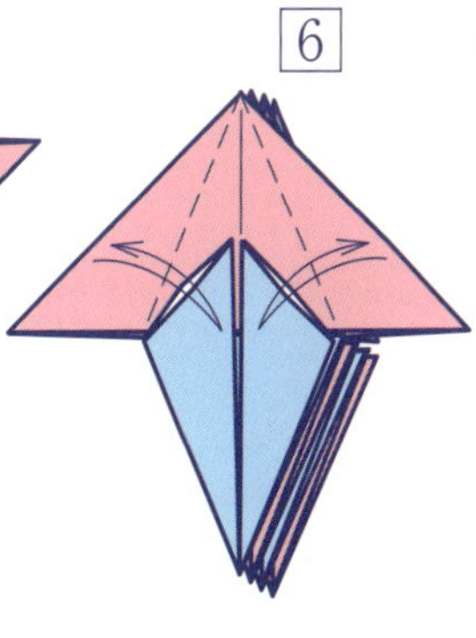

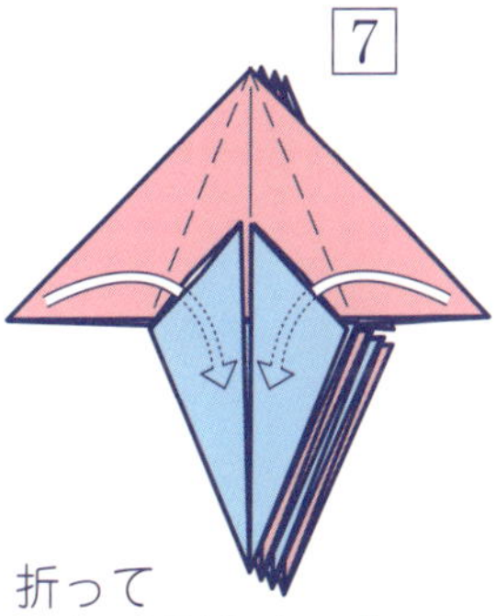

折って
さしこみます

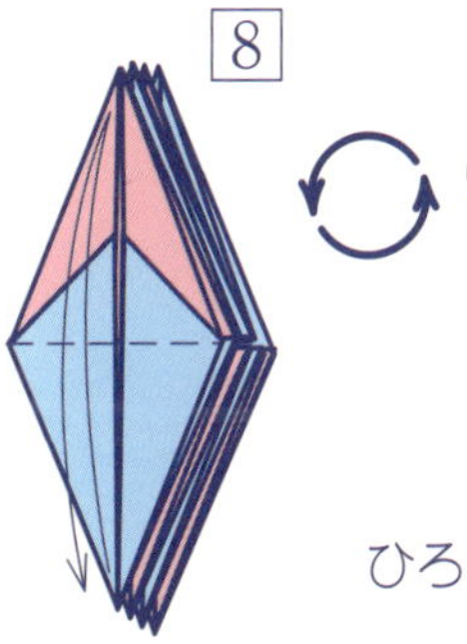

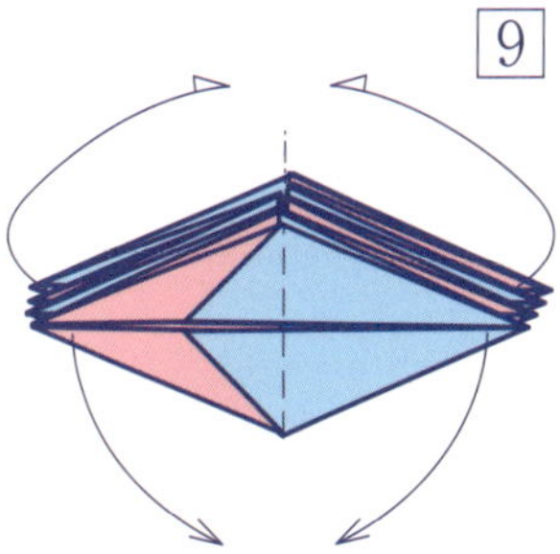

ひろげてかたちをととのえます

あそびかた

くるくるまわしてあそびましょう

できあがり

ユニット

ふつう

風車《かざぐるま》-リング-風車《かざぐるま》

Pinwheel-Ring-Pinwheel by Mr. Robert Neale

ロバート・ニール
（アメリカ）

月刊おりがみ「271号」掲載

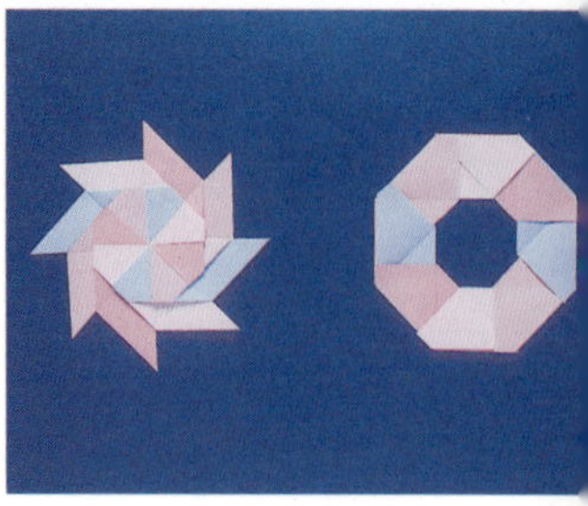

おなじおおきさの紙を8まいつかいます。

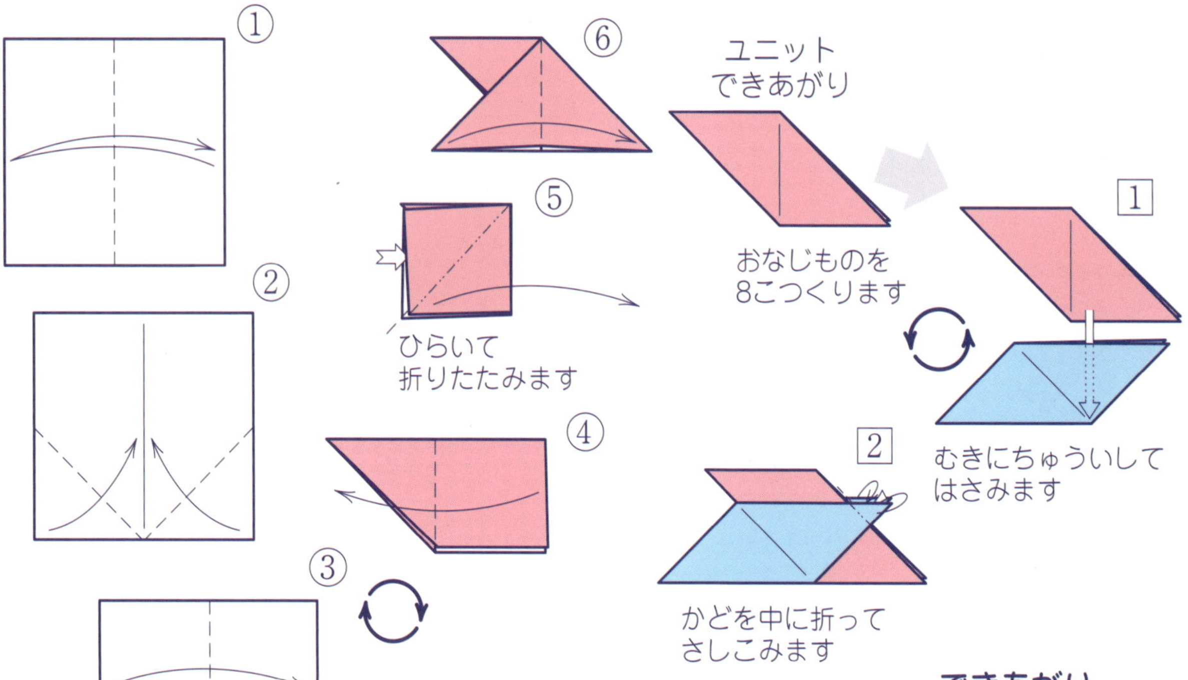
①
②
③
④
⑤
ひらいて
折りたたみます
⑥
ユニット
できあがり
おなじものを
8こつくります
1
むきにちゅういして
はさみます
2
かどを中に折って
さしこみます

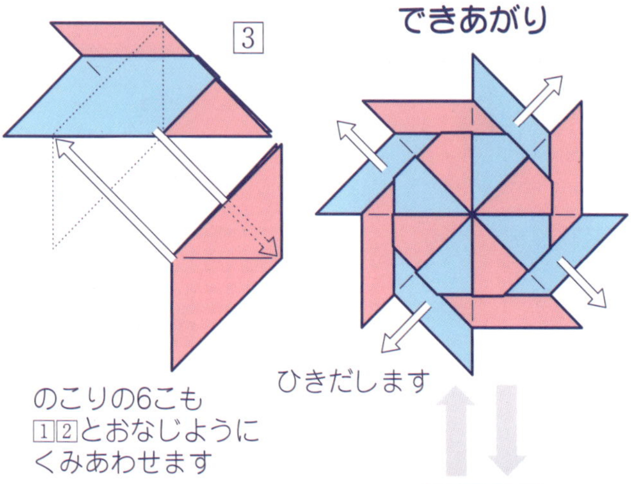
3
できあがり
ひきだします
のこりの6こも
12とおなじように
くみあわせます

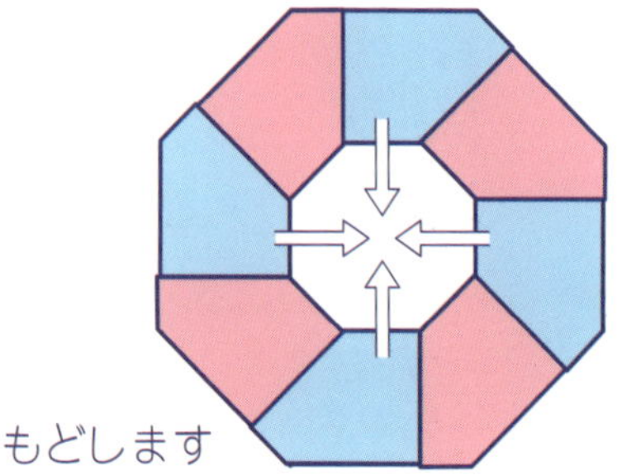
もどします

あそびかた

ひらいたり、
とじたりして
あそびましょう

かんたん

物語《ものがたり》おりがみ “少年《しょうねん》のゆめ” (伝承《でんしょう》)

Origami tale “A boy's dream” introduced by Ms. Lillian Oppenheimer

紹介:リリアン・オッペンハイマー (アメリカ)

オッペンハイマーさんが伝《つた》えてくださった、“物語《ものがたり》おりがみ”です。しんぶんしで、おはなしをしながら折りましょう。

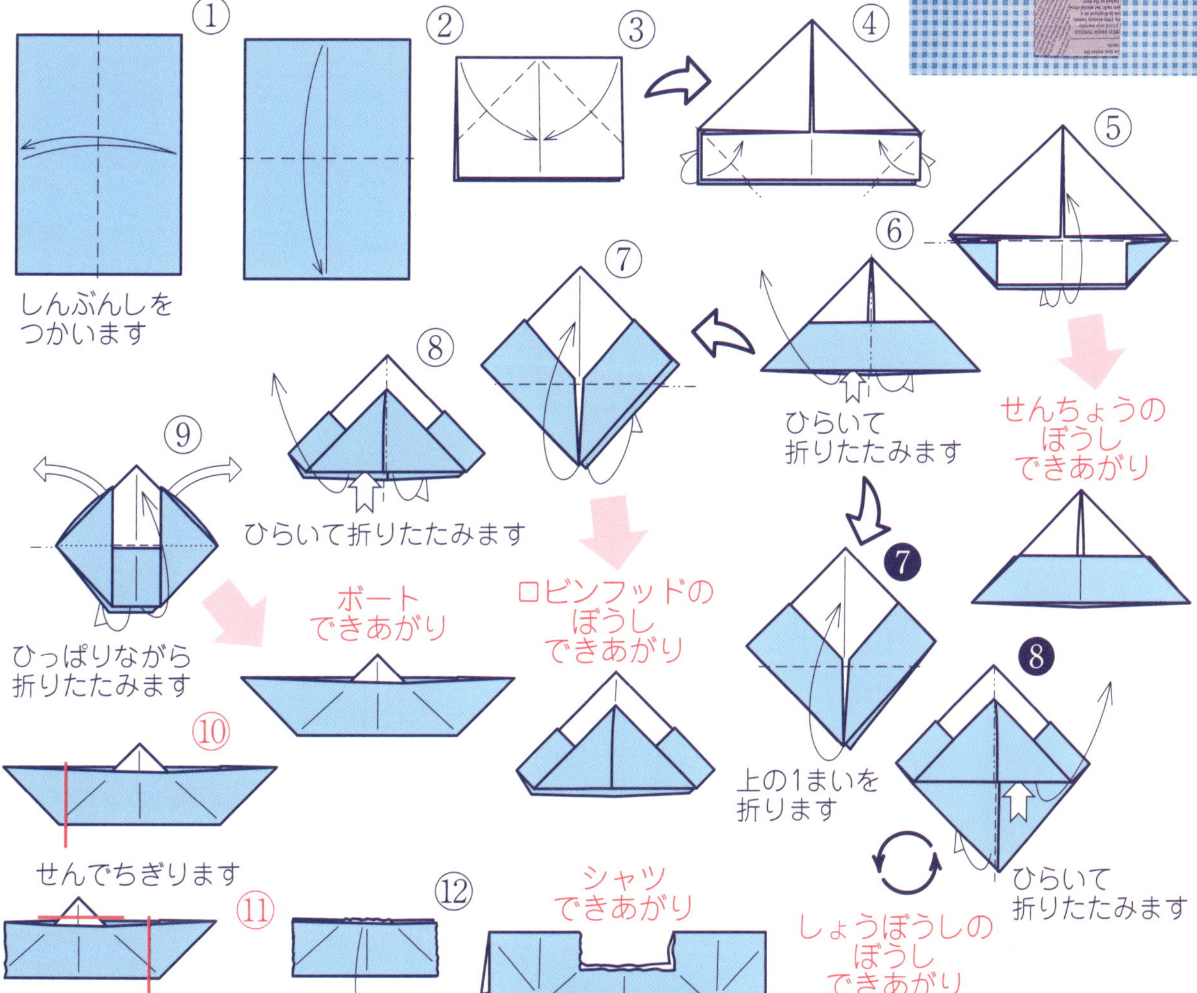

①
しんぶんしをつかいます
②
③
④
⑤
⑥
ひらいて折りたたみます
せんちょうのぼうしできあがり
⑦
⑧
ひらいて折りたたみます
ロビンフッドのぼうしできあがり
⑨
ひっぱりながら折りたたみます
ボートできあがり
⑩
せんでちぎります
⑪
せんでちぎります
⑫
7
上の1まいを折ります
8
ひらいて折りたたみます
しょうぼうしのぼうしできあがり
シャツできあがり

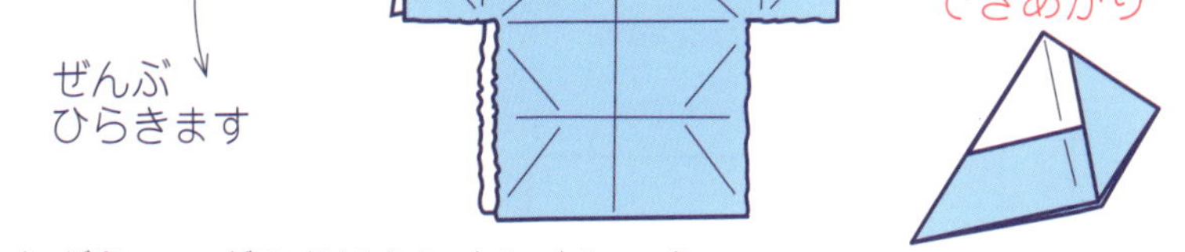

ぜんぶひらきます

紹介:笠原邦彦
記録:高濱利恵
出典:「アイデアいっぱいおりがみシリーズ③おもちゃの行進」(サンリオ刊 笠原邦彦 編)

あそびかた

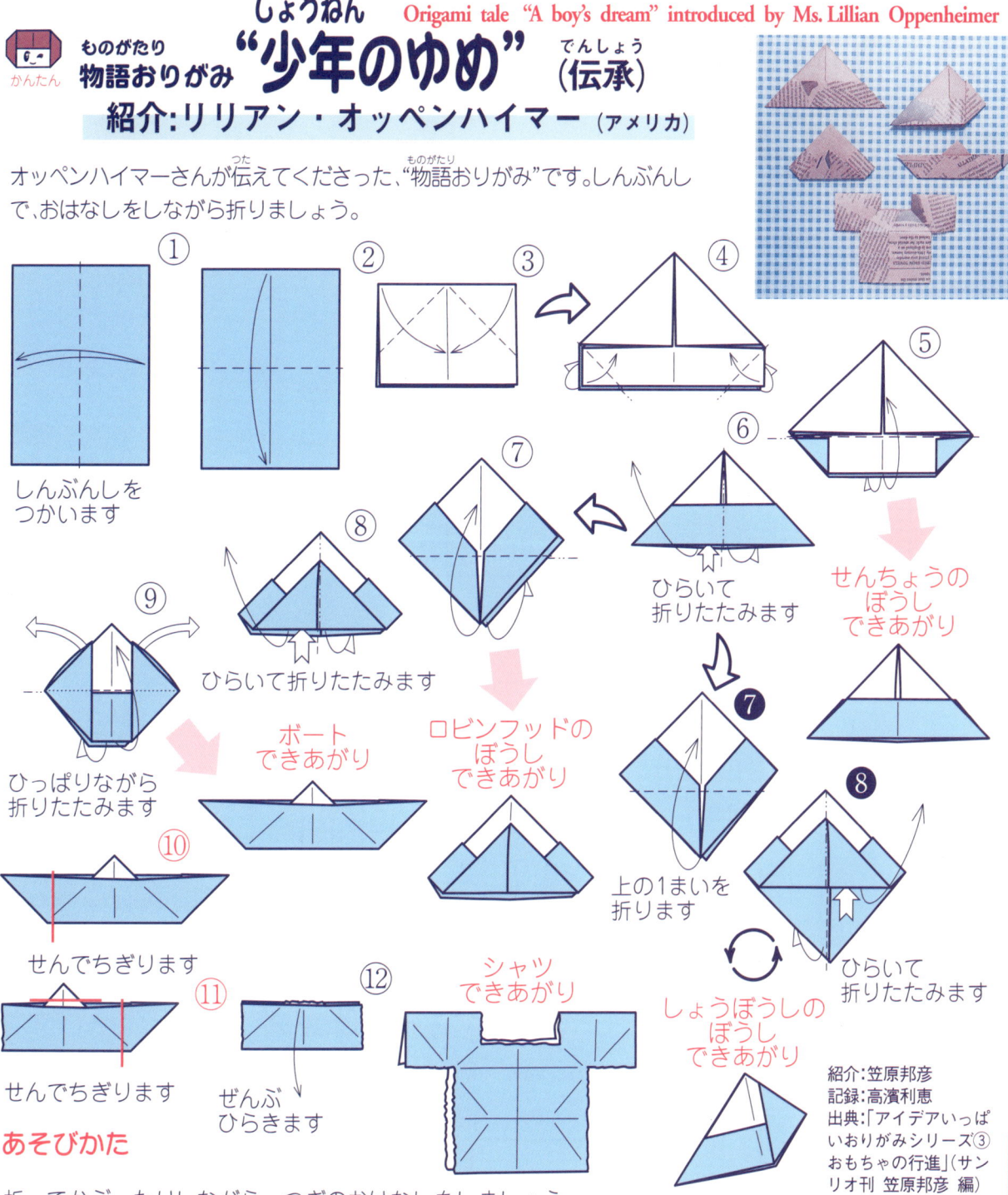

折ってかぶったりしながら、つぎのおはなしをしましょう

海辺《うみべ》の町《まち》に住《す》んでいた、ある少年《しょうねん》の“ゆめ”のおはなし。「おおきくなったらボク、何《なに》になろうかな?」「そうだ、船長《せんちょう》さんがいいや! 7つの海《うみ》でかつやくできるもの。…でもあらしにあって、難破《なんぱ》したらたいへんだ!」「そうだ! 消防士《しょうぼうし》がいい! おおきな火事《かじ》にたちむかうことは勇気《ゆうき》のいることだし、みんなにもりっぱなことだと思《おも》われる…。でもたかいはしごから落《お》ちたらたいへん!」「そうだ! ロビンフッドのようになろう! わるいやつらをこらしめて、こまっている人《ひと》を助《たす》けよう!…でもつかまったら、ろうやにいれられちゃうなあ…」。あれこれと考えているうちに、少年は海辺にやってきました。そこにあったボートをみつけると、少年の心《こころ》は海へ。「たいへんだ! 大波《おおなみ》でへさきがこわれた!」(⑩)。「とももこわれて、かんぱんもこわれた!」(⑪)。おとなになるためには、きびしい試練《しれん》があるものです。海岸《かいがん》にうち上げらて助かった少年にのこされたもの。それはボロボロのシャツ1まいでした。

むずかしい

PITO《ピト》 QUE《ケ》 PITA《ピタ》 (呼《よ》び笛《ぶえ》)

PITO QUE PITA by Mr. Angel Ecija
アンヘル・エシハ
（スペイン）

月刊おりがみ「196号」掲載

ピーッとなる、紙のふえです。がようしなどのあつめの紙で、1マス1.2cm角くらいのおおきさにするとよくなりますがちいさいので、15cm角で折りはじめるとよいでしょう。はさみをつかいます。

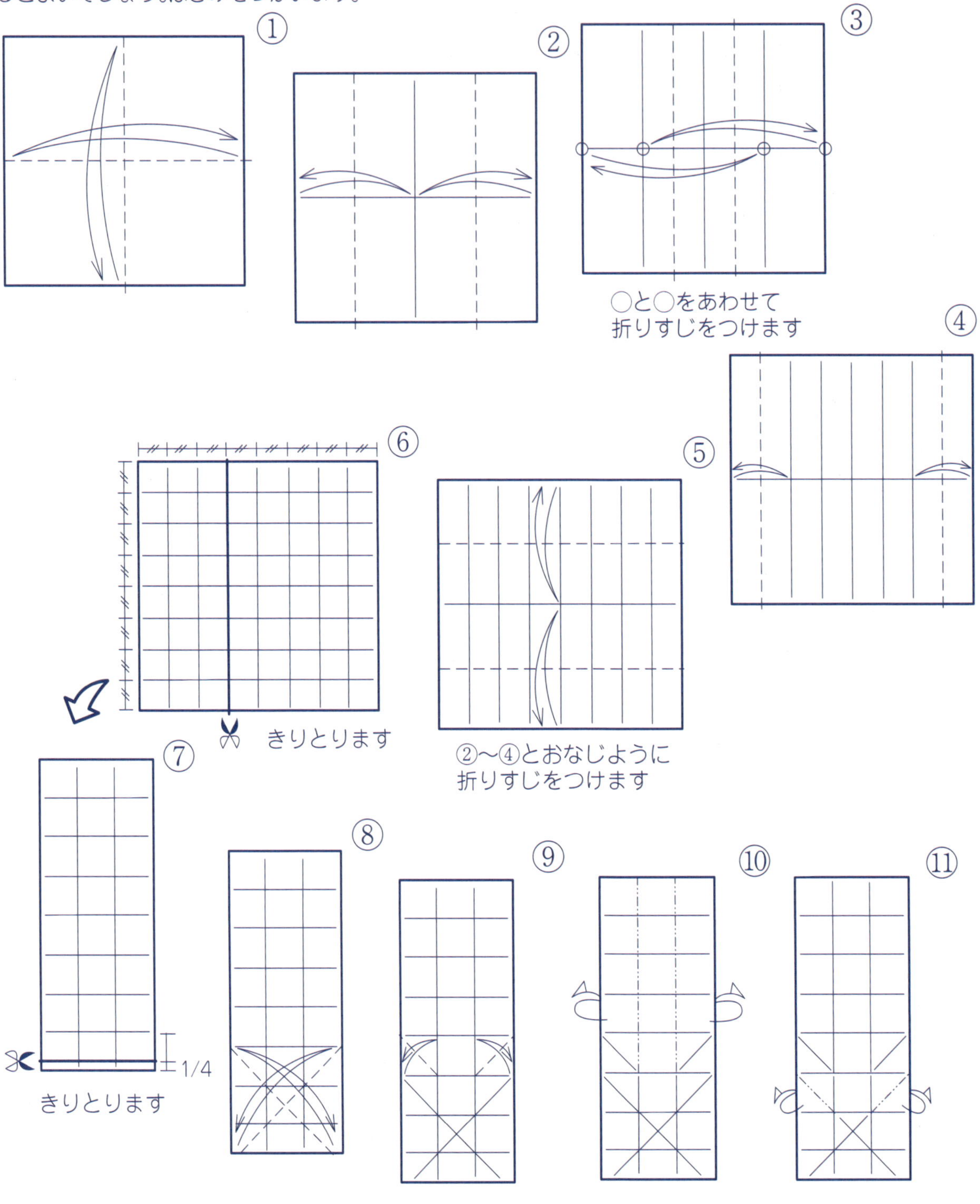
①
②
③
○と○をあわせて
折りすじをつけます
④
⑤
②～④とおなじように
折りすじをつけます
⑥
きりとります
⑦
1/4
きりとります
⑧
⑨
⑩
⑪

⑫

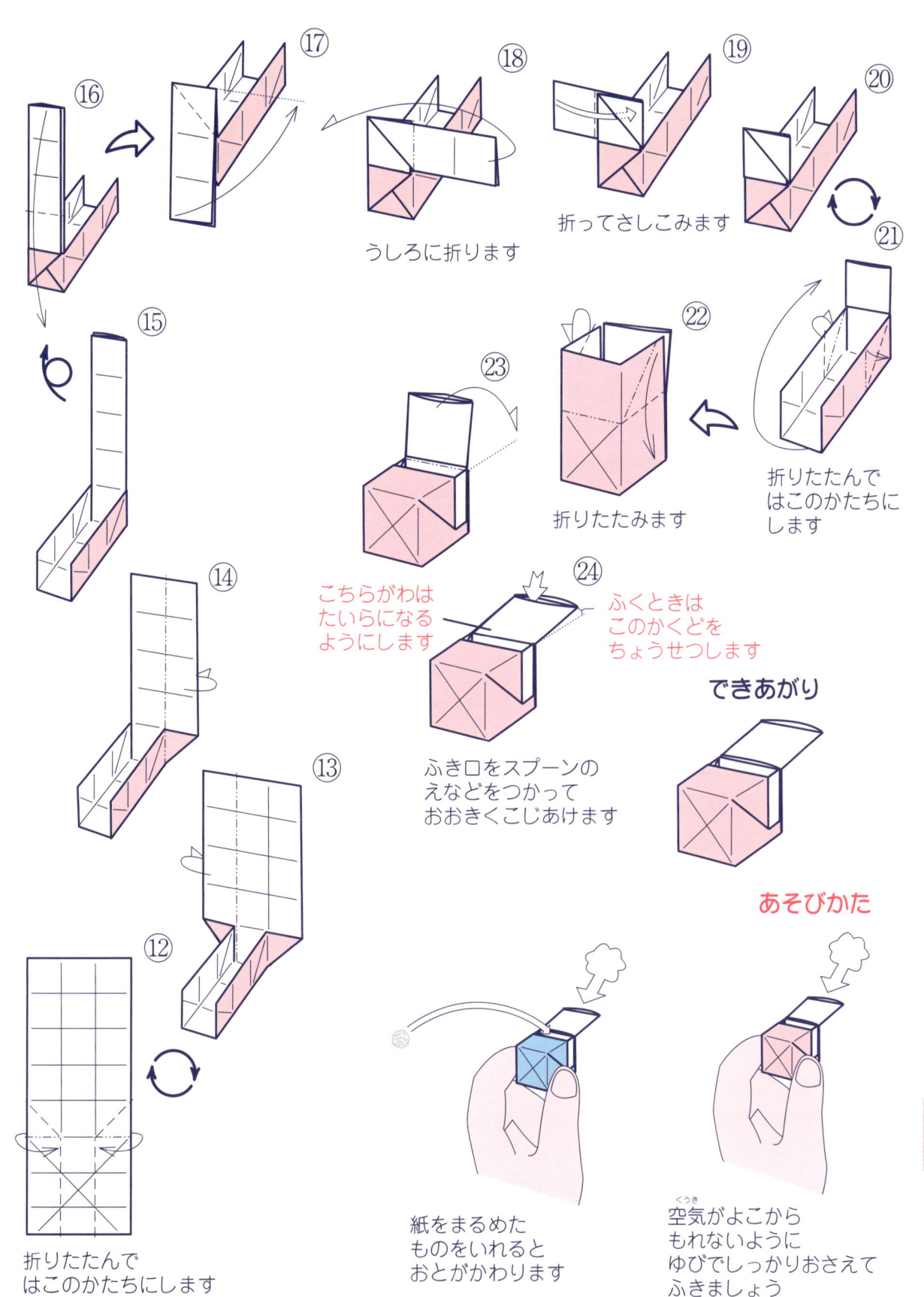

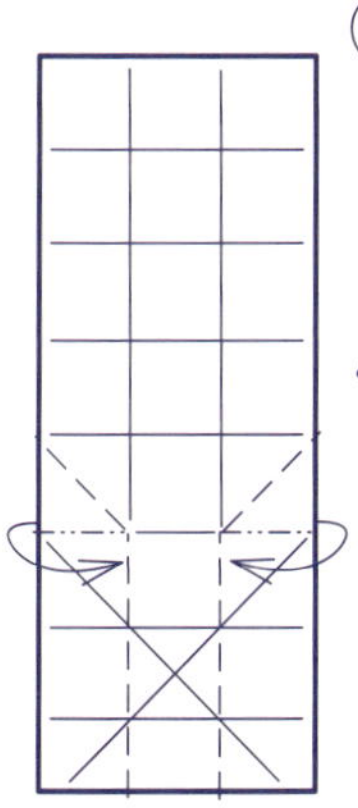

折りたたんで
はこのかたちにします

⑬

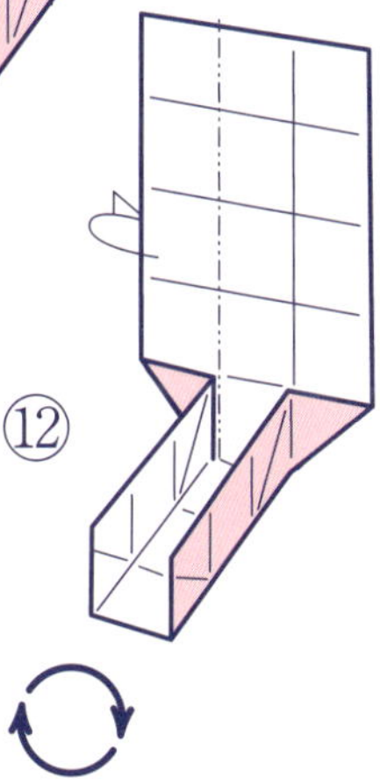

⑭

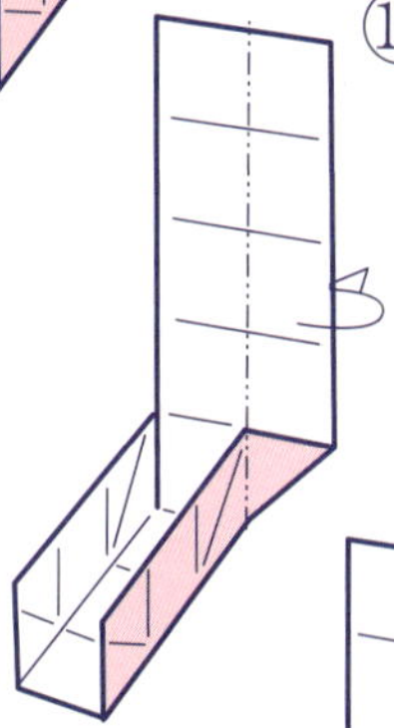

⑮

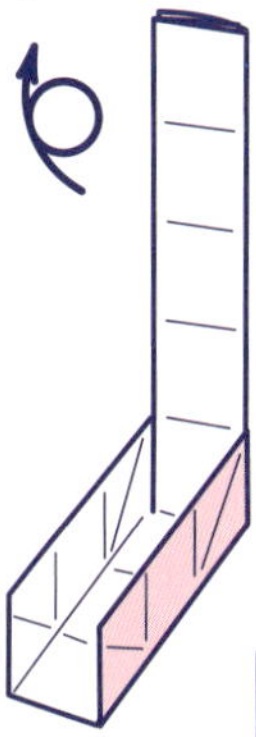

⑯

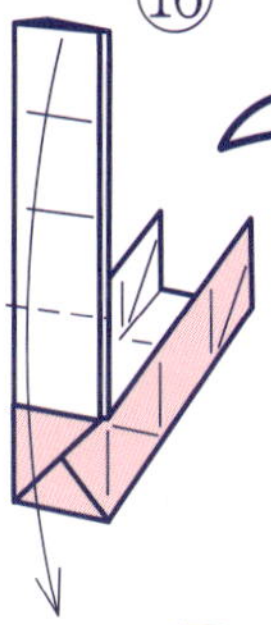

⑰

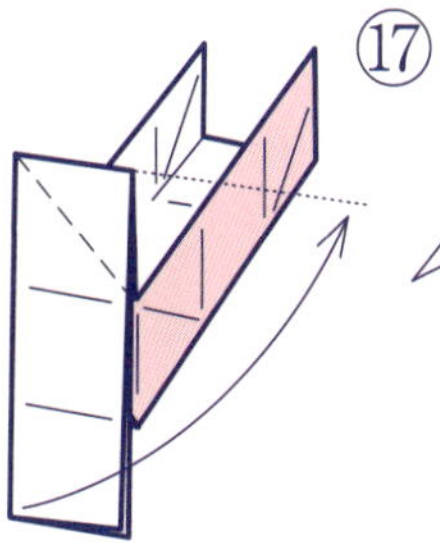

⑱

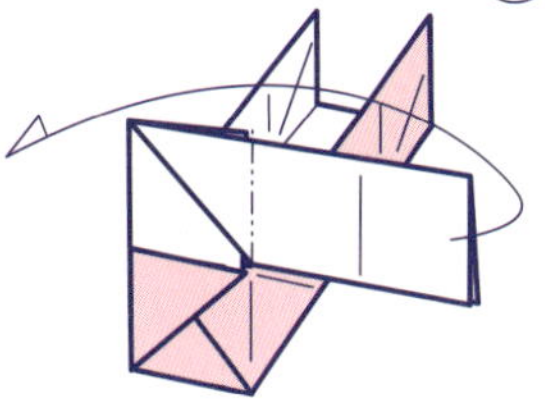

うしろに折ります

⑲

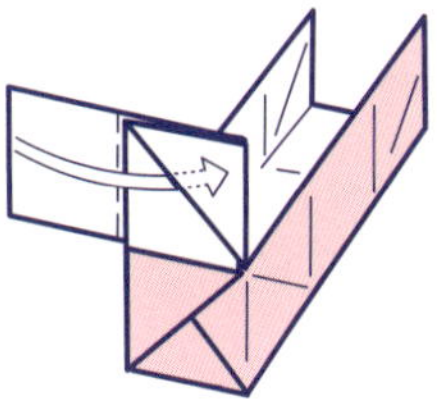

折ってさしこみます

⑳

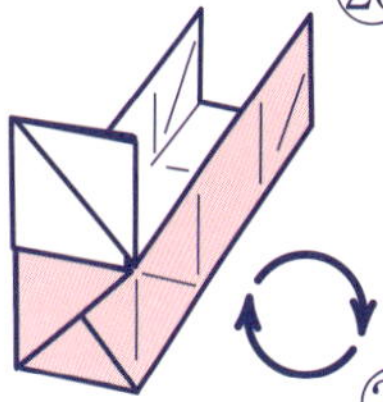

㉑

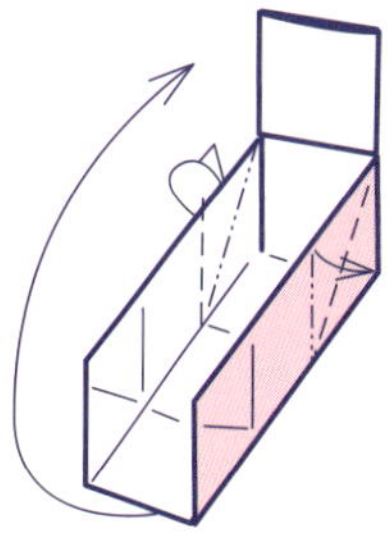

折りたたんで
はこのかたちに
します

㉒

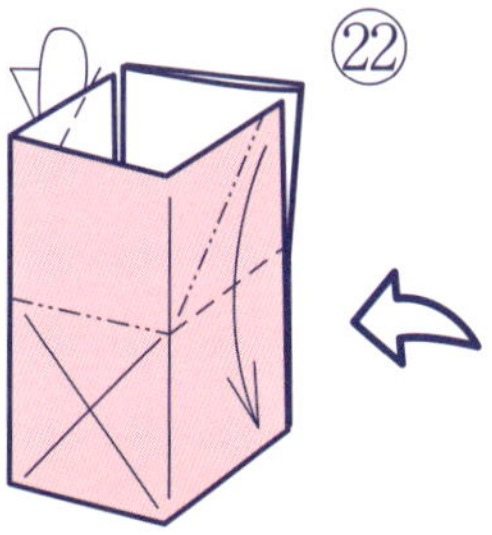

折りたたみます

㉓

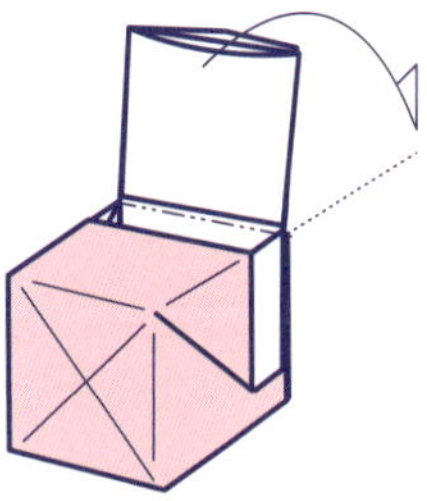

㉔

こちらがわは
たいらになる
ようにします

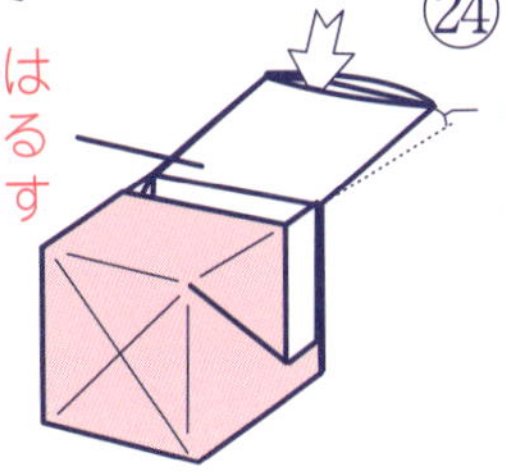

ふくときは
このかくどを
ちょうせつします

ふき口をスプーンの
えなどをつかって
おおきくこじあけます

できあがり

あそびかた

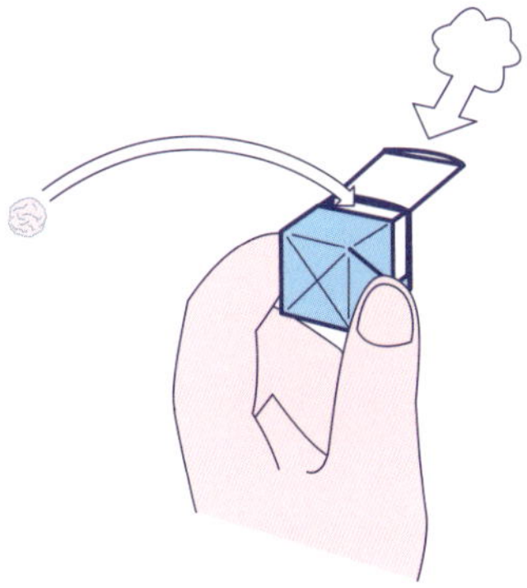

紙をまるめた
ものをいれると
おとがかわります

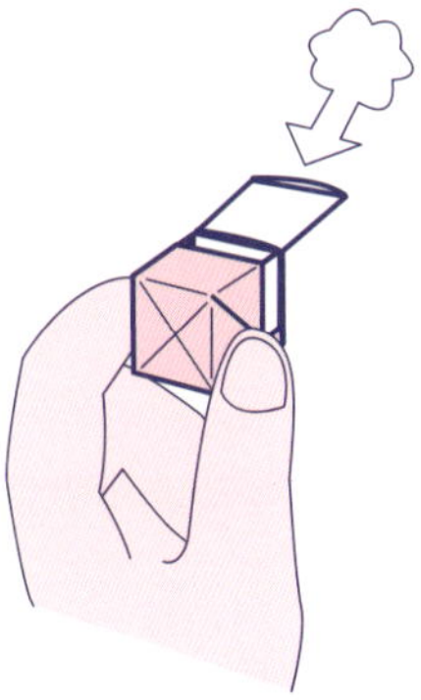

空気《くうき》がよこから
もれないように
ゆびでしっかりおさえて
ふきましょう

Peel a banana by Ms. Akiko Yamanashi

ふつう

むきむきバナナ

山梨《やまなし》明子《あきこ》

月刊おりがみ「243号」掲載

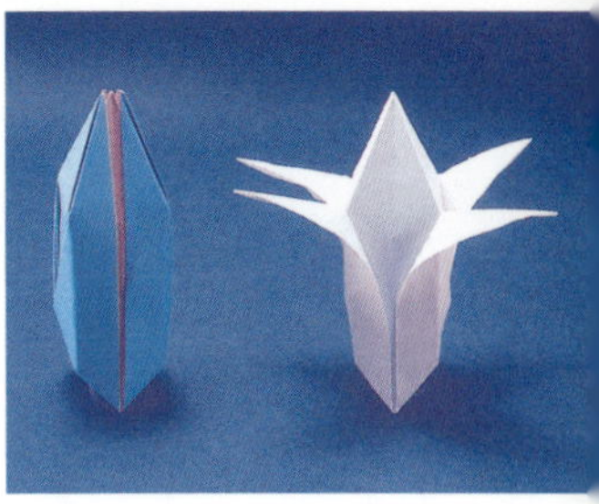

黄色《きいろ》の折り紙で折りましょう。おもてが緑色《みどりいろ》で、うらが黄色の折り紙で折ると、とうもろこしにもなります。

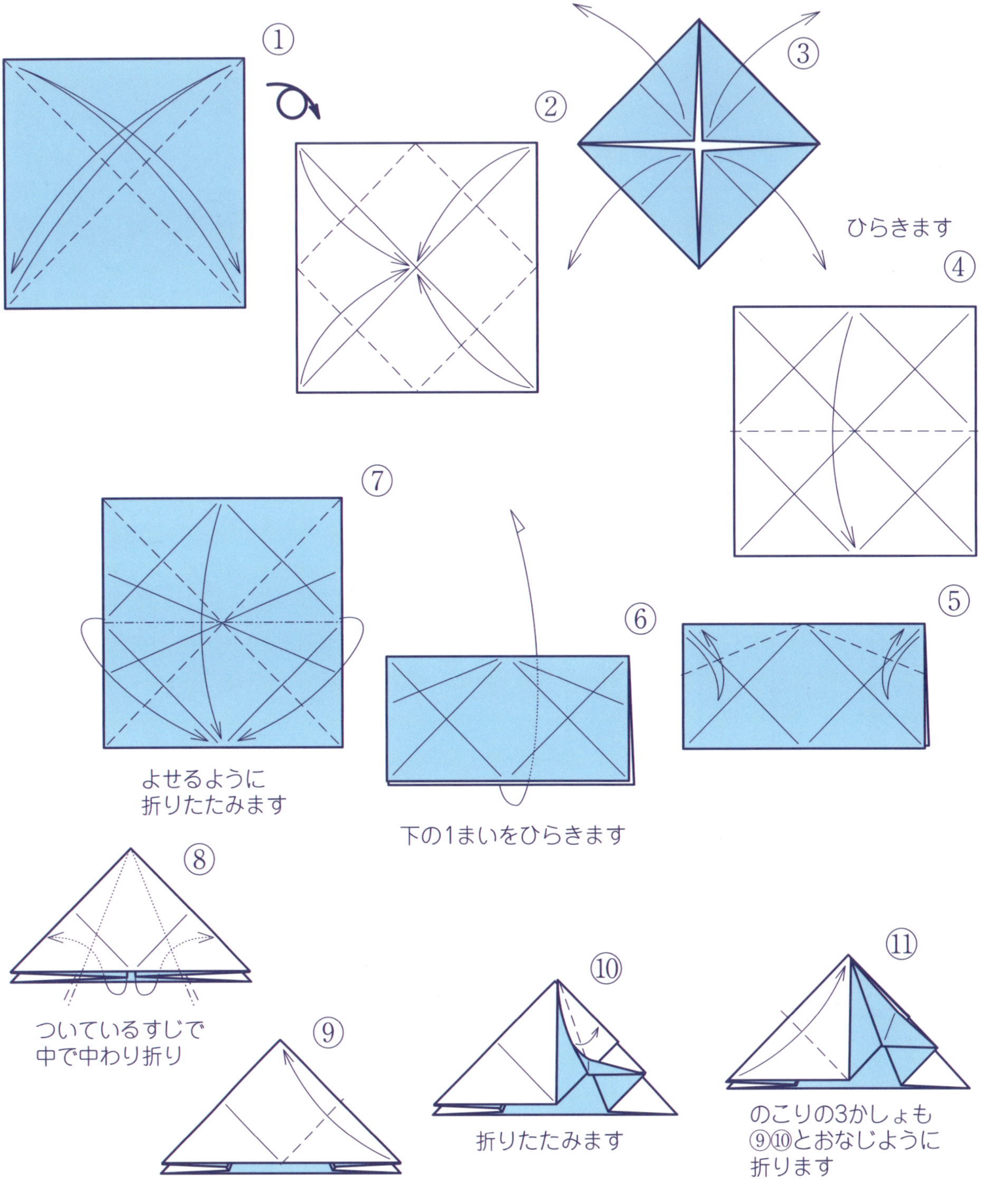

①
②
③
ひらきます
④
⑤
⑥
下の1まいをひらきます
⑦
よせるように
折りたたみます
⑧
ついているすじで
中で中わり折り
⑨
⑩
折りたたみます
⑪
のこりの3かしょも
⑨⑩とおなじように
折ります

Stick into dumplings by Ms. Akiko Yamanashi

ふつう

さしてあそべるだんご

山梨《やまなし》明子《あきこ》

月刊おりがみ「350号」掲載

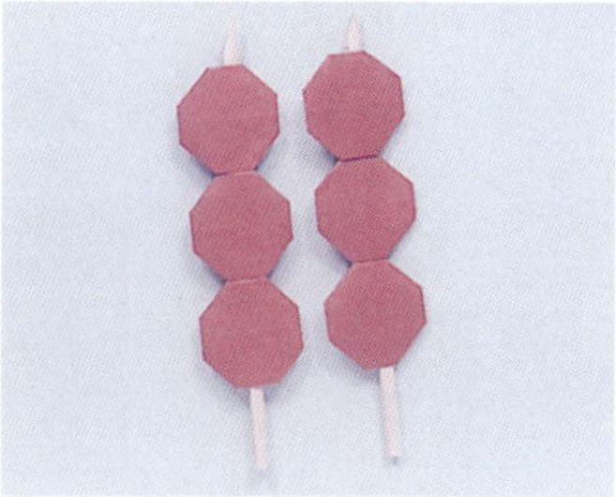

正方形《せいほうけい》の紙3まいと長方形《ちょうほうけい》の紙1まいをつかいます。たてとよこ、どちらからでもくしにとおせるだんごです。

●紙のおおきさのわりあい●

だんご
Dumpling
(3まい)
くし
Skewer
(1まい)

だんご Dumpling

つぎのページにつづきます→

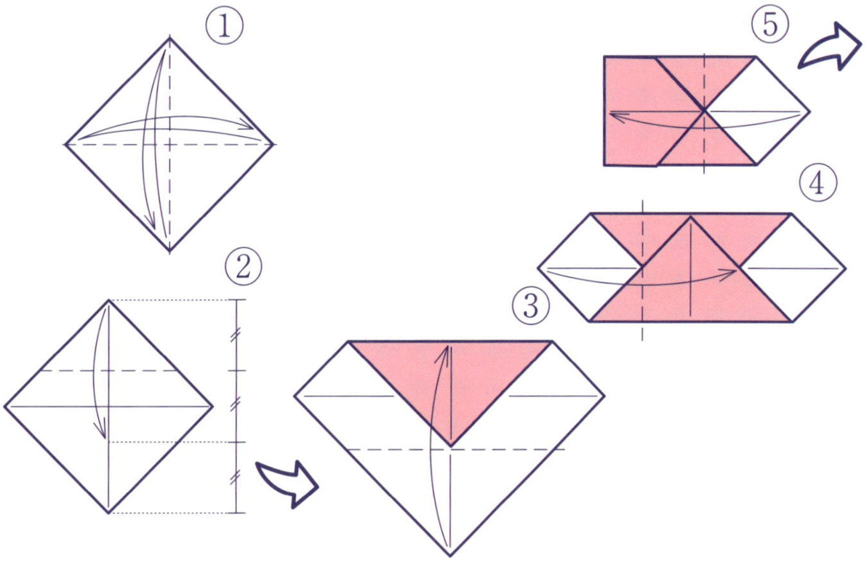
①
②
③
④
⑤

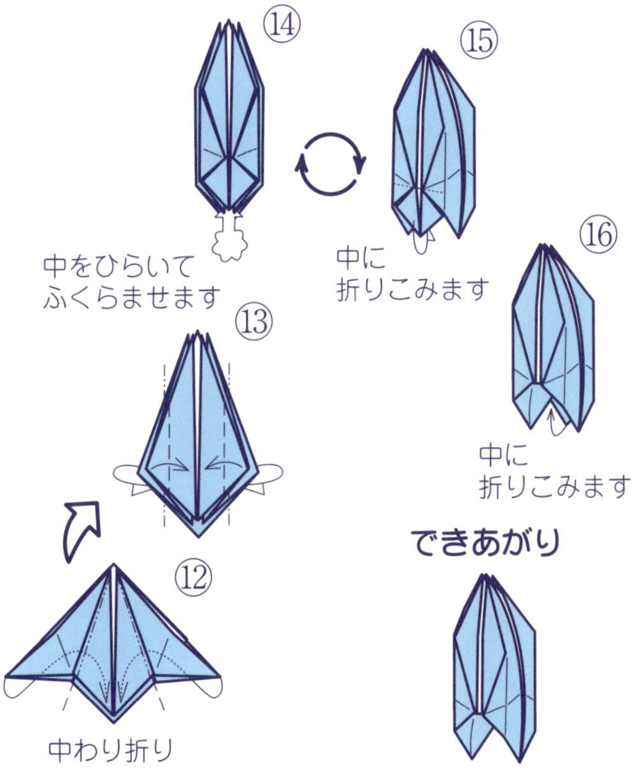
⑫
中わり折り
⑬
⑭
中をひらいて
ふくらませます
⑮
中に
折りこみます
⑯
中に
折りこみます
できあがり

あそびかた

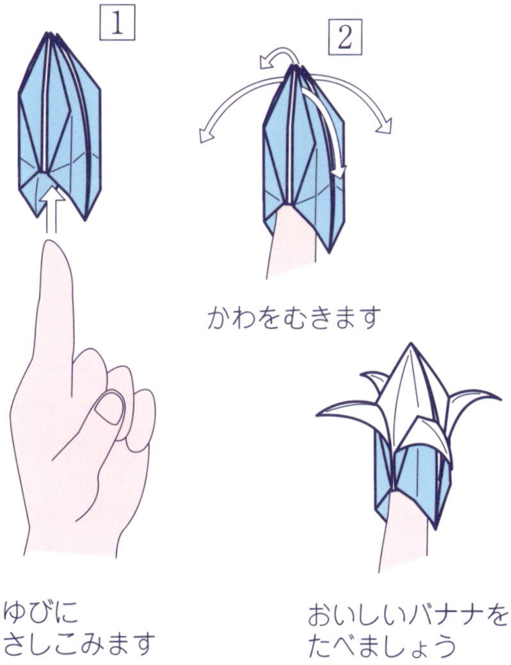
1
ゆびに
さしこみます
2
かわをむきます
おいしいバナナを
たべましょう

おいしい

→まえのページからつづきます

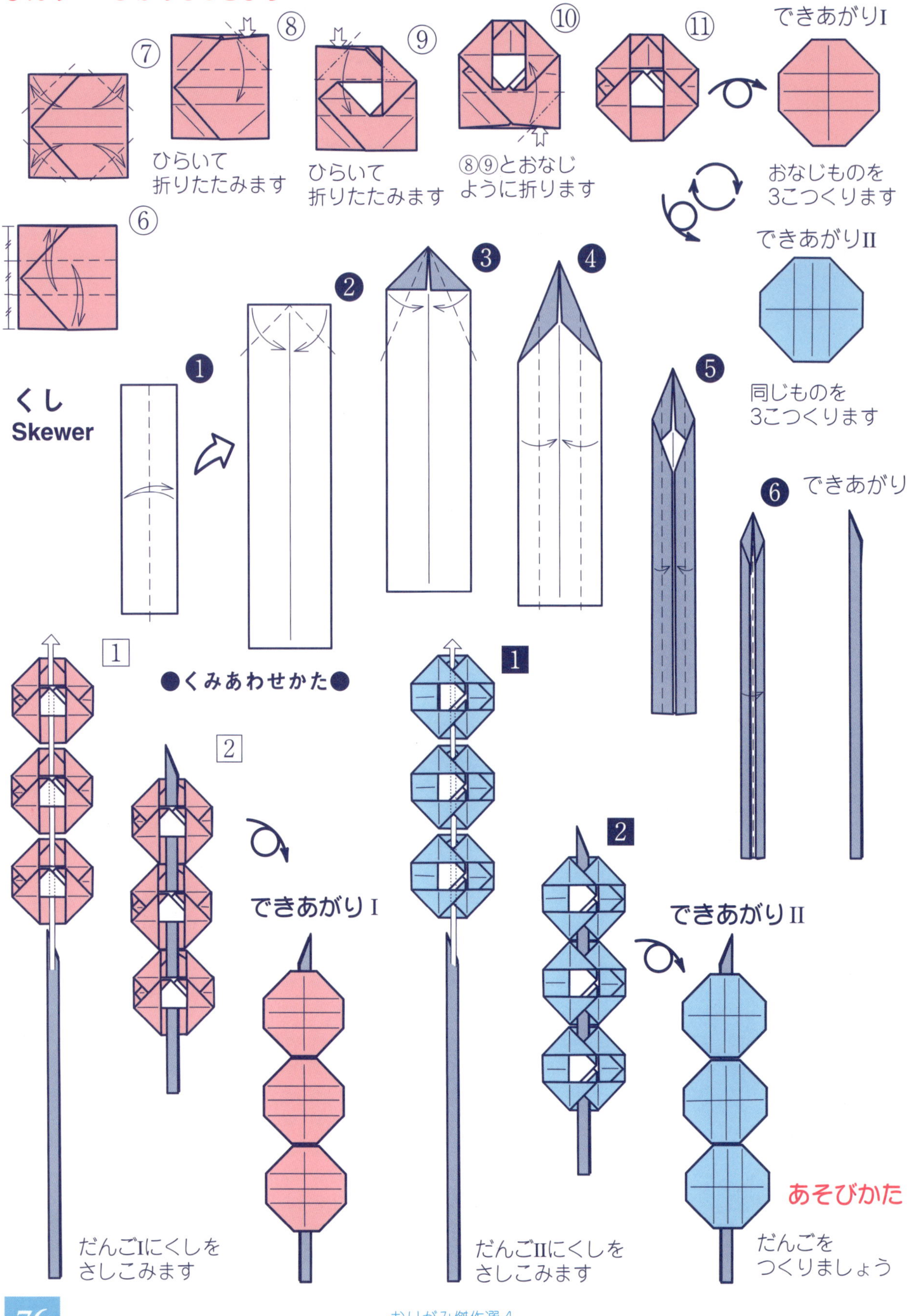
⑦
⑧
ひらいて
折りたたみます
⑨
ひらいて
折りたたみます
⑩
⑧⑨とおなじ
ように折ります
⑪
できあがりI
おなじものを
3こつくります
⑥
できあがりII
同じものを
3こつくります
くし
Skewer
1
2
3
4
5
6
できあがり
●くみあわせかた●
1
2
できあがりI
だんごIにくしを
さしこみます
1
2
できあがりII
だんごIIにくしを
さしこみます
あそびかた
だんごを
つくりましょう

むずかしい

ピノキオ

Familiar liar by Mr. Jeremy Shafer

ジェレミー・シェーファー
（アメリカ）

月刊おりがみ「351号」掲載

イタリアのお話《はなし》「ピノキオの冒険《ぼうけん》」のピノキオは、ジェッペットじいさんが木ぎれでつくった、あやつりにんぎょうです。うそをつくと鼻がのびます。24cm角くらいのおおきな紙で折りましょう。

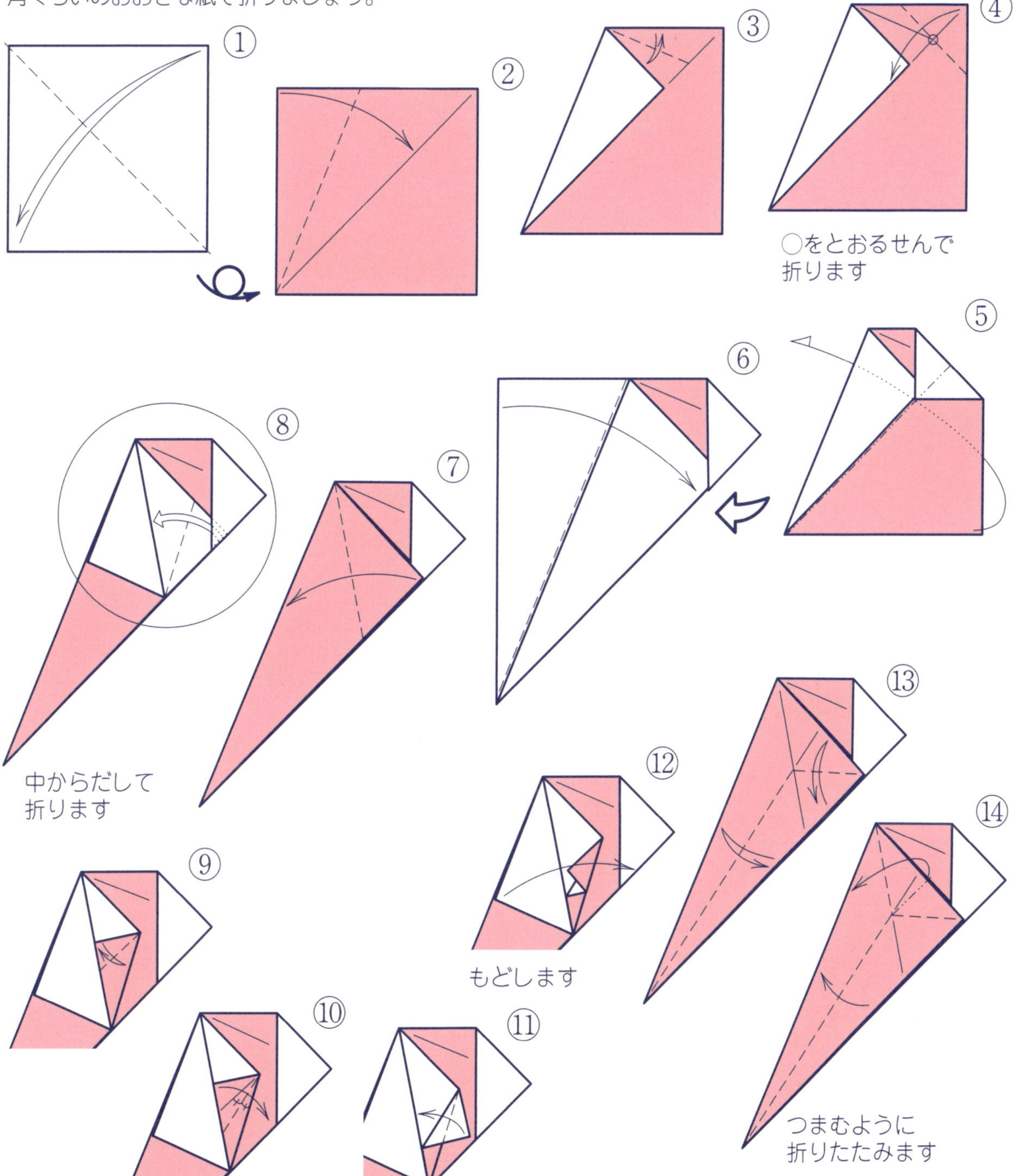
①
②
③
④
○をとおるせんで
折ります
⑤
⑥
⑦
⑧
中からだして
折ります
⑨
⑩
⑪
⑫
もどします
⑬
⑭
つまむように
折りたたみます

つぎのページにつづきます→

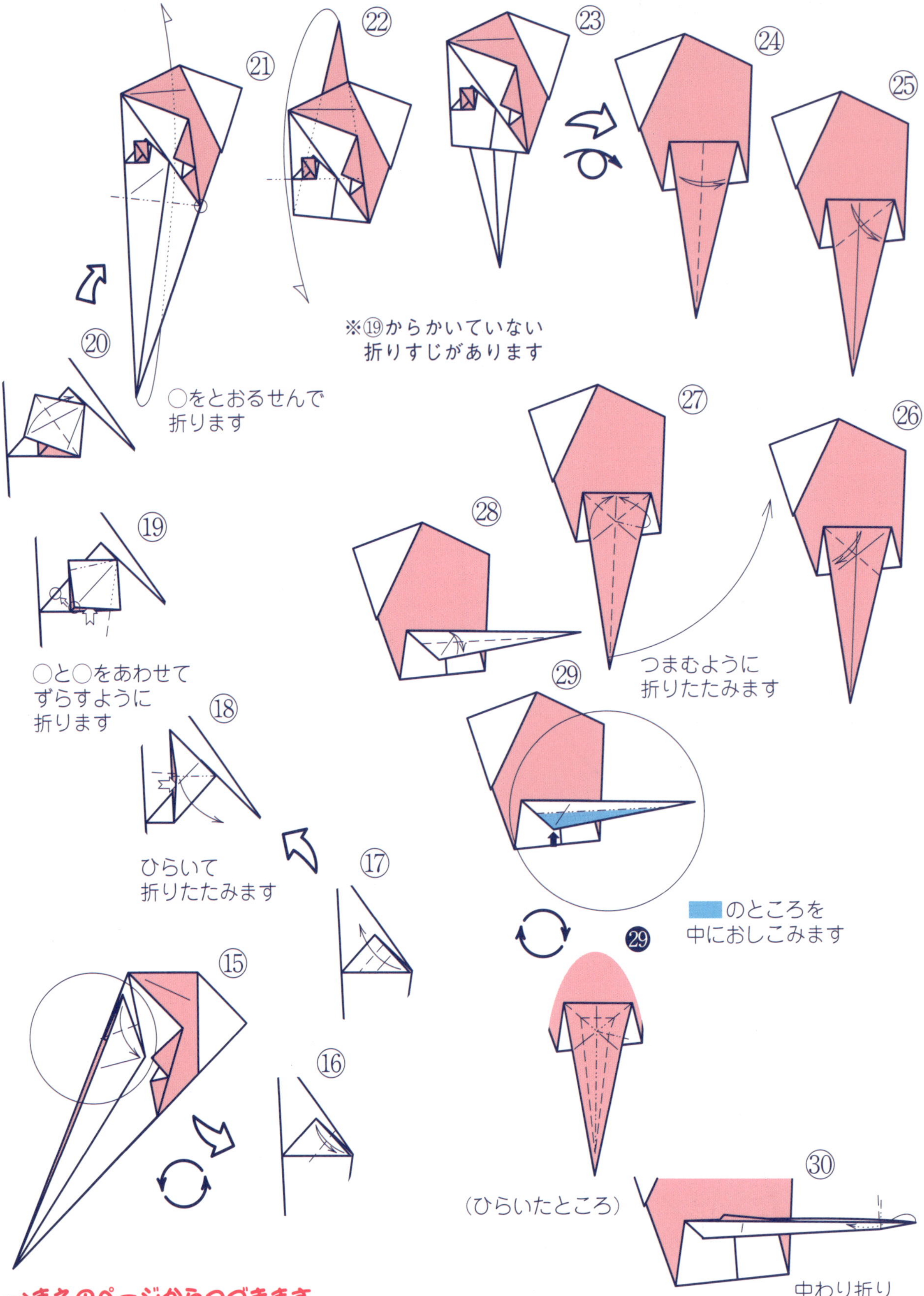

⑮
⑯
⑰
⑱
ひらいて
折りたたみます
⑲
○と○をあわせて
ずらすように
折ります
⑳
㉑
○をとおるせんで
折ります
㉒
※⑲からかいていない
折りすじがあります
㉓
㉔
㉕
㉖
つまむように
折りたたみます
㉗
㉘
㉙
■のところを
中におしこみます
㉙
(ひらいたところ)
㉚
中わり折り

→まえのページからつづきます

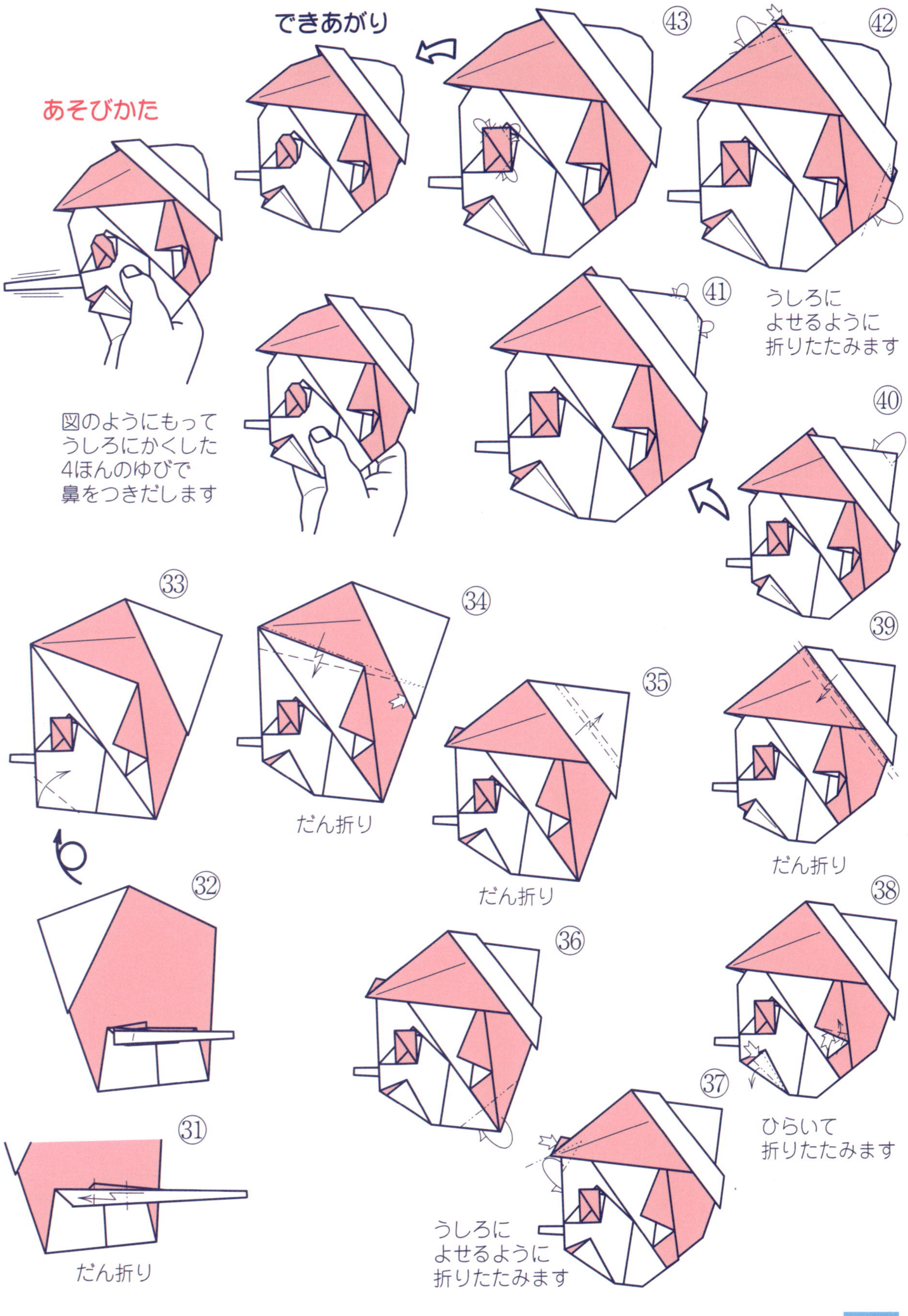

㉛
だん折り
㉜
㉝
㉞
だん折り
㉟
だん折り
㊱
㊲
うしろに
よせるように
折りたたみます
㊳
ひらいて
折りたたみます
㊴
だん折り
㊵
㊶
㊷
うしろに
よせるように
折りたたみます
㊸
できあがり
あそびかた
図のようにもって
うしろにかくした
4ほんのゆびで
鼻をつきだします

ふつう

一休《いっきゅう》さん

Priest *Ikkyū* by Mr. Seiryō Takekawa

竹川青良《たけかわせいりょう》

月刊おりがみ「82号」掲載

一休さんは安国寺《あんこくじ》の小僧《こぞう》さん。ユーモアたっぷりのとんちで、京《きょう》の町《まち》のにんきものになりました。

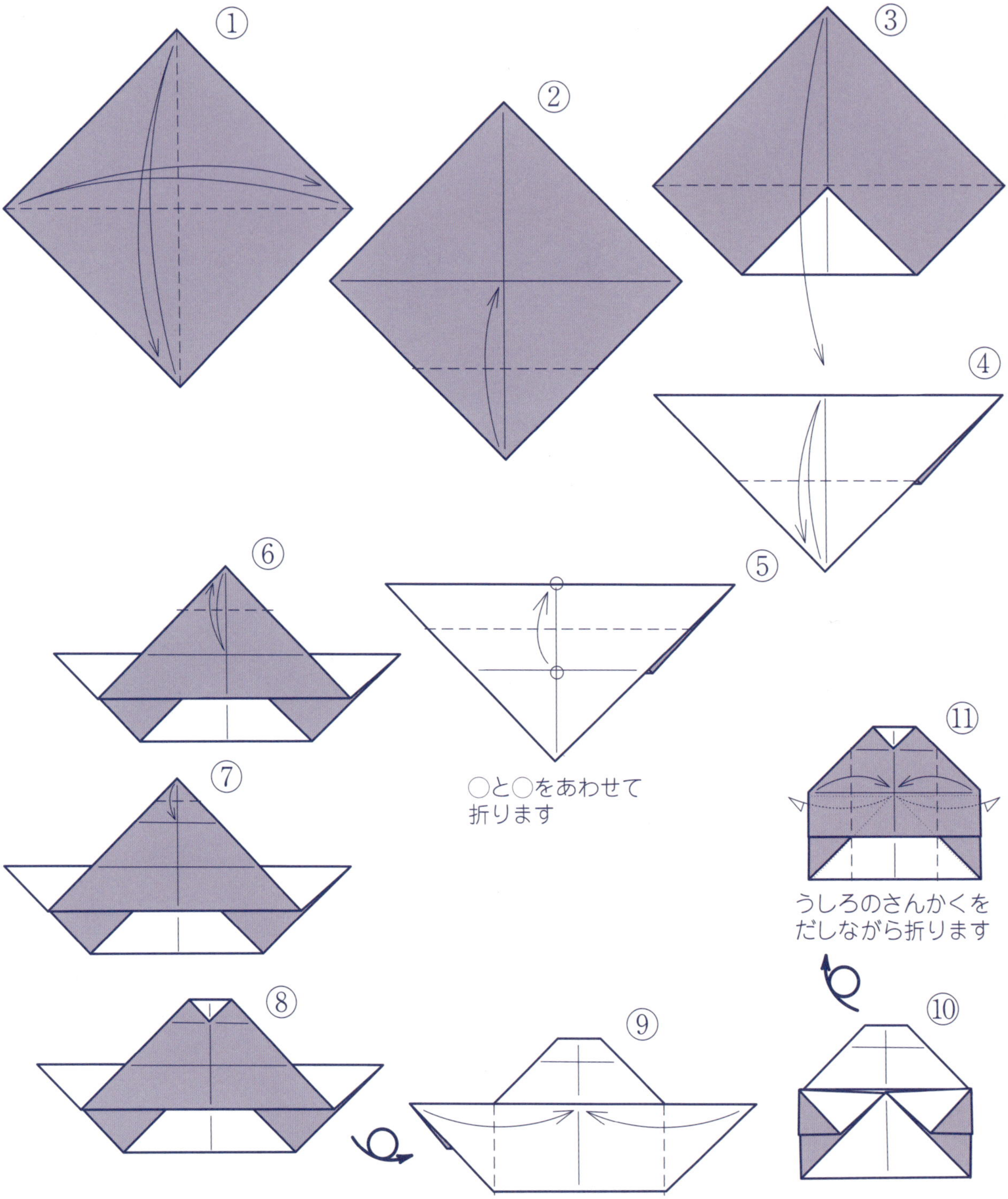

①
②
③
④
⑤
○と○をあわせて
折ります
⑥
⑦
⑧
⑨
⑩
⑪
うしろのさんかくを
だしながら折ります

むずかしい

鼻《はな》を持《も》ちあげる象《ぞう》

Elephant raising trunk by Mr. Shigemasa Hoshino

星野重正《ほしの しげまさ》

月刊おりがみ「277号」掲載

元気《げんき》よく、鼻をあげるぞうです。たつのでかざってたのしむこともできます。

つぎのページにつづきます→

はじめに「たこの基本形《きほんけい》」を折ります

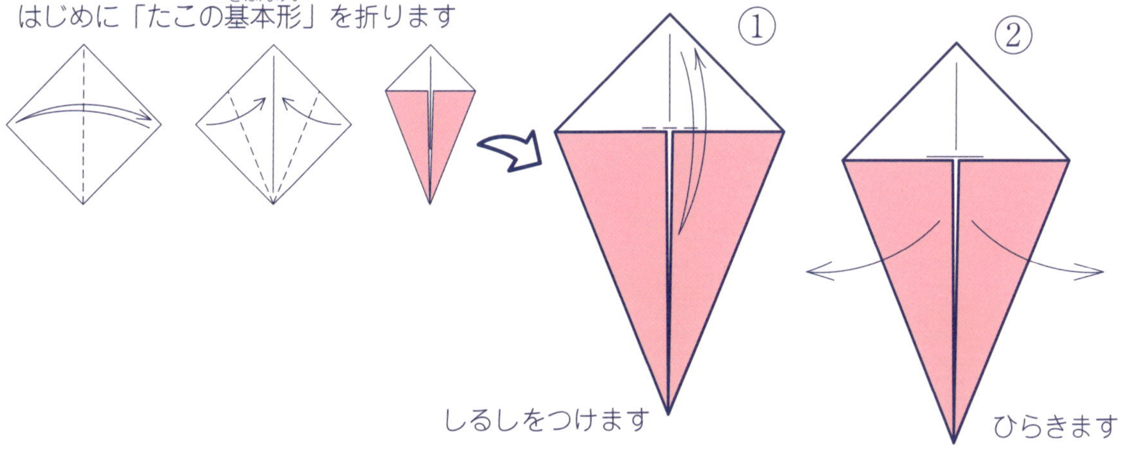
①
しるしをつけます
②
ひらきます

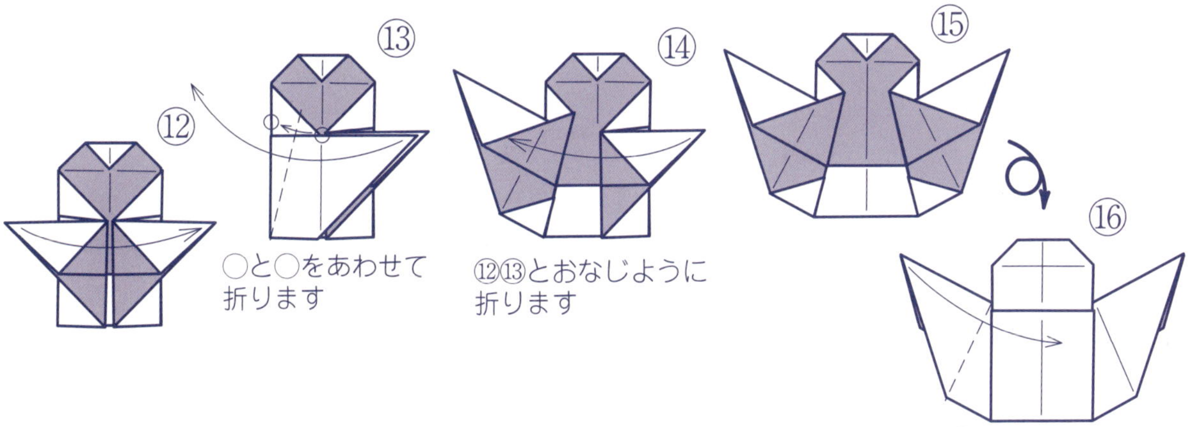
⑫
⑬
○と○をあわせて
折ります
⑭
⑫⑬とおなじように
折ります
⑮
⑯

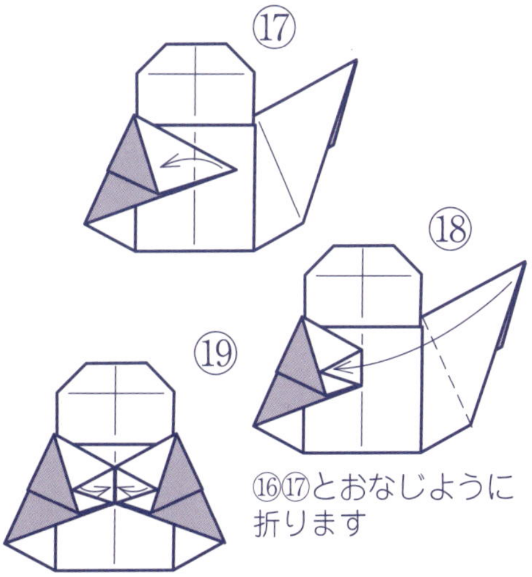
⑰
⑱
⑯⑰とおなじように
折ります
⑲
さんかくを
たてて
あわせます

あそびかた

ナムナム…

左右のそでをもって
ねじるようにうごかすと
一休さんが、手をあわせて
おねんぶつをとなえます

できあがり

かおとじゅずを
かきましょう

にんきもの

→まえのページからつづきます

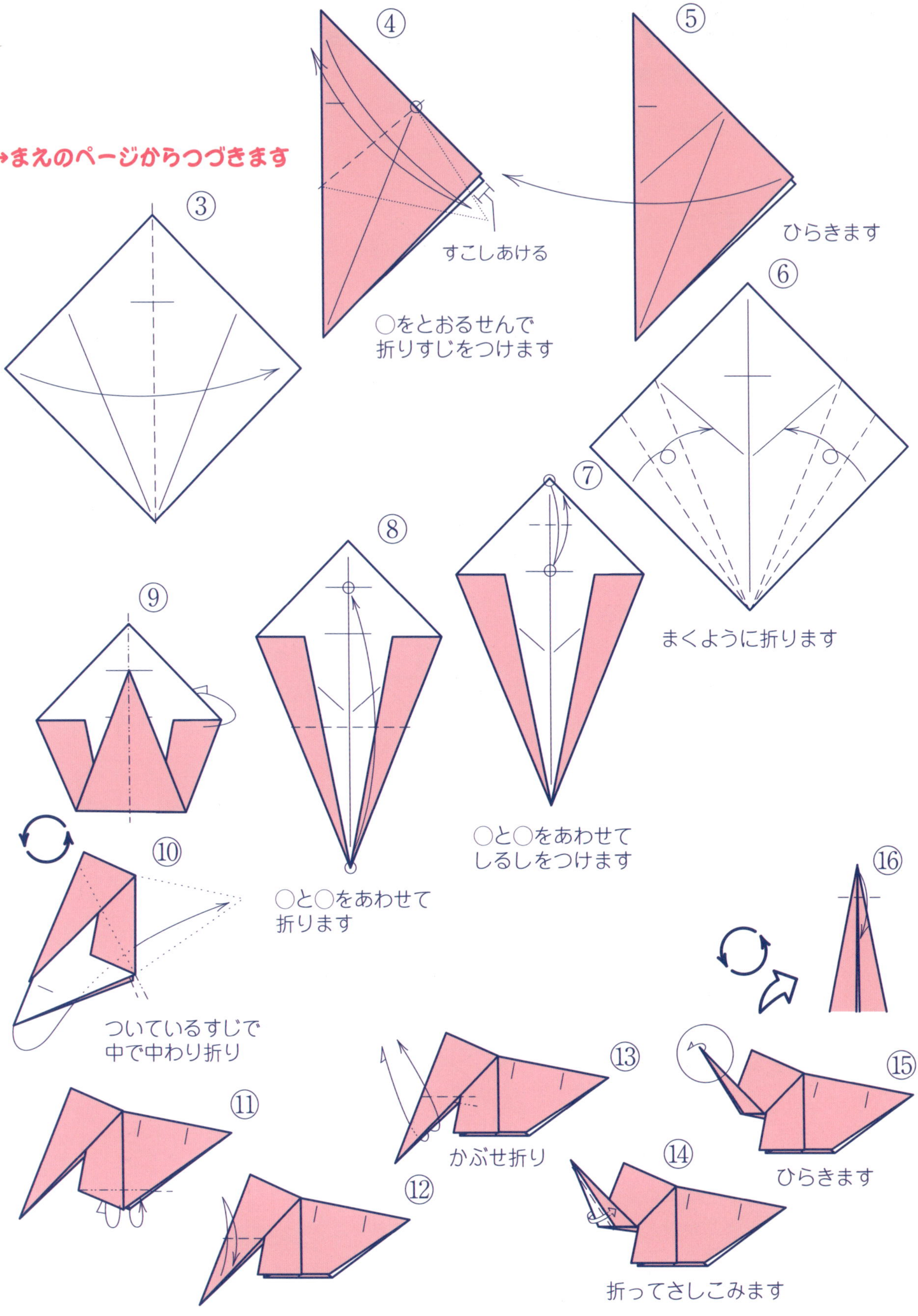
すこしあける
○をとおるせんで
折りすじをつけます
ひらきます
まくように折ります
○と○をあわせて
しるしをつけます
○と○をあわせて
折ります
ついているすじで
中で中わり折り
かぶせ折り
折ってさしこみます
ひらきます

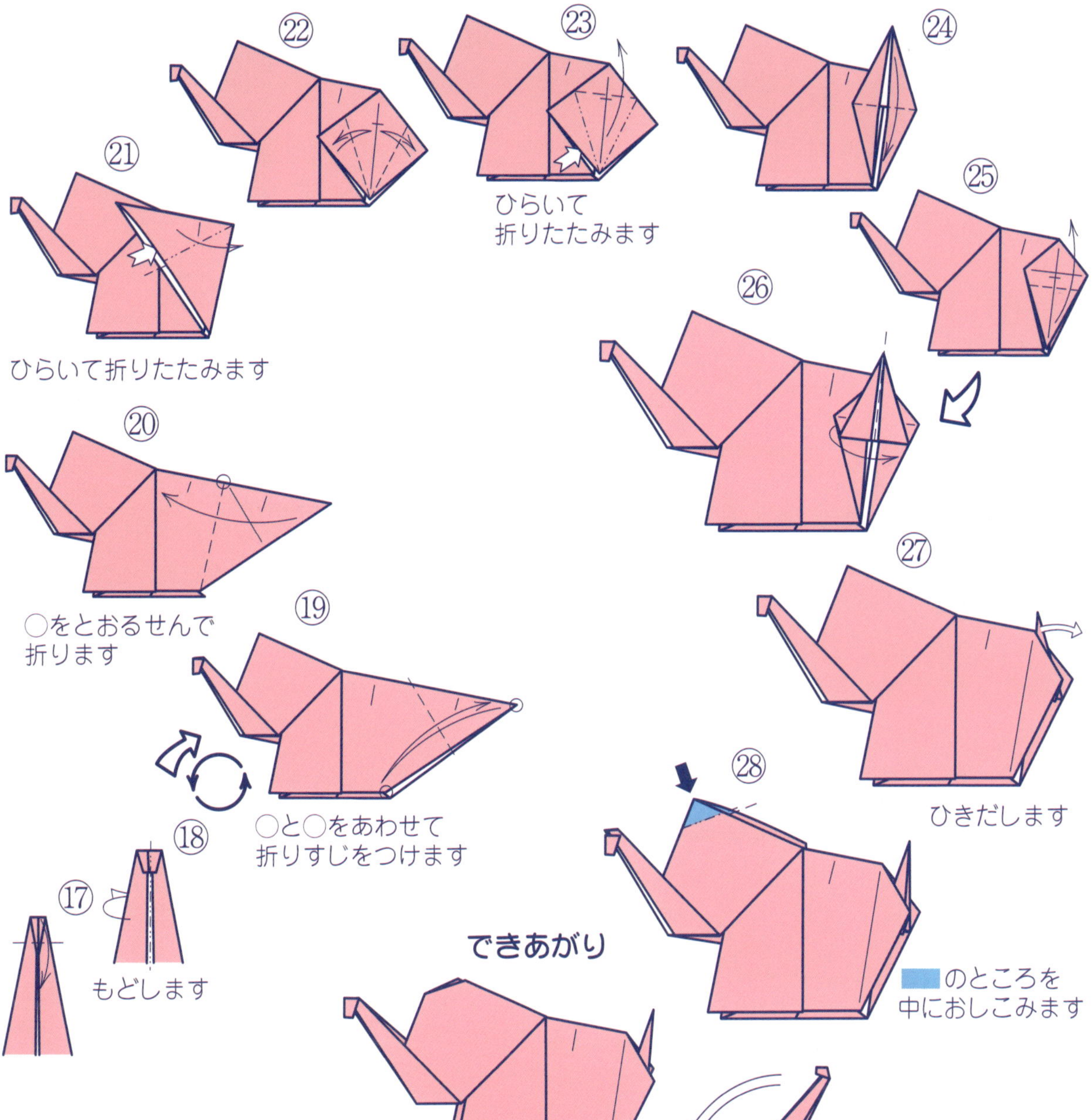
⑰
⑱
もどします
⑲
○と○をあわせて
折りすじをつけます
⑳
○をとおるせんで
折ります
㉑
ひらいて折りたたみます
㉒
㉓
ひらいて
折りたたみます
㉔
㉕
㉖
㉗
ひきだします
㉘
のところを
中におしこみます
できあがり

あそびかた

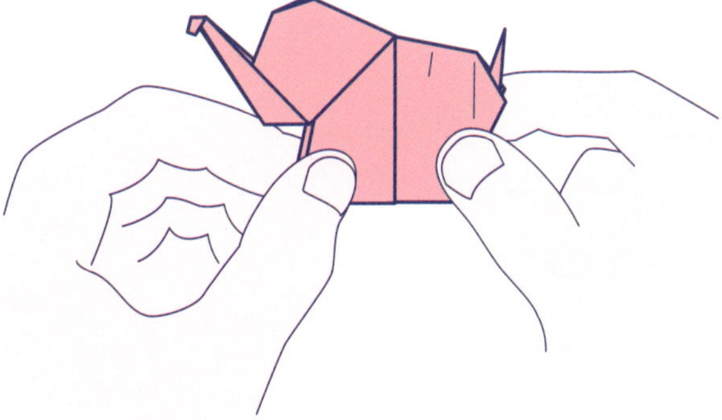

このようにもちます

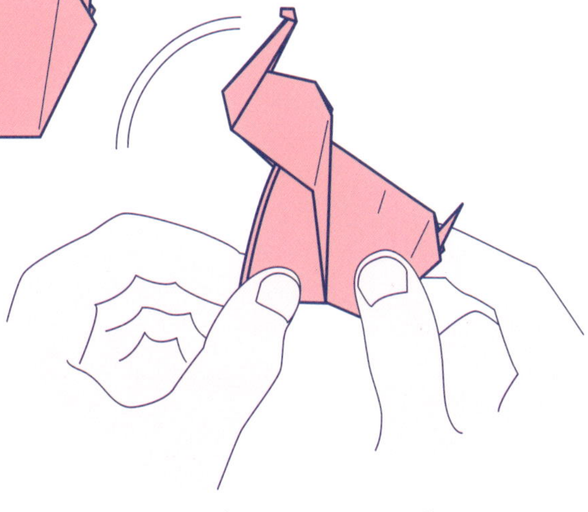

右手をひくと、鼻をもち上げます
もどすと、下げます

Panda by Mr. Masatsugu Tsutsumi

ふつう

パンダ

堤《つつみ》　政継《まさつぐ》

月刊おりがみ「225号」掲載

わりばしをつかいます。まわすとパンダのかおがみえます。

はじめに「風船基本形《ふうせんきほんけい》」を折ります

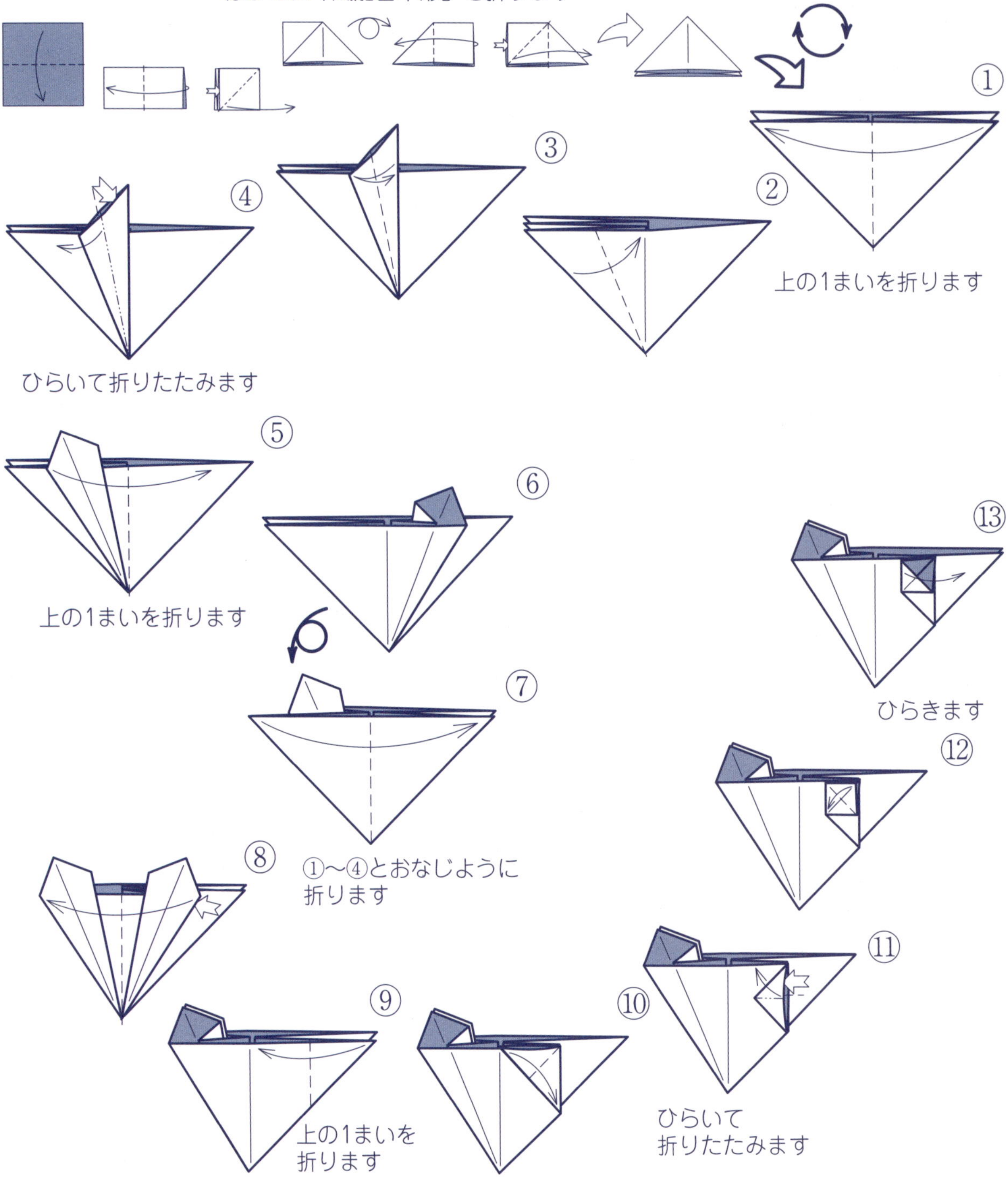
①
上の1まいを折ります
②
③
④
ひらいて折りたたみます
⑤
上の1まいを折ります
⑥
⑦
①〜④とおなじように
折ります
⑧
⑨
上の1まいを
折ります
⑩
⑪
ひらいて
折りたたみます
⑫
⑬
ひらきます

ノアちゃん NOA-chan

原作／内山興正「紙子ちゃん」
アレンジ／日本折紙協会

ノアちゃんは日本折紙協会《にっぽんおりがみきょうかい》のマスコット。
英文名《えいぶんめい》 Nippon Origami Association の頭《かしら》文字《もじ》からなづけられました。

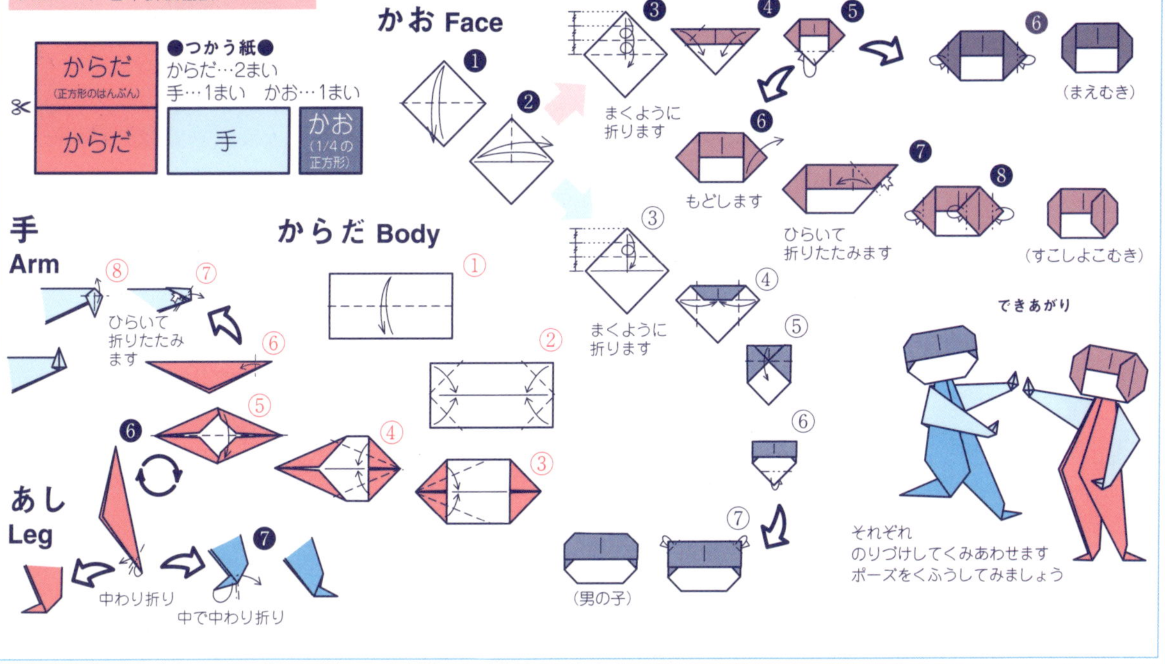

からだ
(正方形のはんぶん)
からだ
●つかう紙●
からだ…2まい
手…1まい かお…1まい
手
かお
(1/4の正方形)
かお Face
まくように折ります
もどします
ひらいて折りたたみます
(まえむき)
(すこしよこむき)
まくように折ります
(男の子)
手 Arm
ひらいて折りたたみます
からだ Body
あし Leg
中わり折り
中で中わり折り
できあがり
それぞれのりづけしてくみあわせます
ポーズをくふうしてみましょう

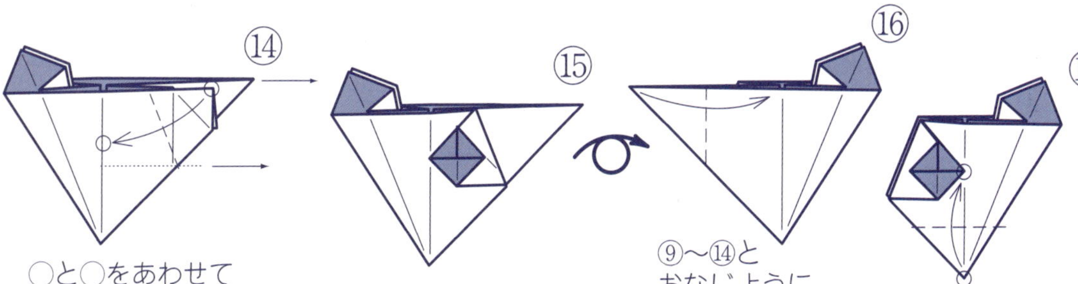

⑭
⑮
⑯
⑰

○と○をあわせて折ります

⑨〜⑭と おなじように 折ります

○と○をあわせて 折ります

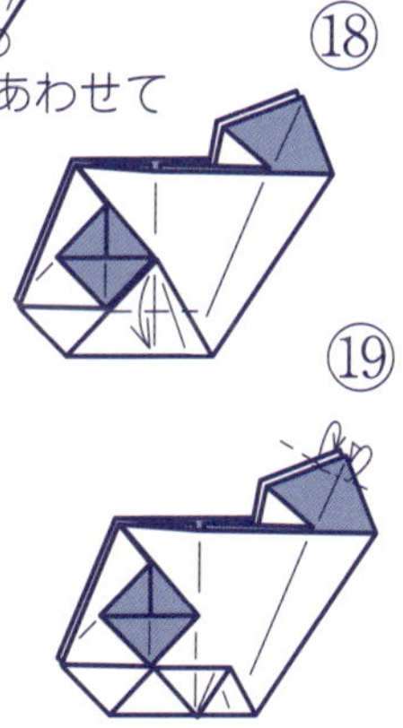

⑱
⑲

あそびかた

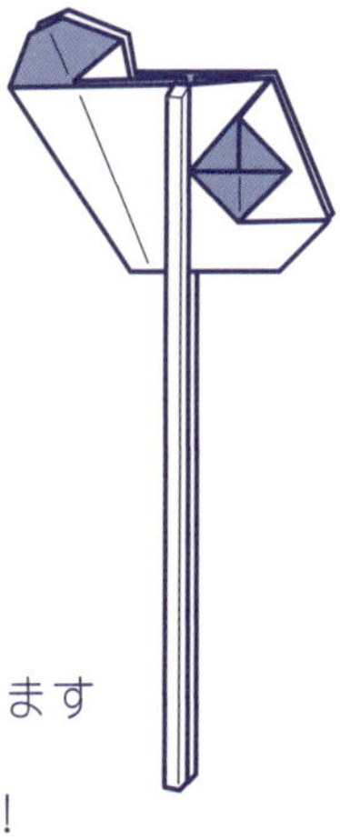

わりばしではさみます
わりばしをてのひらで
はさんで、くるくるまわします
あら、ふしぎ!
パンダのかおが、みえます!

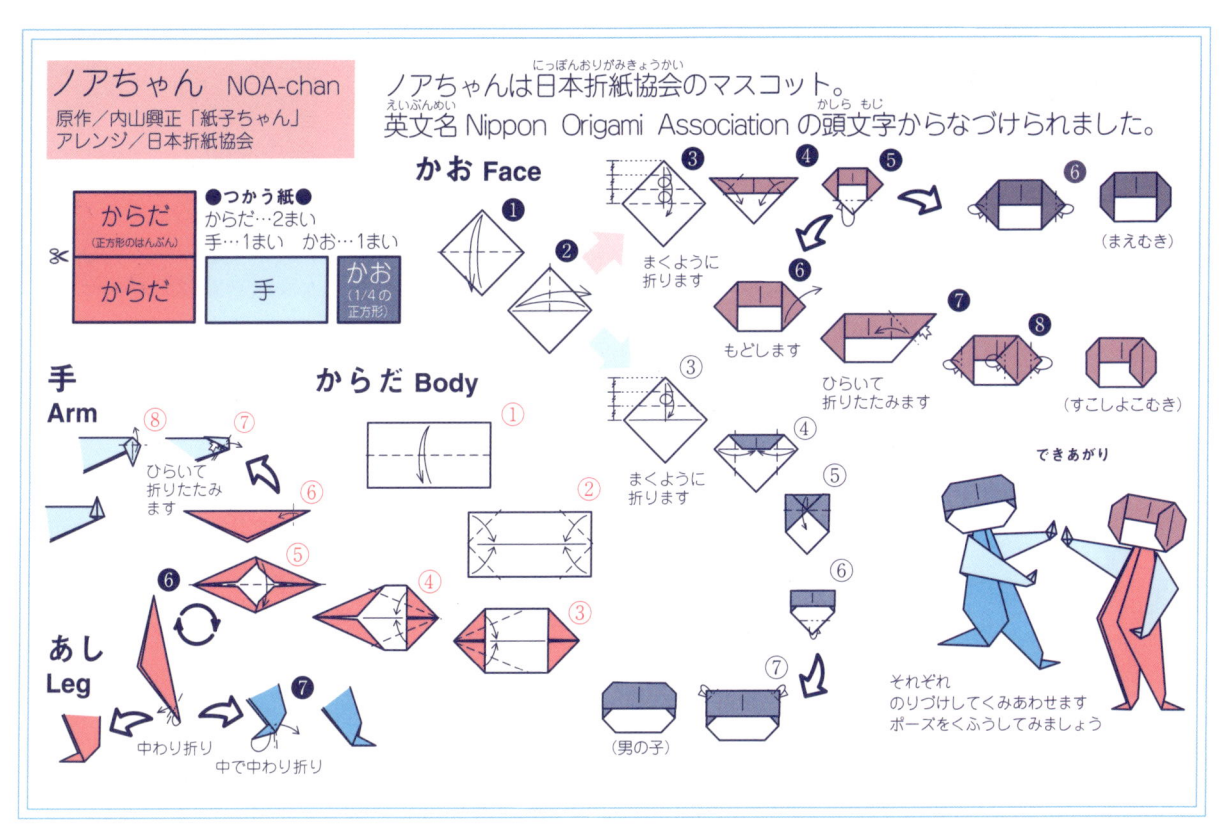

できあがり

ふつう

miffy by Ms. Nami Shimomura

うさこちゃん(ミッフィー)　下村《しもむら》奈美《なみ》

月刊おりがみ「281号」掲載

おなじおおきさの紙を2まいつかいます。

あたま Head

はじめに「かんのん基本形《きほんけい》」を折ります

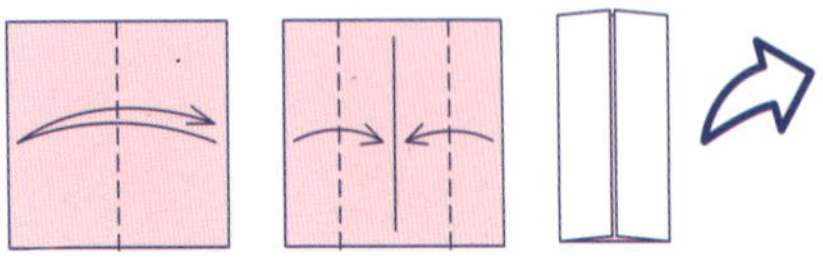

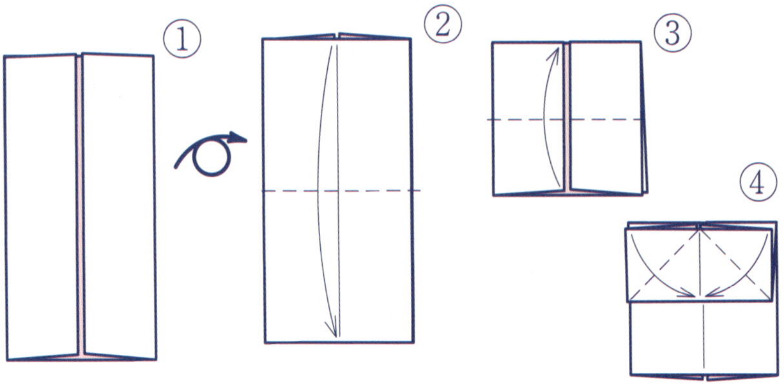
①
②
③
④

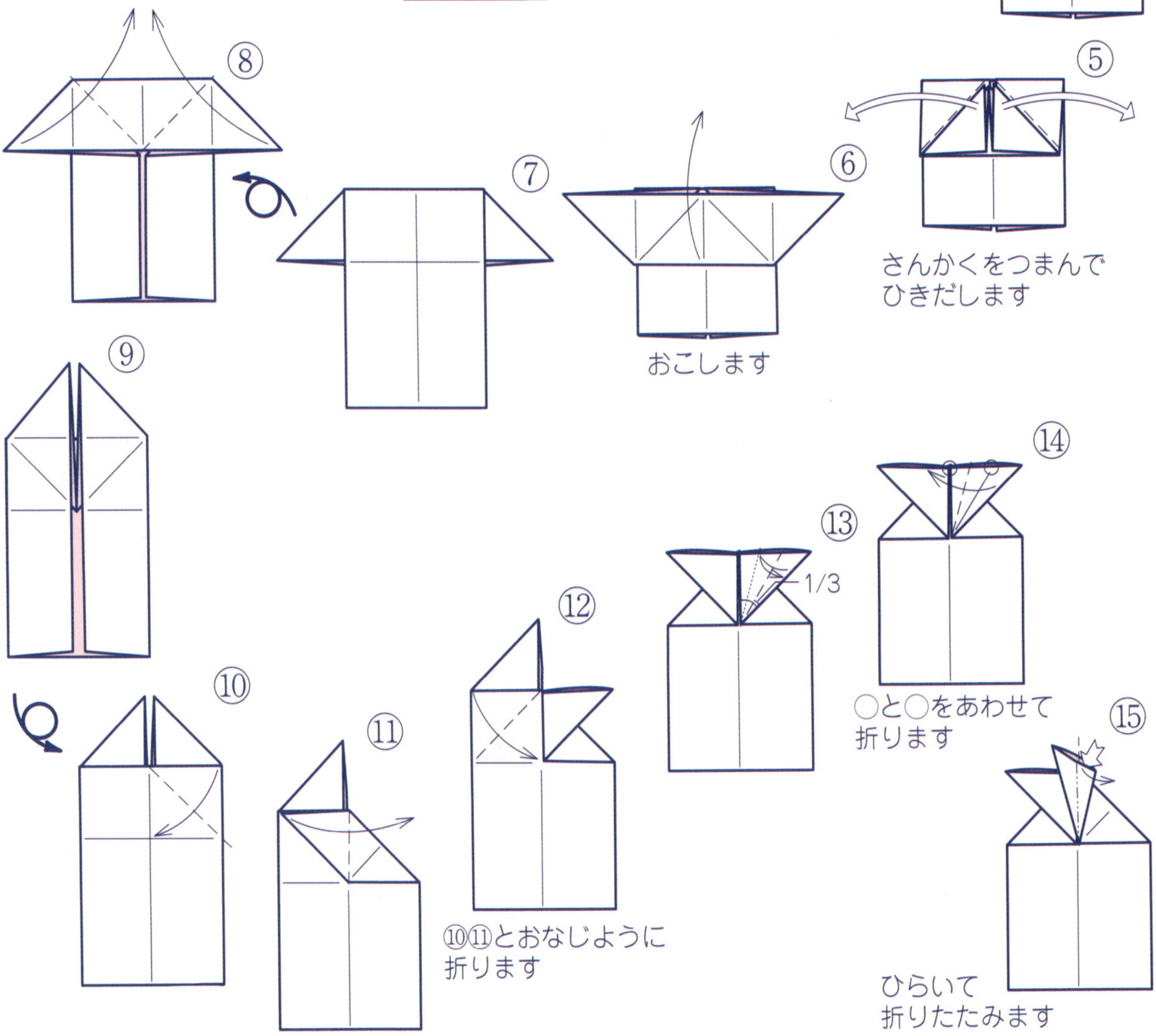
⑤
さんかくをつまんで
ひきだします
⑥
おこします
⑦
⑧
⑨
⑩
⑪
⑫
⑩⑪とおなじように
折ります
⑬
1/3
⑭
○と○をあわせて
折ります
⑮
ひらいて
折りたたみます

つぎのページにつづきます→

からだ　Body

はじめに「かんのん基本形《きほんけい》」を折ります

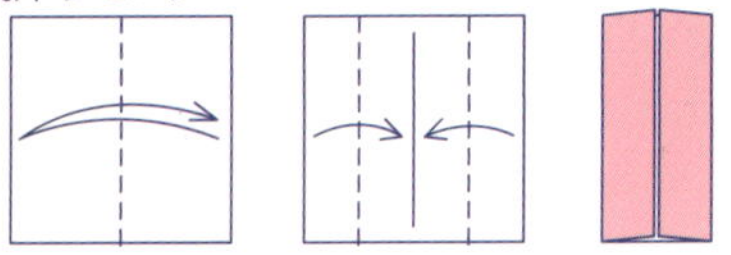

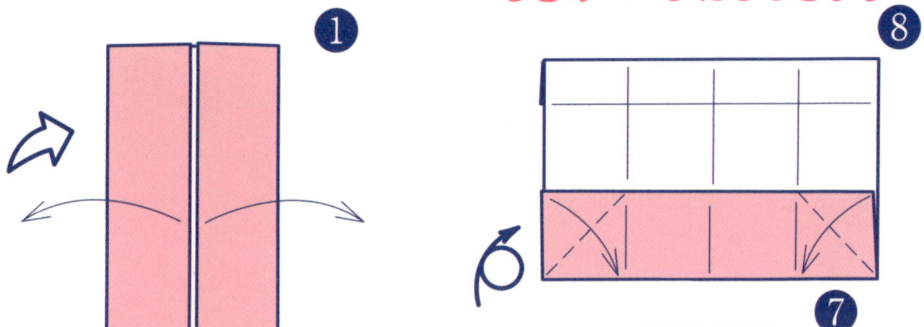
1
8
ひらきます

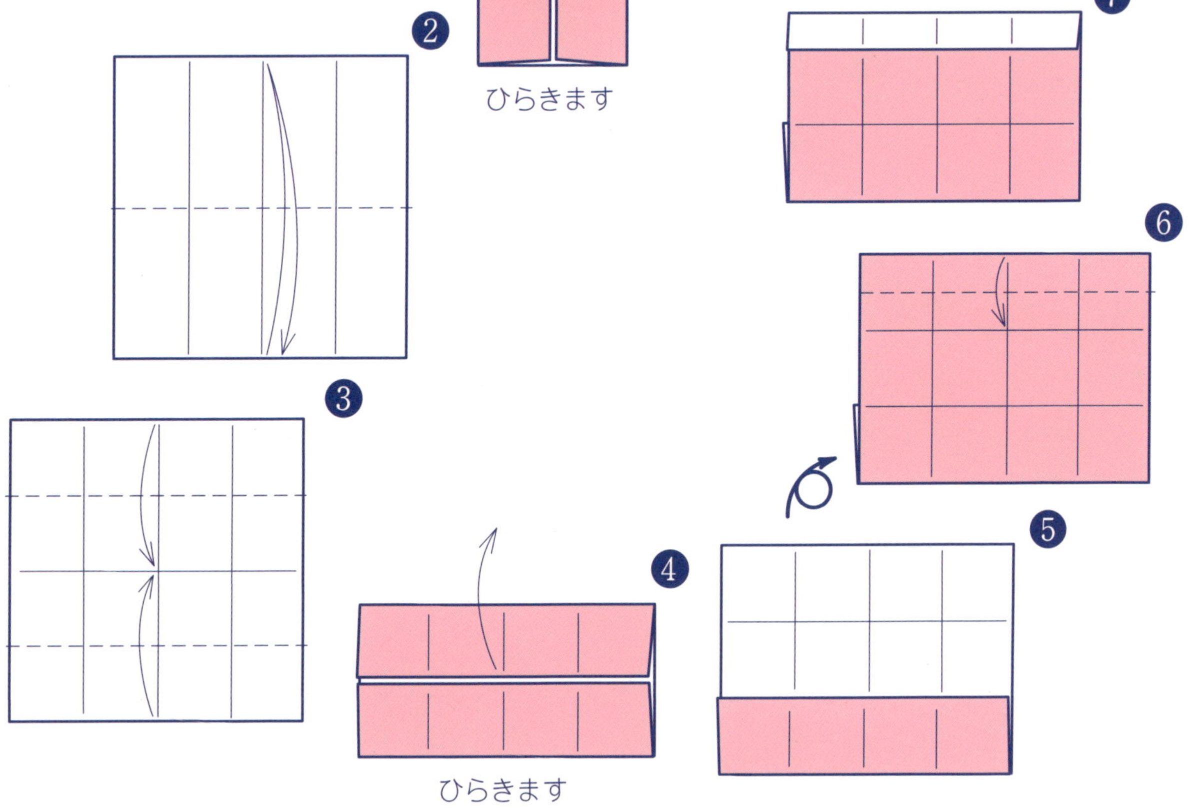
2
3
4
ひらきます
5
6
7

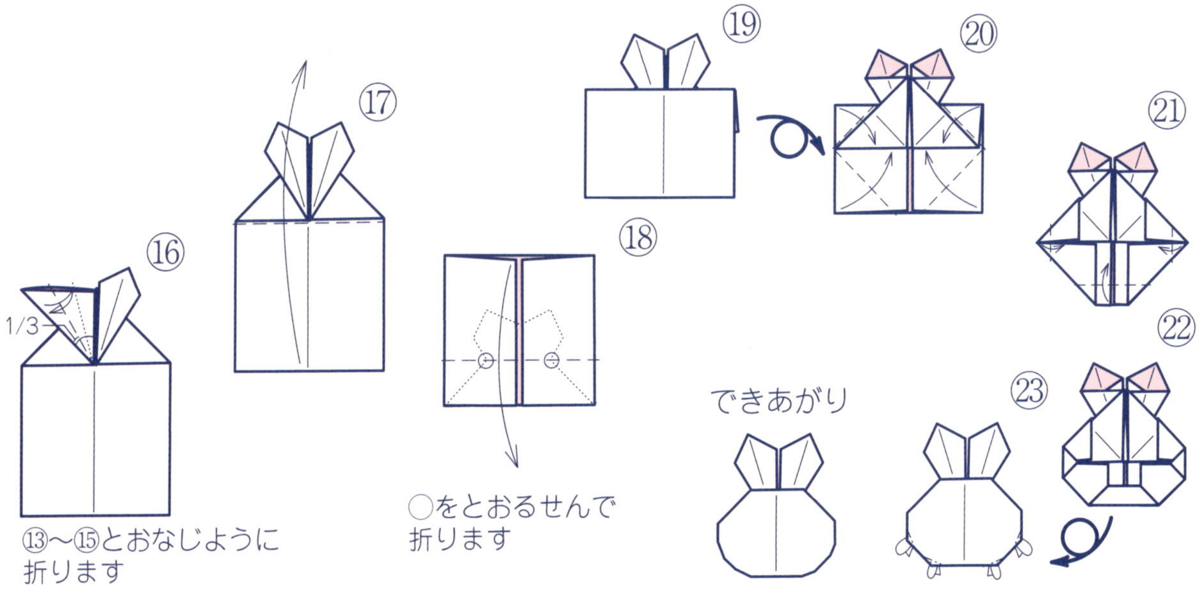
⑯
1/3
⑬〜⑮とおなじように折ります
⑰
⑱
○をとおるせんで折ります
⑲
⑳
㉑
㉒
㉓
できあがり

→まえのページからつづきます

9
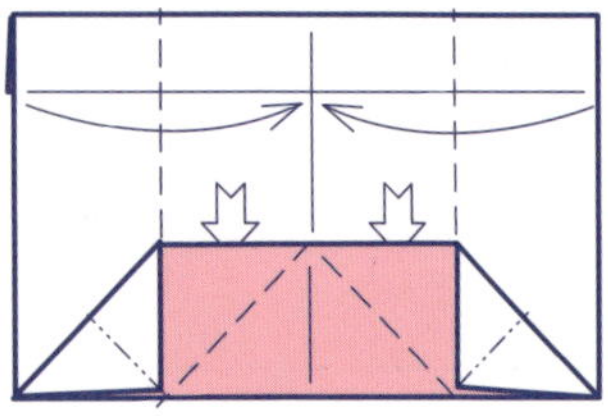
ひらいて折りたたみます

10
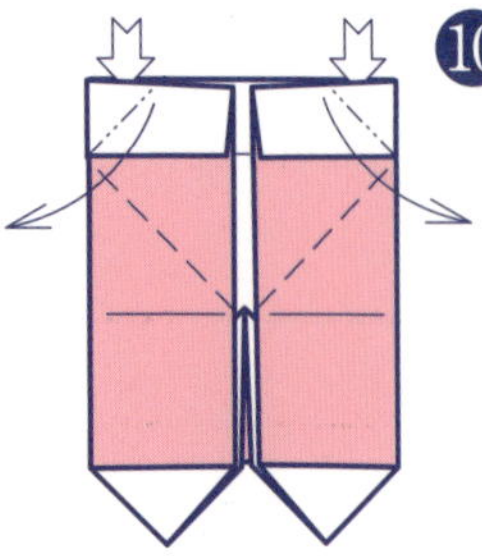
ひらいて
折りたたみます

11
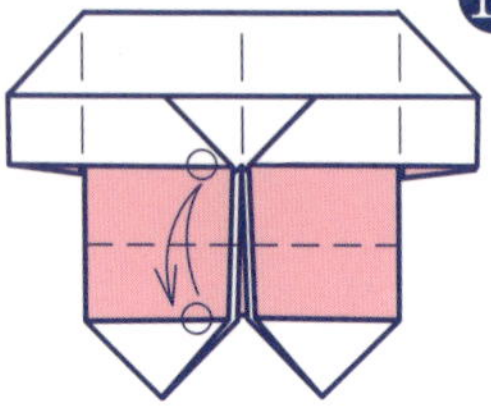
○と○をあわせて
折りすじをつけます

12
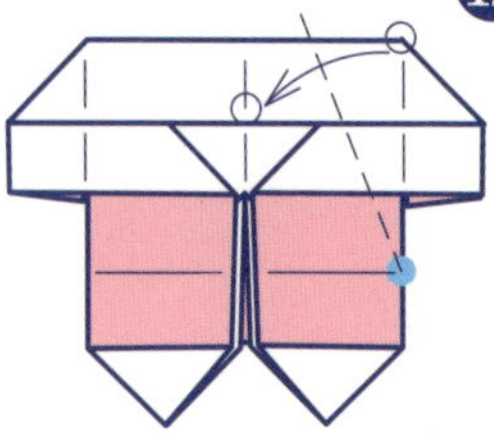
○と○をあわせて
●をとおるせんで
折ります

13

○と○をあわせて
折ります

14
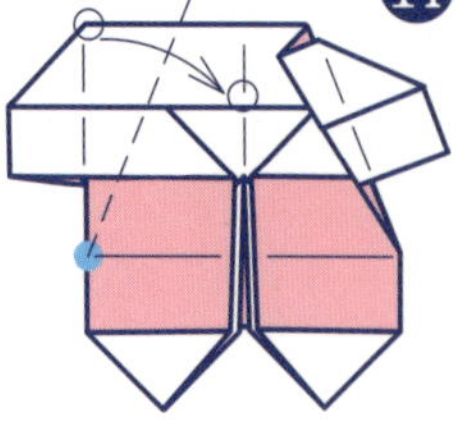
⑫⑬とおなじように
折ります

15
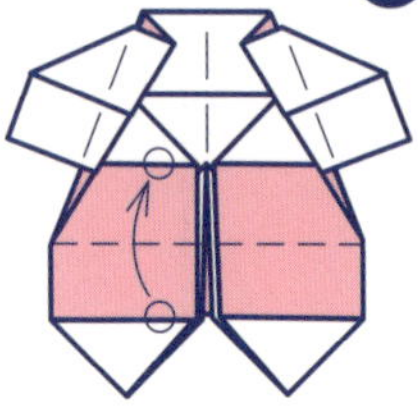
○と○をあわせて
折ります

16
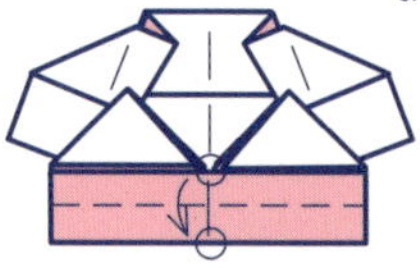
○と○をあわせて
折ります

17
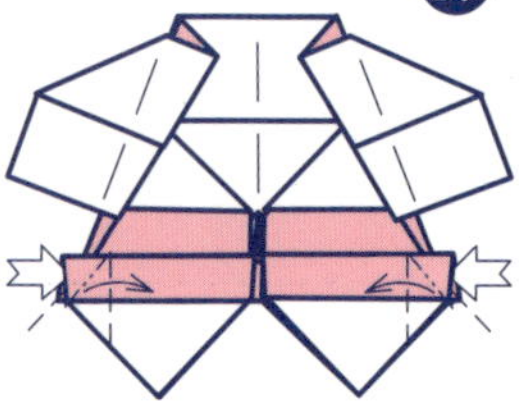
ひらいて
折りたたみます

18
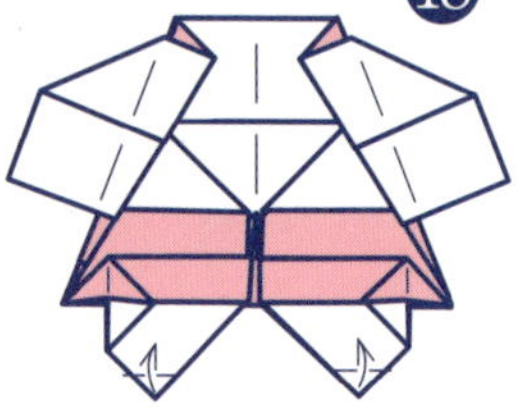

19

○と○をあわせて
折ります

20

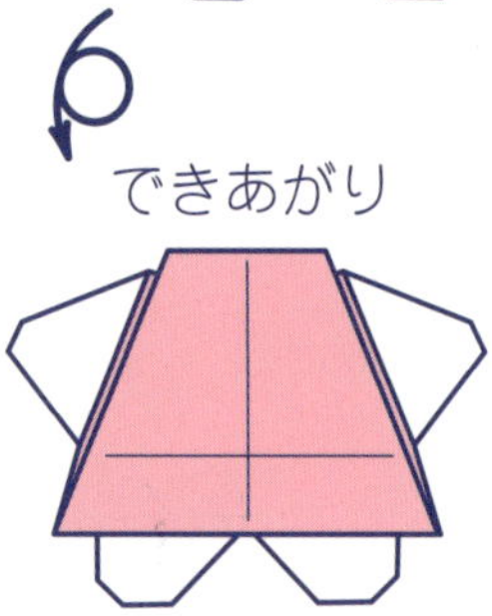
できあがり

●くみあわせかた●

1
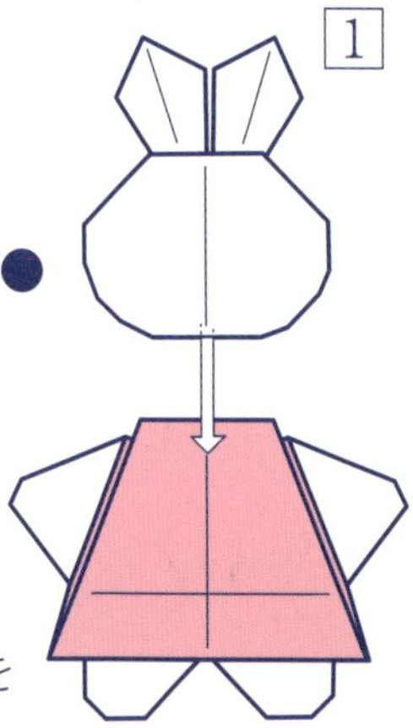
からだにあたまを
のりづけします

できあがり

かおをかきましょう

ミッフィーは、オランダのディック・ブルーナさんがかいた絵本《えほん》の主人公《しゅじんこう》で、オランダ語《ご》ではNijntje《ナインチェ》(子うさぎ)という名前《なまえ》です。日本では、1964年、福音館書店《ふくいんかんしょてん》から「ちいさなうさこちゃん」(石井《いしい》桃子《ももこ》 訳《やく》)で出版《しゅっぱん》されています。

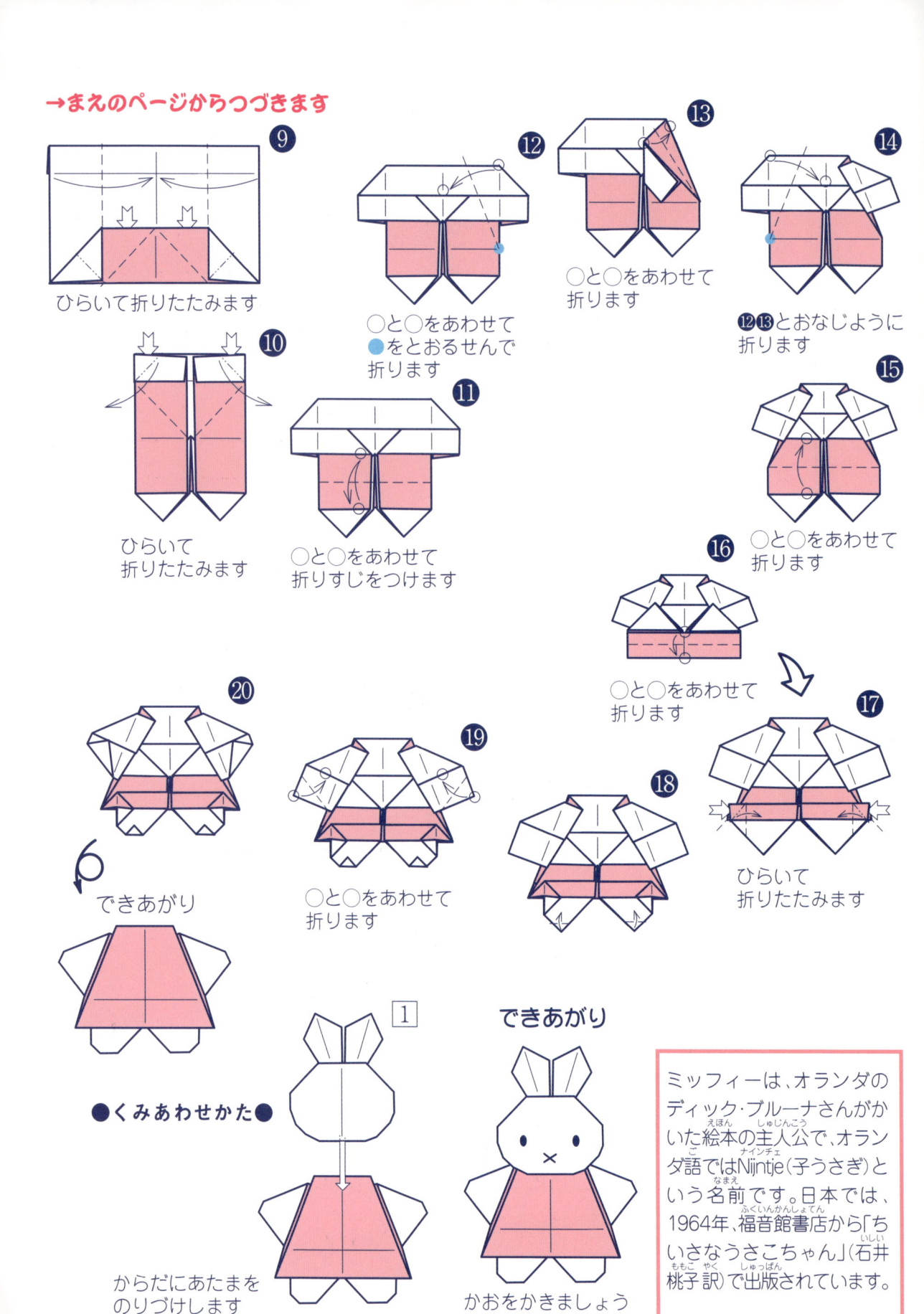

Eleven cats by Ms. Ryūko Nashimoto

かんたん

11ぴきのねこ

梨本竜子《なしもとりゅうこ》

月刊おりがみ「284号」掲載

くいしんぼうのねこなので、のりつきメモでさかななどをつくって、くわえさせてみてください。

11ぴきのねこ

◀「11ぴきのねこ」
(馬場《ばば》のぼる 著《ちょ》　こぐま社《しゃ》 発行《はっこう》)

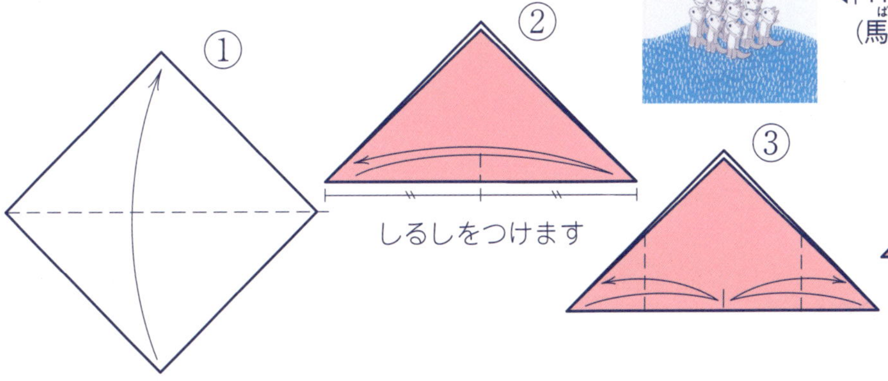
①
②
しるしをつけます
③

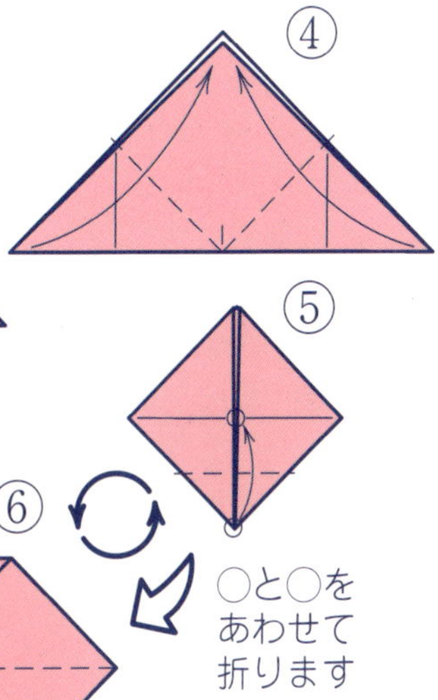
④
⑤
○と○を
あわせて
折ります

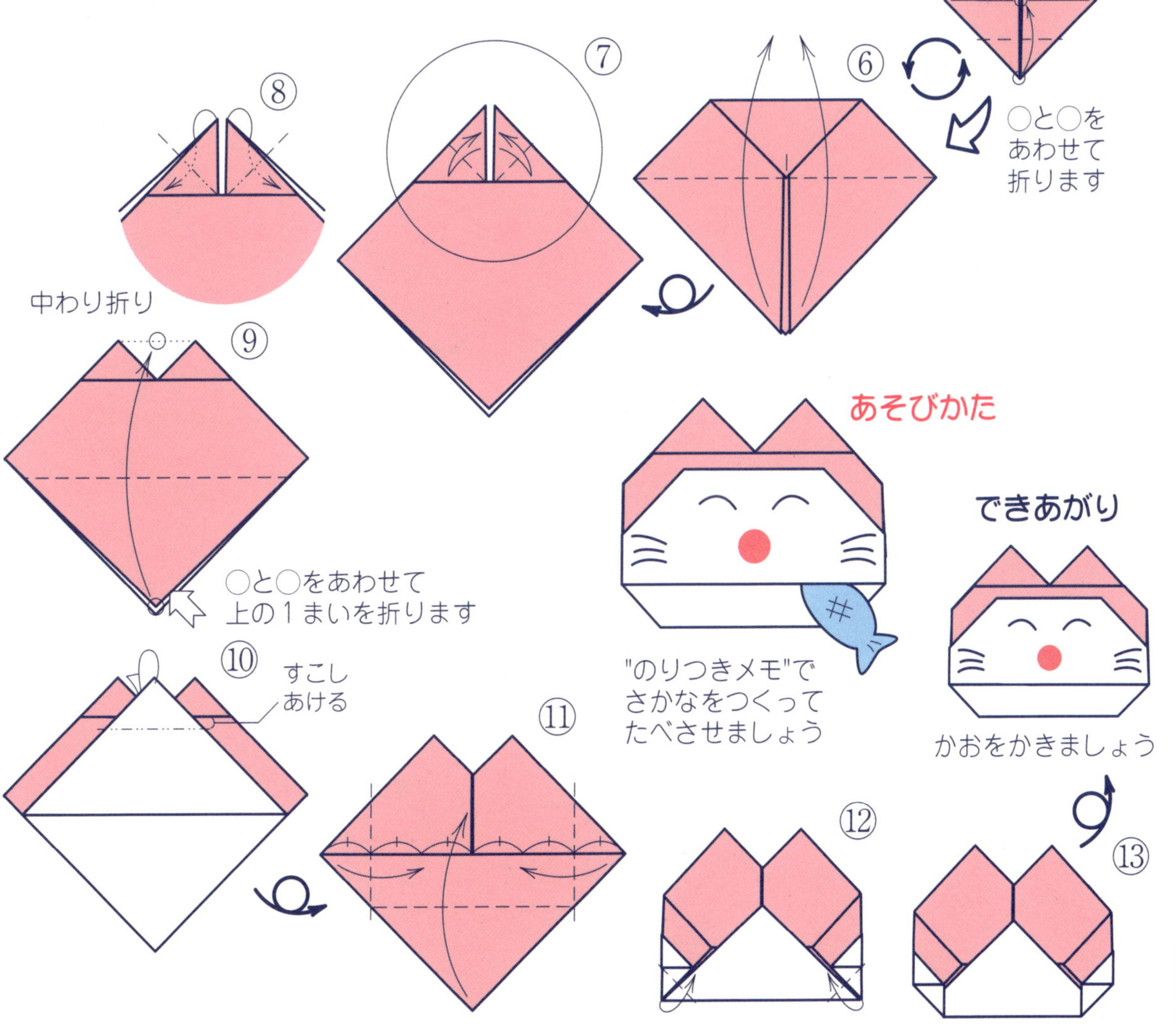
⑥
⑦
⑧
中わり折り
⑨
○と○をあわせて
上の１まいを折ります
⑩
すこし
あける
⑪
⑫
⑬
あそびかた
"のりつきメモ"で
さかなをつくって
たべさせましょう
できあがり
かおをかきましょう

むずかしい

スヌーピーの昼寝《ひるね》

SNOOPY napping by Mr. Susumu Nakajima

中島《なかじま》 進《すすむ》

月刊おりがみ「307号」掲載

※「くさ」の折りかたはのりません

かわいいスヌーピーとウッドストックをつくりましょう。サイズどおりに折ると、大色紙《おおしきし》(27cm×24cm：サイン書きなどによくつかわれる色紙)に、はれます。

●つかう紙のおおきさ●

スヌーピーのあたま（SNOOPY's head）…15cm×15cm
スヌーピーのからだ（SNOOPY's body）…15cm×15cm
ウッドストック（WOODSTOCK）…3cm×9cm
いぬごや（Doghouse）……………30cm×30cm
あしあと（Footmark）……………3.75cm×3.75cm～5cm×5cm（8まい）

※台紙《だいし》…大色紙《おおしきし》（27cm×24cm）

スヌーピー SNOOPY

あたま Head

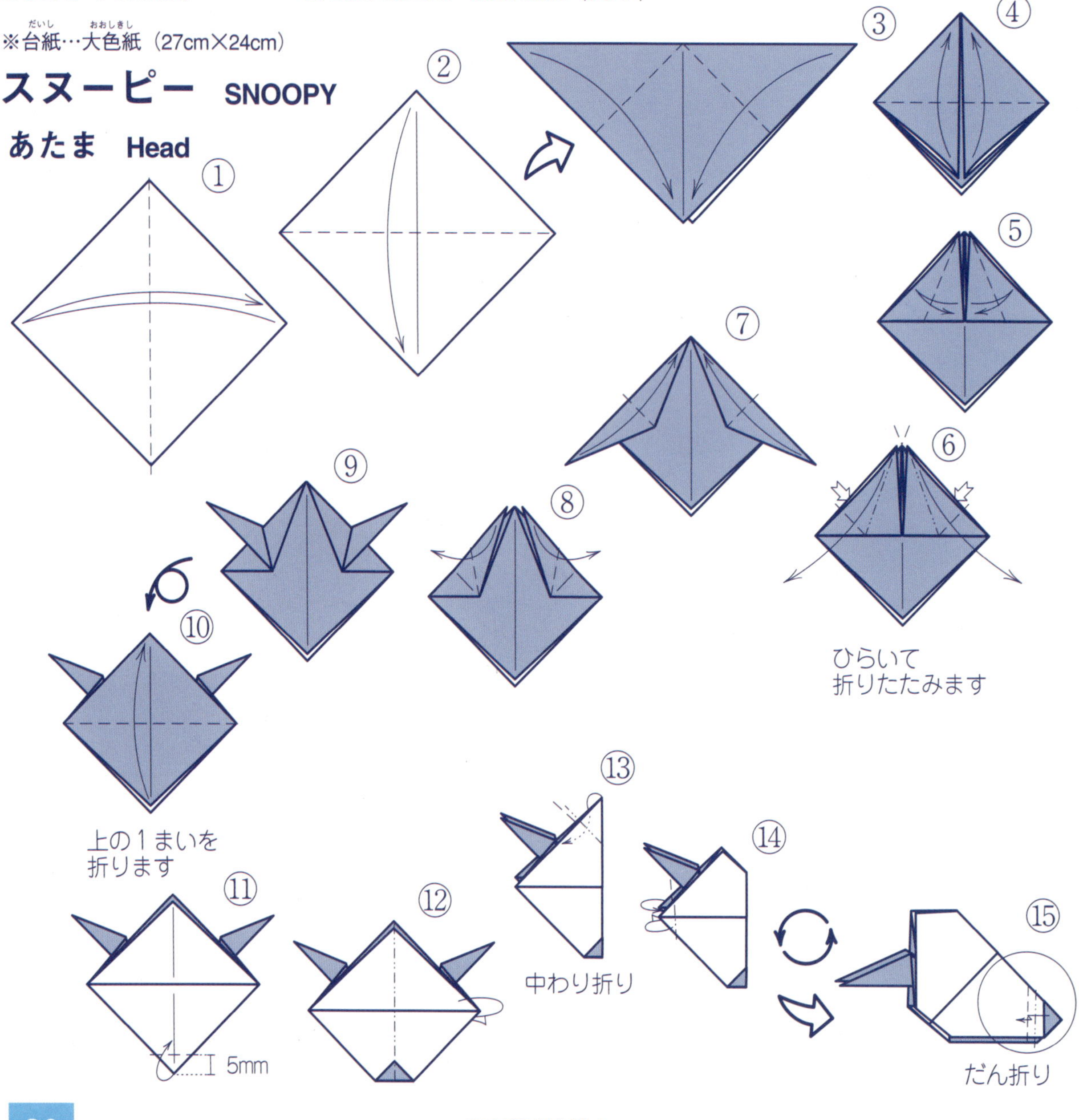
①
②
③
④
⑤
⑥
ひらいて
折りたたみます
⑦
⑧
⑨
⑩
上の1まいを
折ります
⑪
5mm
⑫
⑬
中わり折り
⑭
⑮
だん折り

からだ　Body

はじめに「魚《さかな》の基本形《きほんけい》Ⅱ」を折ります

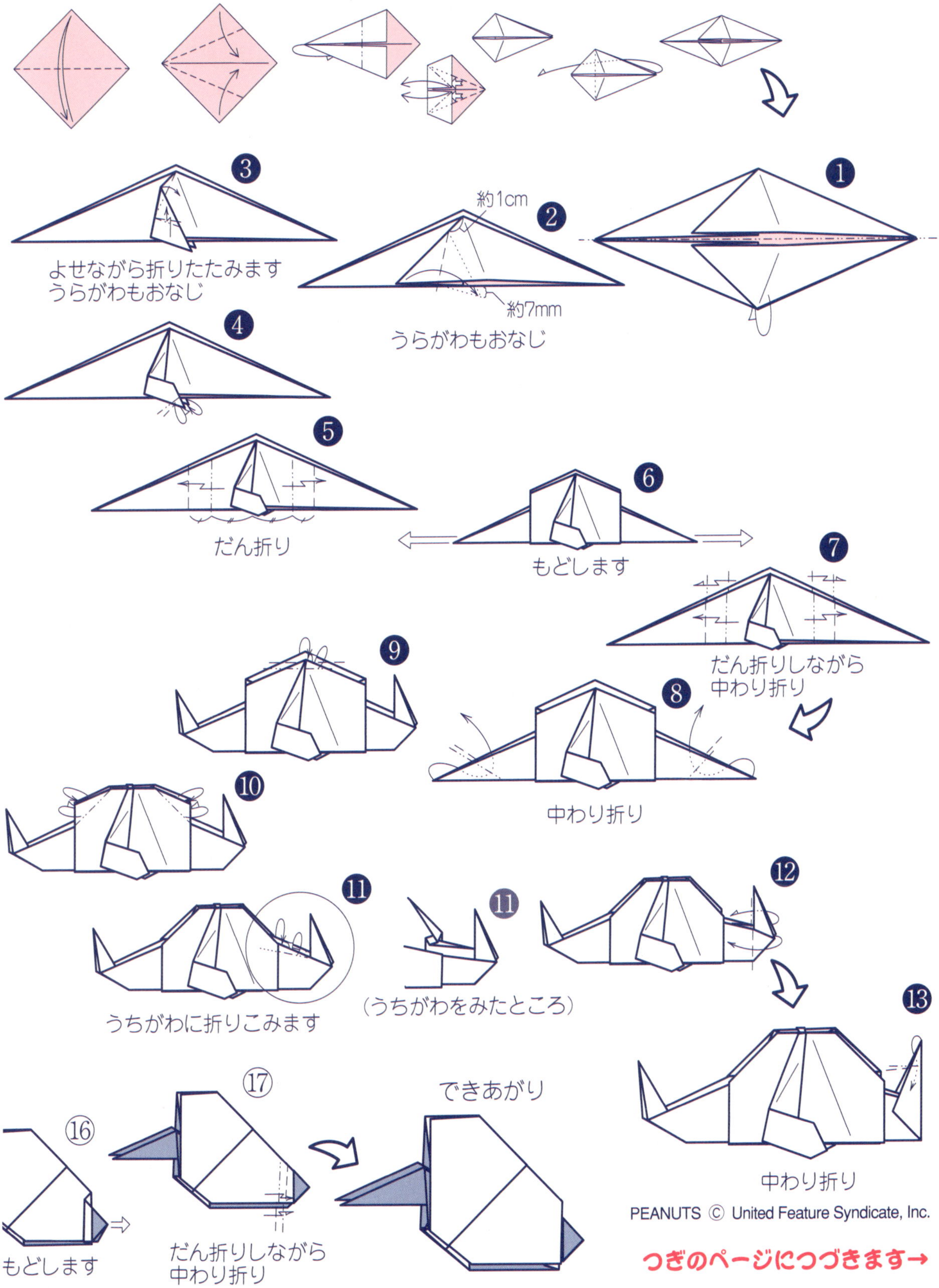
約1cm
約7mm
よせながら折りたたみます
うらがわもおなじ
うらがわもおなじ
だん折り
もどします
だん折りしながら
中わり折り
中わり折り
うちがわに折りこみます
（うちがわをみたところ）
中わり折り
もどします
だん折りしながら
中わり折り
できあがり

つぎのページにつづきます→

ウッドストック　WOODSTOCK

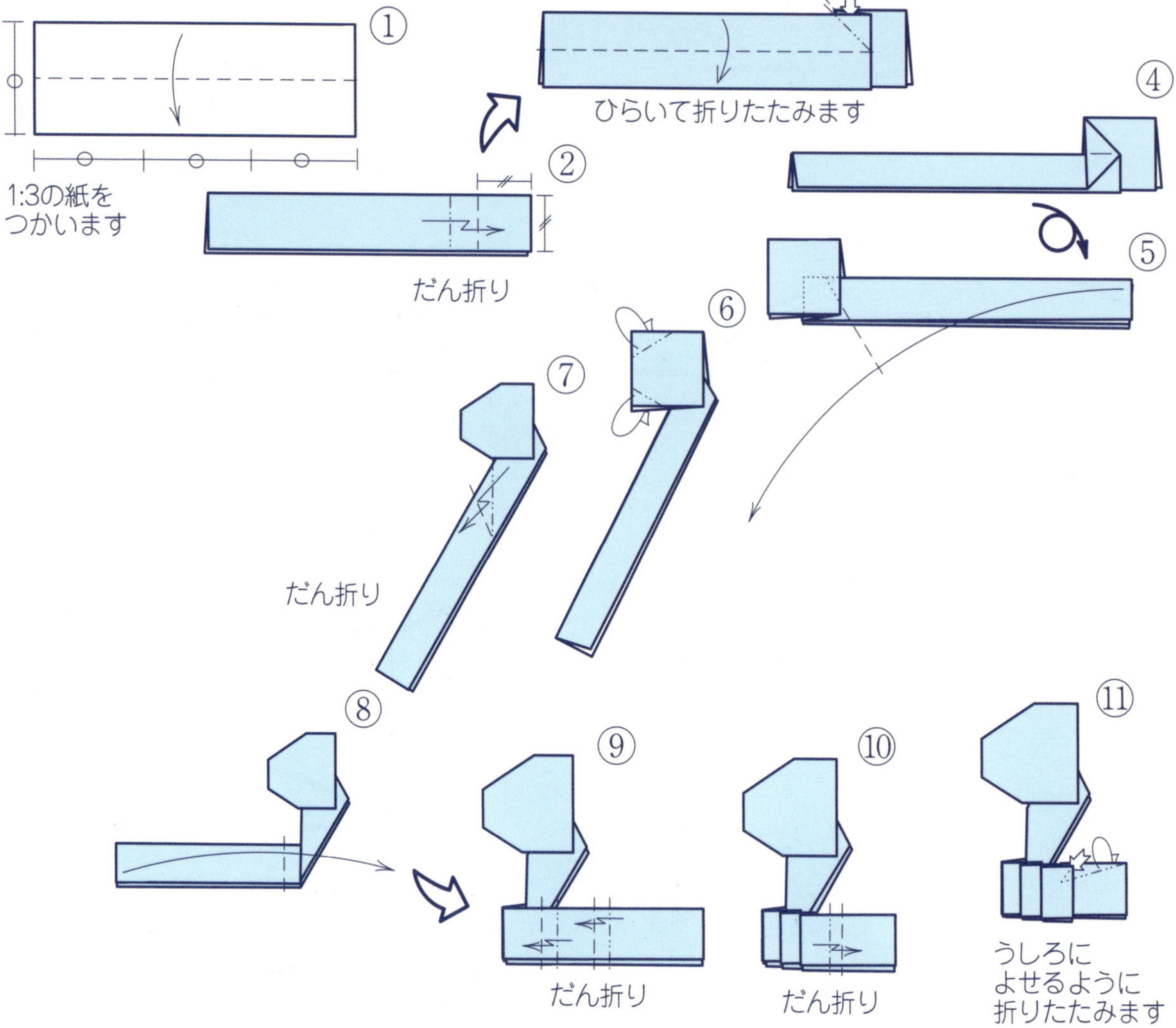
①
1:3の紙を
つかいます
②
だん折り
③
ひらいて折りたたみます
④
⑤
⑥
⑦
だん折り
⑧
⑨
だん折り
⑩
だん折り
⑪
うしろに
よせるように
折りたたみます

●くみあわせかた●

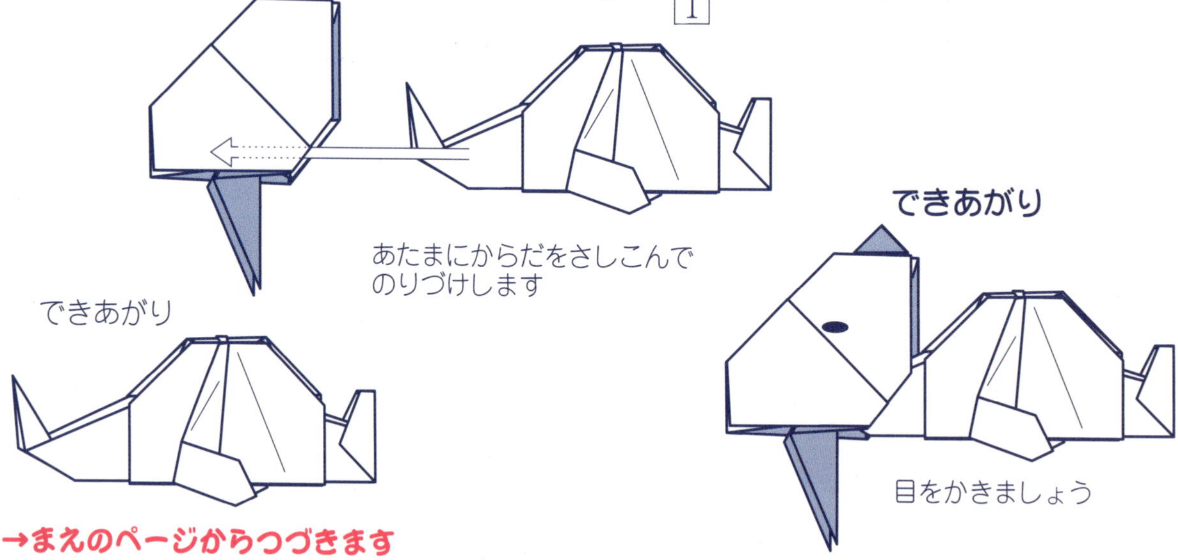
1
あたまにからだをさしこんで
のりづけします
できあがり
できあがり
目をかきましょう

→まえのページからつづきます

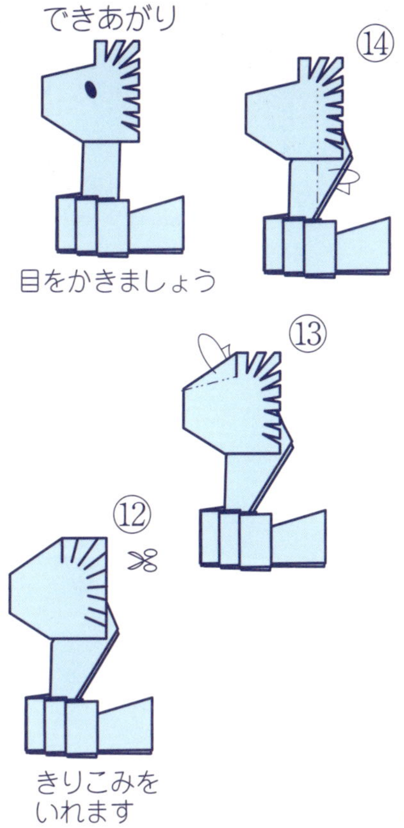

できあがり
⑭
目をかきましょう
⑬
⑫
きりこみを
いれます

いぬごや Doghouse

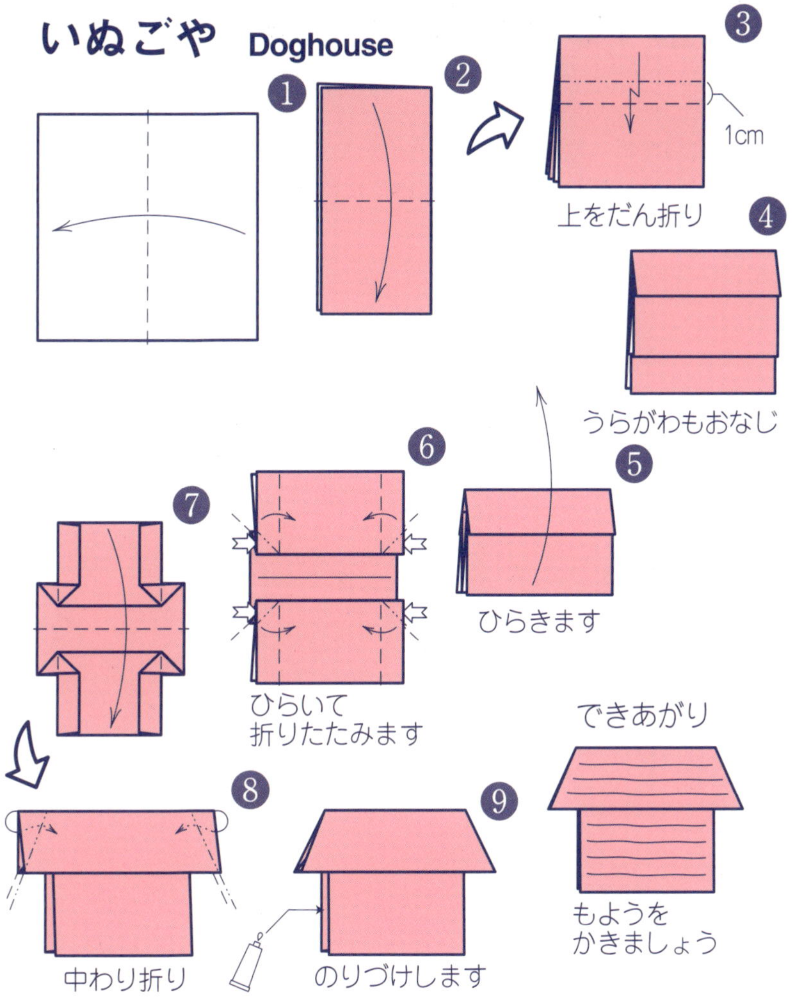

1
2
3
1cm
上をだん折り
4
うらがわもおなじ
5
ひらきます
6
ひらいて
折りたたみます
7
8
中わり折り
9
のりづけします
できあがり
もようを
かきましょう

あしあと Footmark

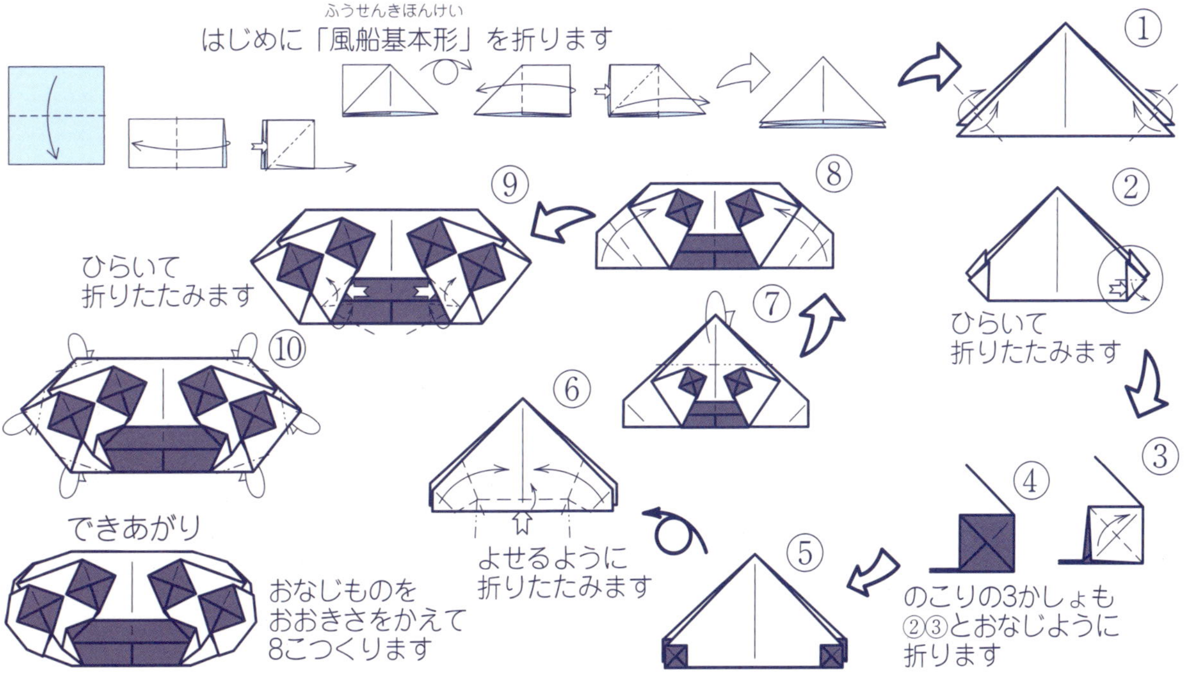

はじめに「風船基本形《ふうせんきほんけい》」を折ります
①
②
ひらいて
折りたたみます
③
④
のこりの3かしょも
②③とおなじように
折ります
⑤
⑥
よせるように
折りたたみます
⑦
⑧
⑨
ひらいて
折りたたみます
⑩
できあがり
おなじものを
おおきさをかえて
8こつくります

ふつう

Ultraman by Mr. Takatoshi Hagiwara

ウルトラマン

萩原高利《はぎわらたかとし》

月刊おりがみ「191号」掲載

④までで目を折ったあとは、きちんとしためやすはありません。カッコイイウルトラマンになるように折ってみてください。

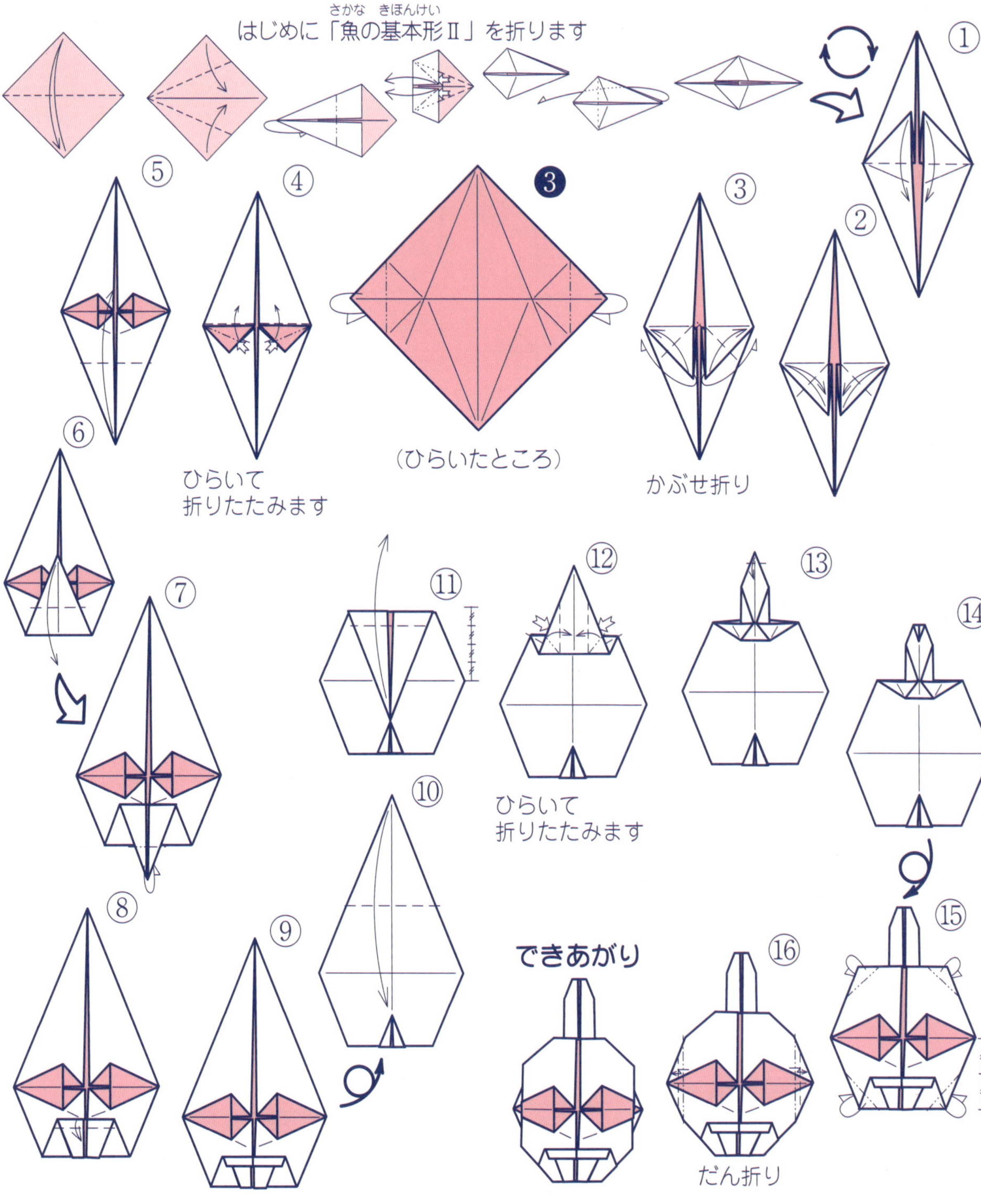
はじめに「魚《さかな》の基本形《きほんけい》Ⅱ」を折ります
①
②
③
かぶせ折り
❸
（ひらいたところ）
④
ひらいて
折りたたみます
⑤
⑥
⑦
⑧
⑨
⑩
⑪
⑫
ひらいて
折りたたみます
⑬
⑭
⑮
⑯
だん折り
できあがり

《お知らせ》

～やさしさの輪をひろげる～

おりがみ

案内パンフレットを
お送りします(無料)
お気軽にご連絡
ください！

■日本折紙協会とは…

1枚の紙から折り出される、花や動物…日本に古くから伝わる文化として一人一人の心の中にいきづいてきた折り紙のすばらしさは、いま、世界共通語「ORIGAMI」として、世界にはばたいています。

趣味・教育・リハビリテーション効果などさまざまな可能性を持つ「折り紙」を、日本国内はもとより、世界の国々まで普及させよう、という思いから、1973年(昭和48年)10月27日、日本折紙協会が結成されました。

現在、日本折紙協会は、月刊「おりがみ」の発行や、「世界のおりがみ展」の開催をはじめ、さまざまな活動を行っています。

あなたもなかまに入りませんか…？

●月刊「おりがみ」

会員の方々の楽しい創作作品をわかりやすい折り図で紹介。季節に合わせた折り紙が、毎月15～20点、あなたのレパートリーに加わります。毎月1日発行。(A4判・36頁) **年間購読料(年会費)：8,700円(税込み/送料サービス)**

●世界のおりがみ展

すべての情景を折り紙で制作したパノラマ作品の数々に、国内外の個人作品、折り紙専門書や折り紙用紙の販売コーナー、折り紙教室をくわえた「世界のおりがみ展」。全国各地のデパートを巡回中です。会員の方は、個人作品やパノラマ作品の制作に参加することができます。

●《折紙シンポジウム》の開催
折り紙の学びの場、交流の場として、講演、部会、教室、展示、懇親会などを、1年に1度、2泊3日の日程で開催。

●《おりがみの日記念イベント》の開催
11月11日は「おりがみの日」。記念イベント「おりがみカーニバル」では、作品展や勉強会を行います。

●《折紙講師》《折紙師範》《上級折紙師範》認定制度
折り紙の指導者を育成し、地域での折り紙活動を助成します。

●《日本折紙博物館》と提携
日本折紙博物館(石川県加賀市)と提携、作品展示に協力しています。URL http://www.origami-hakubutsukan.ne.jp

日本折紙協会の会員になると…

折紙講師になれる!!

16歳以上の方は、「**折紙講師**」の資格がとれます。
"おりがみ4か国語テキスト" に収録されているすべての作品を折っていただき、審査いたします。

おりがみ級がとれる!!

「**おりがみ級制度**」は、「月刊おりがみ」の指定作品の折り方の添削指導です。

支部（サークル）設置推進中!!

会員5名以上で、「**支部（サークル）**」を組織できます。

会員特典いろいろ／「世界のおりがみ展」入場無料(会員証をご提示ください)／協会発行単行本、取り扱い折り紙商品の割引購入(一部適用されない場合があります)／月刊「おりがみ」に創作作品を投稿できます／「世界のおりがみ展」「おりがみの日」など協会主催行事に作品を応募できます

NIPPON ORIGAMI ASSOCIATION
日本折紙協会
〒102-0076 東京都千代田区五番町12 ドミール五番町2-064
TEL.03-3262-4764（代） FAX.03-3262-4479
URL http://www.origami-noa.com/ e-mail info@origami-noa.com

おりがみ傑作選4 おってあそぼう!!編

2005年12月5日　初版発行
2009年 4 月 1 日　2版発行

発行者　大橋　皓也
編　集　日本折紙協会
発行所　日本折紙協会
〒102-0076
東京都千代田区五番町12
ドミール五番町2-064
電話　03-3262-4764（代）
FAX　03-3262-4479
URL　http://www.origami-noa.com/
e-mail　info@origami-noa.com（事務局）
henshubu@origami-noa.com（編集部）
郵便振替口座　00110-6-188035

印刷・製本　望月印刷株式会社
埼玉県さいたま市中央区円阿弥5-8-36

ISBN978- 4-931297-10-4　C2076